JN071253

図説
豊臣秀吉

柴 裕之 編著

豊臣秀吉画像（京都市東山区・高台寺蔵）

戎光祥出版

新たに解明された秀吉像――序にかえて

十五世紀後半からの慢性的な飢餓状況と絶え間ない紛争のもとではじまった、約一世紀半におよぶ戦国時代。その戦国時代を終わらせ、国内諸勢力の統合（「天下一統《てんかいっとう》」）のもとに新たな時代を切り開いていった「英傑《えいけつ》」の一人が豊臣秀吉《とよとみひでよし》である。秀吉といえば、百姓の出身から織田信長《おだのぶなが》にその才覚を取り立てられて出世し、信長の死後は天下人にのぼりつめた人物としてよく知られる。また、秀吉が行った太閤検地《たいこうけんち》や刀狩《かたなが》りをはじめとした政策は、近世社会を築いていったものとして、教科書などで紹介されている。日本の中世から近世への歴史の流れをつかむうえで、彼の存在を抜きに語ることはできないだろう。

そのような重要人物である秀吉の研究は、史料の蒐集《しゅうしゅう》・分析のうえで、「天下一統」の過程、公武関係、大名統制、宗教対策、太閤検地や刀狩りをはじめとした政策、「唐入《からい》り」を中心とした外交などの実態や展開の追究が現在も積み重ねられていっている。その成果によって、秀吉自身、さらには彼の活躍した時代の政治や社会の「実像」についてわかってきたことは多い。また近時には、秀吉時代の遺跡の発見もあいついでいる。

近年、秀吉の前後に天下人であった信長や徳川家康《とくがわいえやす》の研究も進み、その成果を踏まえた彼らの「実像」が多くの人に手に取りやすい書籍にまとめられ、次々と刊行されている。ところが、秀吉についてはなされていない。いまわかっている秀吉像を多くの人にわかりやすく明示しておくことは、秀吉研究の成果を押さえ、さらなる促進を図るうえで必要だろう。また、信長・家康、この時代の政治や社会のさらなる研究深化にもつながろう。さらに、現在、私たちが置かれているグローバリゼーションの急激な時代の荒波にどのように臨めばよいのか、同じように時代の変化に向き合い進んでいった彼の姿は、私たちにその手がかりを与えてくれるかもしれない。

本書は最新の研究成果を踏まえた、いまわかっている秀吉像を明示することを目的として、同様の観点からこれまで信長や織田家の家臣の書籍を発刊させていただいている戎光祥出版株式会社から、定評ある図説シリーズの一冊として呈上した。その内容は、まず秀吉の事蹟について理解を助ける多くの写真や図版を交えて紹介した。また、秀吉を支えた一族や家臣、いまに至る秀吉像がどのように創られ広まっていったのかということまでをも含めて記述した。

本書の執筆には、これからの戦国・織豊《しょくほう》時代の研究を担っていく若手研究者の方にも担当いただいた。それぞれの切り口から、いずれも目的に適った興味深い内容となっている。なお、全体にわたって編者が内容や表記の監修・統一を行った。

また、本書の企画から刊行に至るまで、戎光祥出版株式会社代表取締役の伊藤光祥氏、編集長の丸山裕之氏、編集担当の石渡洋平氏をはじめ、皆様にはいつもながら多大なご尽力を賜ったことに厚く御礼を申し上げます。

本書を通じて、いまわかっている秀吉像と、彼が活躍した時代の政治や社会を多くの方に知ってもらうきっかけとなってくれれば、編者としては望外の幸せである。

二〇二〇年五月

柴 裕之

目次

トピックス
TOPIX

幻といわれた「京都新城《きょうとしんじょう》」の遺構《いこう》発見！

令和二年（二〇二〇）五月十二日、豊臣秀吉が最後に築いた「京都新城」の遺構とされる石垣《いしがき》と堀《ほり》が発見されたという報道があった。「京都新城」の築城は慶長《けいちょう》二年（一五九七）のことで、当時は「太閤御屋敷」「太閤御所」「新城」と呼ばれていた。慶長三年八月十八日に死去する秀吉にとっては、最晩年に築いた城となる。秀吉の死去後は正室の北政所《きたのまんどころ》（高台院《こうだいいん》）が屋敷として使用した。

「京都新城」は東西約四〇〇メートル×南北約八〇〇メートルの広大な敷地を持ち、内裏《だいり》の南東に位置した。ただし、史料が少なく、実態は長らくわからないままであった。

そうしたところ、寛永《かんえい》四年（一六二七）に造営された仙洞《せんとう》御所《ごしょ》（譲位・退位した天皇の御所のこと）の下から石垣と堀の一部が検出された。石垣は自然石を積み上げた織豊期の技法によるもので、南北約八メートル、高さ約一～一・六

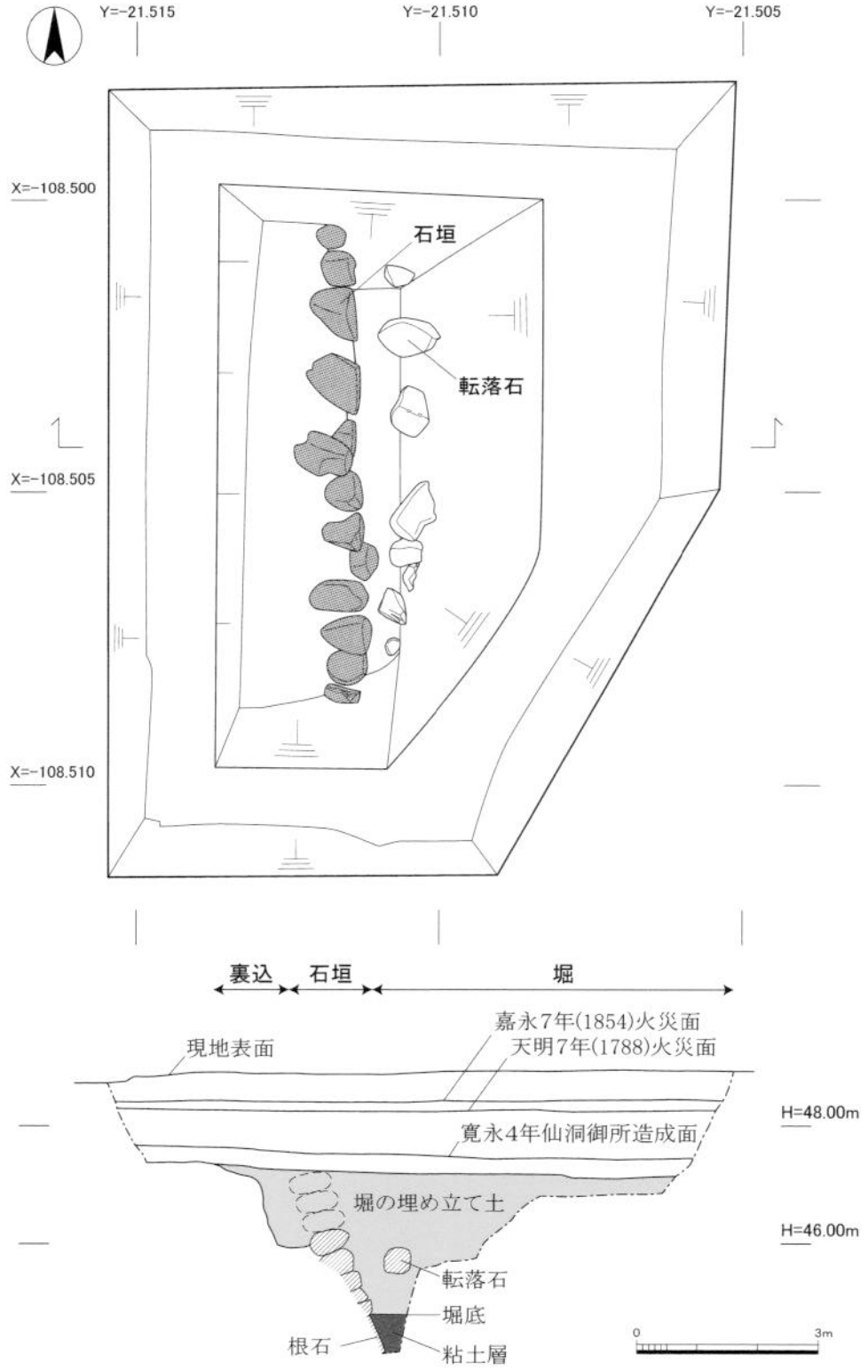

大宮仙洞御所概略図　（公財）京都埋蔵文化財研究所報道発表資料

「京都新城」の石垣と堀◆石垣は上半部が崩されており、本来は高さ約2.4メートル、石は5～6段積まれていたらしい。慶長5年（1600）の関ヶ原の戦いの際、壊されてしまったといわれる
画像提供：（公財）京都市埋蔵文化財研究所

京都仙洞御所位置図

上：菊紋金箔瓦　下：桐紋金箔瓦◆画像提供：（公財）京都市埋蔵文化財研究所

メートルを誇る。堀は幅三メートル以上、深さ約二・四メートルで、ここからは石垣を崩し落とした転落石《てんらくいし》や、豊臣氏（羽柴家）の家紋《かもん》である桐《きり》紋と菊《きく》紋入りの金箔瓦も出土した。

滋賀県立大学教授の中井均氏は「幻といわれていた京都新城の一画が明らかとなった意義は大きい。秀吉が聚楽第《じゅらくてい》廃止後、新たに京都における政庁として築いたものと考えられる。石垣、堀を備え、桐紋金箔《きんぱく》瓦を葺《ふ》く建物の存在は単なる屋敷ではなく、城郭として築かれたことを裏付けている。今回の発見により、聚楽第とほぼ同じ規模と構造であったことが想定できる。その位置は藤原道《ふじわらのみち》長《なが》の屋敷地跡であり、将来の関白秀頼《かんぱくひでより》の城としてふさわしい場所を選んだのだろう」と評価する。

本書には最新の研究成果を随所に反映しているが、近時も新たな事実が次々と明らかになっている。本書をきっかけに新たな史料が発見されることも楽しみにしたい。

第一章　信長との出会いと長浜城主へ

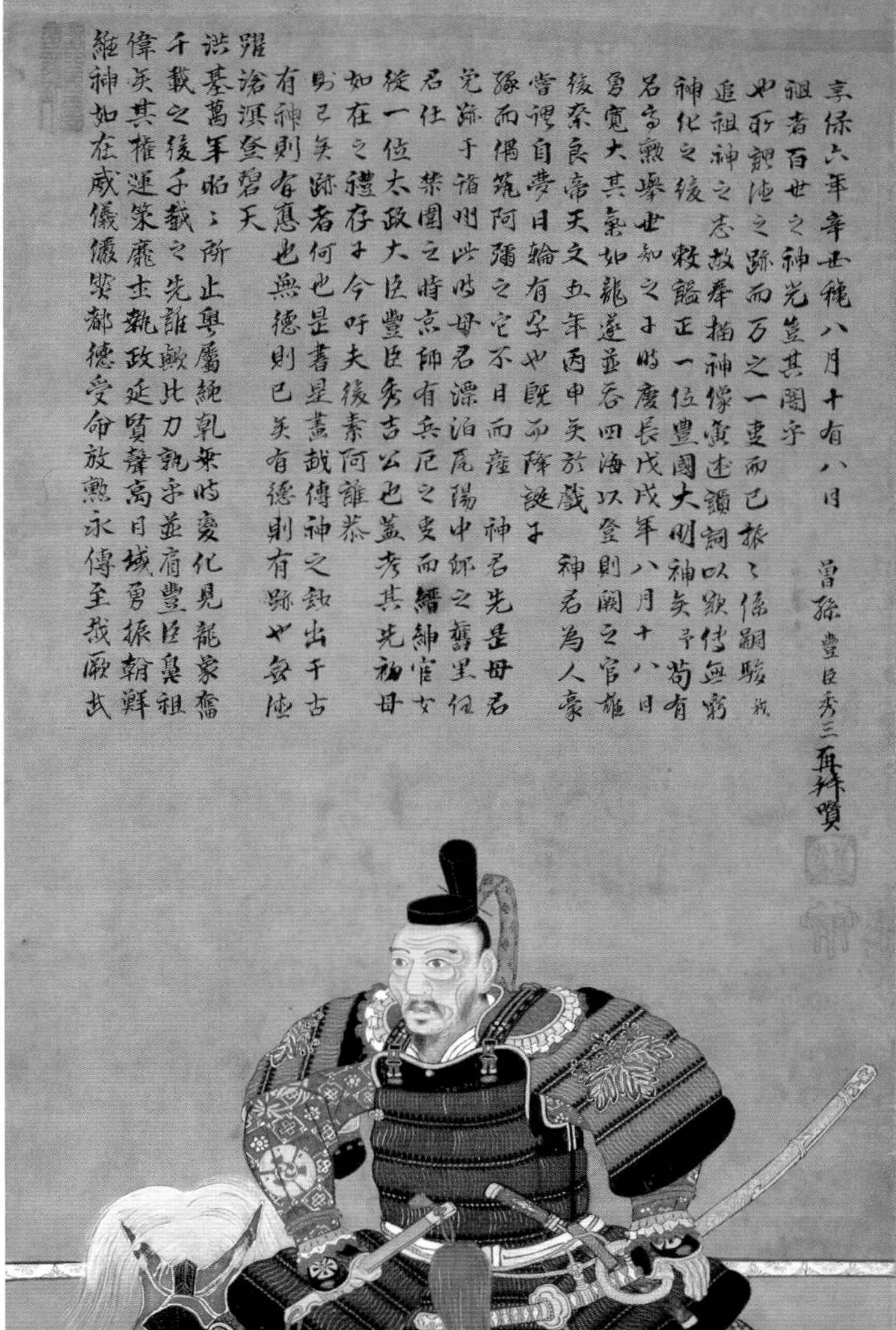

豊臣秀吉画像◆色々威二枚胴具足を着用した秀吉を描く。現在のところ甲冑姿の秀吉画像は本図以外確認されていない　名古屋市秀吉清正記念館蔵

1 謎に包まれた秀吉の出自《しゅつじ》

豊臣秀吉の出自《しゅつじ》は謎に包まれている。同時代の史料にはいっさい確認できず、江戸時代以降の編纂《へんさん》物で推測するしかない。しかも出自の記述はそれぞれ異なり、どれが真実かわからない。ここではさまざまな説の中から、有力視されている説を紹介しよう。

生年については、二つの説がある。秀吉の家臣・伊藤秀盛《いとうひでもり》が天正《てんしょう》十八年（一五九〇）十二月に飛騨国石徹白神社《ひだのくにいとしろじんじゃ》（岐阜県郡上市）に奉納《ほうのう》した願文《がんもん》から、当時、秀吉が「五十四歳」（数え。以下、本書では年齢を数えで表記）であったことがわかる。逆算すると、秀吉は天文《てんぶん》六年（一五三七）の生まれだ。また、秀吉の御伽衆《おとぎしゅう》・大村由己《おおむらゆうこ》による『天正記《てんしょうき》』のうちの一巻『関白任官記《かんぱくにんかんき》（任官之事《にんかんのこと》）』でも、秀吉の誕生日は「丁酉《ひのととり》二月六日」という記述がある。「丁酉」は天文六年にあたる。一方、京都の北野天満宮《きたのてんまんぐう》に秀吉が寄進した釣灯籠《つりどうろう》には、秀吉の干支《かんし》は「丙申《ひのえさる》」と記されている。「丙申」に該当するのは天文五年である。

また、月日についても二説ある。そのうち正月一日とする説は、縁起《えんぎ》のいい元日《がんじつ》に生まれたことにして、秀吉の偉大さを示すために創作されたものらしい。一方、もう一つの二月六日説は、特段作為的なものではなく、有力視されている。つまり秀吉の生年月日は、天文五年または天文六年（天文六年説が優勢か）の二月六日という説が有力だ。

生誕地は、尾張国愛知郡中村《おわりのくにあいちぐんなかむら》（名古屋市中村区）とする史料がもっとも多く、定説になりつつある。このほか尾張国清須《きよす》（愛知県清須市）や萱津《かやづ》（同あま市）、美濃《みの》（岐阜県）、

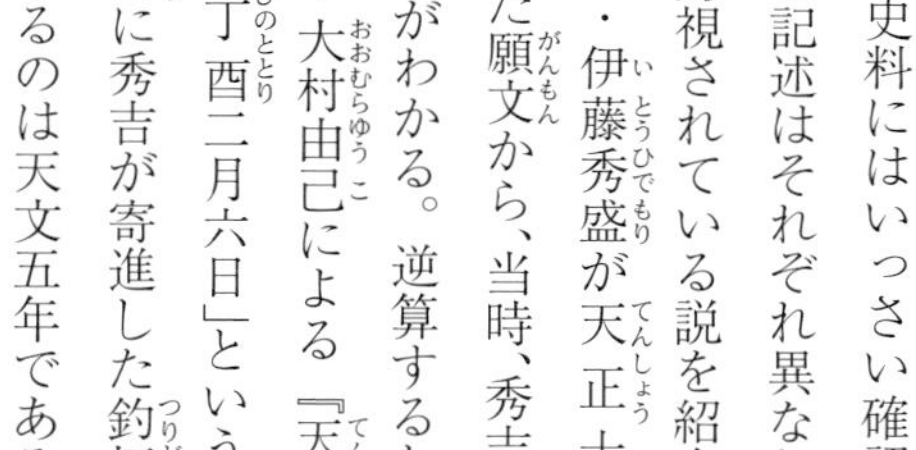

豊太閤産湯の井戸◆秀吉の誕生時、近隣でも類をみない清水が溢れた井戸と伝わる。井戸のある常泉寺は尾張の地誌『寛文村々覚書』『張州府志』『尾張徇行記』や絵図類に「太閤屋敷」などと記され、秀吉生誕地として紹介されている　名古屋市中村区・常泉寺境内

近江国《おうみ》（滋賀県）など諸説あるが、どれも有力ではない。生誕地としてよく知られているのは、現在、豊国神社《とよくにじんじゃ》のある中村公園で、敷地内や周辺には多くの出生地伝承がある。

秀吉はどのような家に生まれたのだろうか。秀吉の父についても諸説があるが、現在では中村の百姓《ひゃくしょう》である弥右衛門《やえもん》と考えられている。弥右衛門は田畑を耕《たがや》して生計《せいけい》をたて、ときには戦争に動員されていたようだ。弥右衛門は秀吉が幼いころに亡くなった。その後、母のなか（大政所《おおまんどころ》）は筑阿弥《ちくあみ》という人物と再婚し、弟の秀長《ひでなが》や妹の朝日《あさひ》（旭）姫《ひめ》を産んだ。

このように、秀吉の出自はよくわかってない。元日生まれという伝説からもわかるとおり、幼少期の秀吉には、神がかった伝説が多い。たとえば、母のなかが日輪《にちりん》がお腹に入ってくる夢を見て妊娠し、秀吉を身ごもったので幼名を「日吉丸《ひよしまる》」としたという有名な話がある。だが、これらの伝説は後世の作り話である。秀吉の出自がここまで謎に包まれているのは、やはり低い身分の出身であることに、秀吉自身も劣等感を感じていたからだろう。そのため秀吉はそれを隠し、または別の神がかりともいえる付加価値をつけ、「天下人」として遜色《そんしょく》ない出自を演出しようとしたのだ。

豊公誕生之地の碑◆秀吉はこのあたりで生まれたといわれているが、中村区内下中村町との説もある　名古屋市中村区・中村公園内

御手植の柊◆秀吉が少年時代に植えたものだと伝わる。天正十八年、秀吉は小田原合戦の際にこの地に立ち寄り一泊した。そのとき、秀吉は加藤清正と小早川隆景を呼び、自分が十一歳のときに植えたと話したらしい　名古屋市中村区・常泉寺境内

2　織田《おだ》家に仕官《しかん》し、信長《のぶなが》の信頼を得る

織田家に仕官《しかん》するまでの秀吉の動向も、確たる史料がない。ここでは、そのなかでもこの時期のことを詳しく記す、土屋知貞《つちやともさだ》がまとめた『太閤素性記《たいこうすじょうき》』をみてみよう。

天文十二年（一五四三）、父の弥右衛門を亡くした後、秀吉は寺の小僧に出された。のちにいったん家に戻り、天文二十年に弥右衛門の遺産である永楽銭一貫文《えいらくせんいっかんもん》（現在の約一〇万円）を持って放浪《ほうろう》の旅に出た。針《はり》や草履《ぞうり》などを売りながら旅を続けた末に、駿河今川氏《するがいまがわし》の家臣で、遠江頭陀寺城《とおとうみずだじ》（静岡県浜松市）の城主だった松下《まつした》家に仕えた。十八のときまで同家で働き、その後、尾張国に戻り、知人の紹介で織田信長に草履取りとして雇われたとする。

この時期の信長は、天文二十一年三月に父の信秀《のぶひで》を亡くし、家督を継承したばかりで、尾張清須城の城主・織田大和守《やまとのかみ》家など尾張国内の敵対勢力、三河国《みかわ》（愛知県東部）に勢力を伸ばしていた今川氏と対立を深め、合戦をしていた。『太閤素性記』の記述を信用すれば、秀吉はこの頃、信長に仕官したということになる。

永禄《えいろく》三年（一五六〇）五月、信長が今川義元《よしもと》を破った桶狭間《おけはざま》の戦いがあった。秀吉も足《あし》軽《がる》クラスの身分で出陣していたらしいが、残念ながら記録はない。信長が尾張国を平定し、隣国の三河国や美濃国へ勢力を拡大している最中、秀吉は織田家の家臣として活躍し、着々と出世していく。永禄四年には、浅野長勝《あさのながかつ》の養女《ようじょ》・ねね（北政所《きたのまんどころ》）と結婚した。

秀吉の出世の様子は、主に『太閤記《たいこうき》』に記述がみえる。清須城の塀《へい》が崩壊した際に、そ

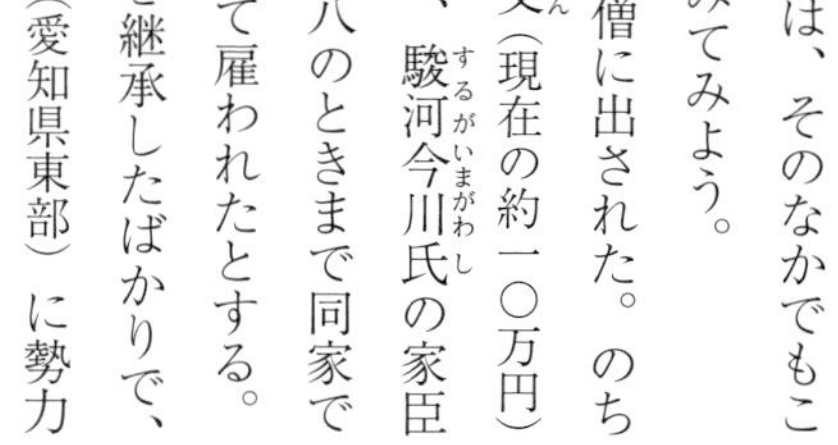

「木下藤吉清洲の城割普請」の図◆清須城の塀を築く秀吉の活躍を描いている。工夫をこらした普請の方法によって、塀は三日足らずで完成したという記録もある。秀吉の要領の良さを感じる逸話である　当社蔵

のときの情勢をよく読み、守りに強い立派な塀を築き上げた話。信長の美濃侵攻の際、盗《ぬす》人《びと》の濡《ぬ》れ衣《ぎぬ》を着せられた秀吉が真犯人を捕らえ、汚名を返上した話。合戦の練習では、経験がないにもかかわらず抜群の才能を発揮し、信長に認められた話。それぞれの活躍についての真偽は確かめられない。だが秀吉が各所で活躍し、信長の信頼を得て、織田家内部で地位を築いていったことは想像できる。

永禄八年になると、ようやく秀吉の出した文書がみられはじめる。現在、知られているもっとも古い秀吉の文書は、永禄八年十一月二日付けで坪内利定《つぼうちとしさだ》に出されたものだ。それによると、秀吉は利定に美濃国と尾張国の国境付近にある土地の支配を認めている。このことから、秀吉はこのあたりに所《しょ》領《りょう》を持っていたとも考えられているが、はっきりとしたことはわからない。

これ以降、少しずつ史料に名前が見え始め、秀吉の確かな足跡が追えるようになる。そこには、信長の戦《いくさ》に参陣し、対抗勢力を打ち破り、戦功を残していった秀吉の姿がはっきりとみられだす。

織田信長画像◆秀吉は信長のもとで才覚を見出され、軍事・政務などで活躍することになる　愛知県豊田市・長興寺蔵　画像提供：豊田市郷土資料館

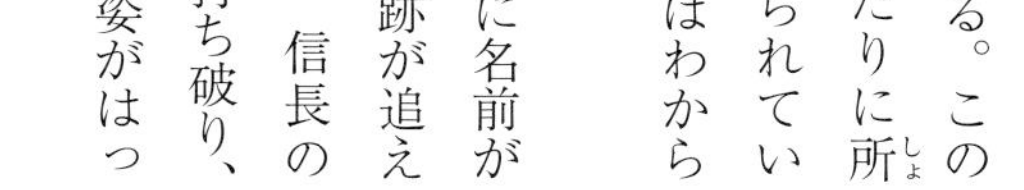

図1　信長に仕官した時期の秀吉に関わる主要城郭位置図◆当時の信長の居城は那古野城（名古屋市中区）で、周囲を敵対勢力に囲まれていた

3 美濃《みの》斎藤《さいとう》氏との戦いと〝墨俣一夜城《すのまたいちやじょう》〟

秀吉が信長の家臣として確固たる地位を得る足掛かりになったのは、美濃斎藤《さいとう》氏との戦いである。織田弾正忠《だんじょうのちゅう》家と斎藤氏は、美濃国内の内紛をめぐって敵対関係にあったが、信長の父・信秀と斎藤道三《どうさん》とが天文十七年（一五四八）に和睦《わぼく》を結び、翌天文十八年二月に信長は道三の娘・濃姫《のうひめ》と結婚している。その後、信長と道三は縁戚関係をもとに同盟《どうめい》を結んでいたが、弘治《こうじ》二年（一五五六）四月に道三が嫡男の義龍《よしたつ》と争って敗死すると、信長と斎藤氏は再び対立する。

永禄四年（一五六一）、義龍が病死し、龍興《たつおき》が家督を継いだ隙に信長は美濃国に攻め込み、勝利する。さらに北近江の浅井《あざい》氏と同盟を結び、龍興を牽制《けんせい》した。永禄六年二月、信長は美濃攻略のため、居城を尾張小牧山《こまきやま》城（愛知県小牧市）に移す。永禄八年には、近江国矢《や》島《じま》（滋賀県守山市）で、永禄の政変（室町幕府《むろまちばくふ》将軍の足利義輝《あしかがよしてる》が殺害された事件）後における室町幕府再興《さいこう》を目指す足利義昭《よしあき》の上洛に協力することを表明した。永禄九年、上洛に備えての義昭の停戦命令に応じ、斎藤氏と一時停戦状態となる。しかし、領国内の秩序を安定させることを優先してか、信長は八月に美濃国へ出兵し、河野島《かわのしま》の戦いで敗退してしまう。そして永禄十年八月、信長はようやく龍興を逐《お》って美濃稲葉山《いなばやま》城（岐阜市）に入り、地名を「岐阜《ぎふ》」と改め、十一月からは「天下布武《てんかふぶ》」印《いん》を使い始める。

このときの秀吉のエピソードとして有名なのが、「墨俣一夜城《すのまたいちやじょう》」の伝説である。信長が

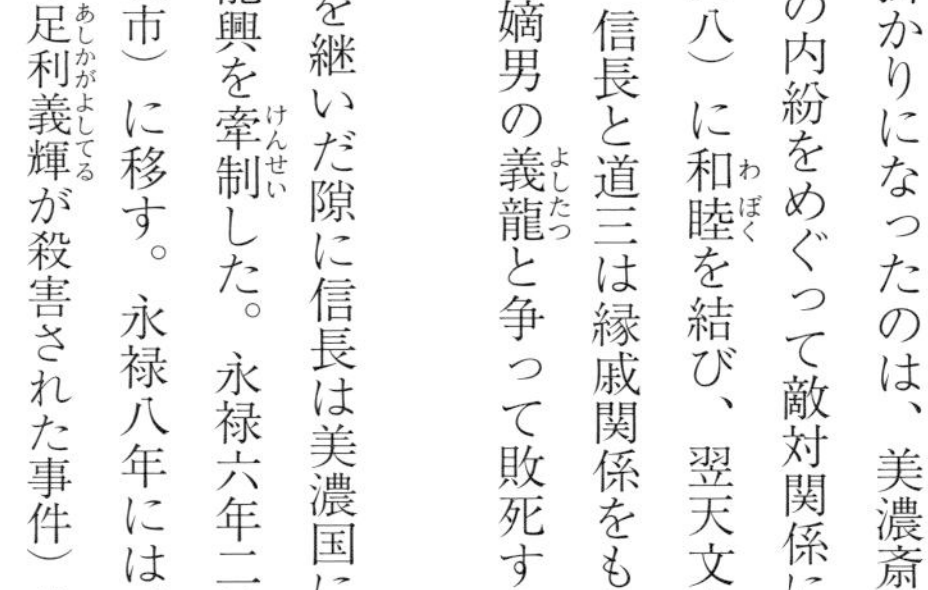

道三塚◆義龍方に敗れた道三は、城田寺に逃れようとしたところを捕えられ討ち取られた。道三の遺体は崇福寺の西南に埋葬されたが、塚は長良川の洪水でたびたび流されたので、天保八年（一八三七）に斎藤家の菩提寺である常在寺第二十七世日椿上人が現在の地に移し、碑を立てたという　岐阜市

岐阜城（雲海）◆斎藤龍興を逐った信長が稲葉山城に入り、地名を「岐阜」と改称したのが岐阜城の始まりである。岐阜城は標高 329 メートルの金華山山頂に築かれた　岐阜市　画像提供：岐阜市

図２　美濃斎藤氏攻め関係地図◆『驀進 豊臣秀吉』（学研、2002 年）掲載の図をもとに作成

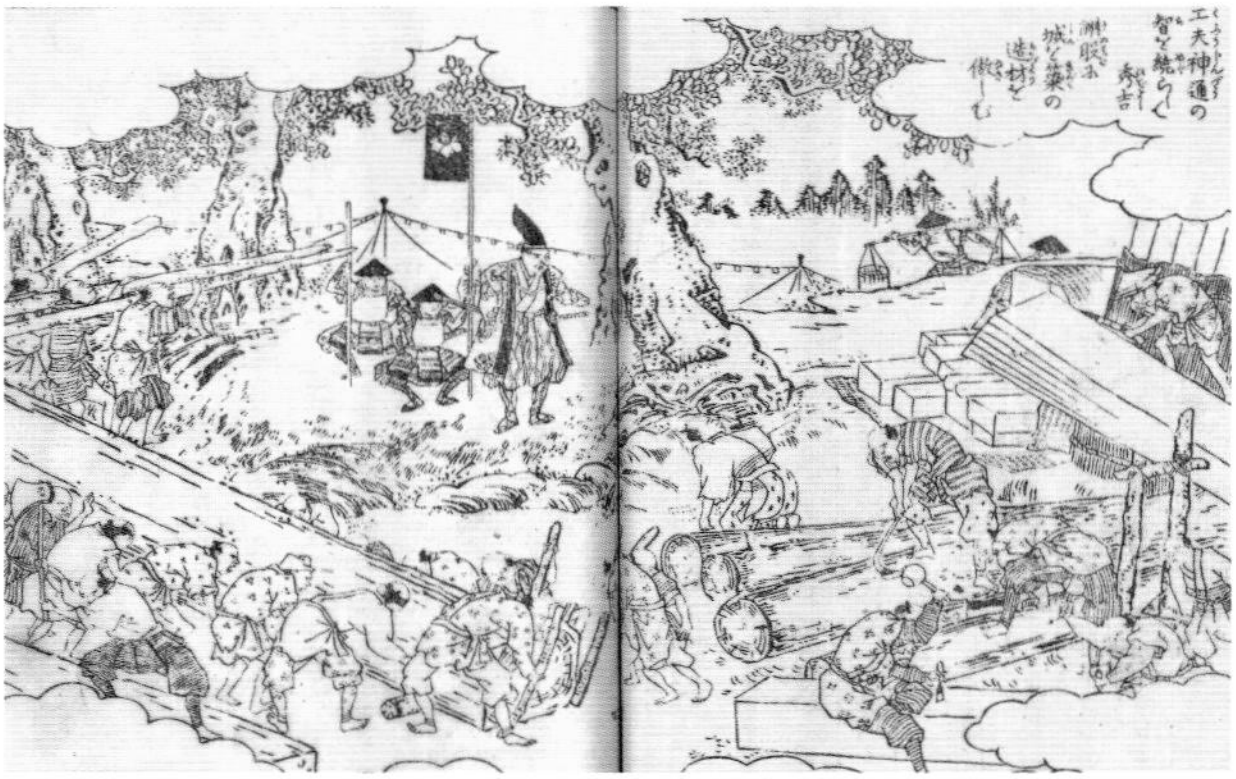

『絵本豊臣勲功記』に描かれた墨俣城の築城◆後世の記録では、ごくわずかな期間で築城できたのは、秀吉の想像もできない智略や天才的な発想のおかげとするなど秀吉の功績を強調する　当社蔵

稲葉山城攻略のため、交通の要衝《ようしょう》である美濃国墨俣（岐阜県大垣市）に城を建てることを命じ、その任務を買ってでた家臣に任せるもうまくいかない。ところが秀吉が名乗りでたので任せてみたところ、わずか一晩で立派な城を築きあげたという話で、永禄九年九月のことと伝わっている。

この話は、『絵本太閤記《えほんたいこうき》』や『武功夜話《ぶこうやわ》』などにみられる。一方で『太閤記』には、木《き》曾《そ》川対岸に美濃攻めの拠点となる城を造り、秀吉が城主になったことが書かれているが、一晩で完成させたとの記述はない。〝一晩で〟築城した、というのは後世の脚色だろう。また、信長家臣の太田牛一《おおたぎゅういち》が書いた『信長公記《しんちょうこうき》』では、墨俣城は永禄四年に信長が前線の砦《とりで》として使用している。そうなると、秀吉が行ったのは修繕《しゅうぜん》であったか、または築城したのは墨俣ではなく別の砦のことになる。

永禄九年九月二十五日付けの秀吉の文書では、墨俣か不明だが、秀吉が美濃国のどこかの砦の守将《しゅしょう》で、二十四日に斎藤勢を撃破したことが書かれている。ただ、このときに織

現在の墨俣城跡◆墨俣城があった場所は公園として整備され、城郭天守の体裁を整えた資料館が建てられている。墨俣城は築城時期をはじめ不明な点が多く、さまざまな議論がかわされている状況にある　岐阜県大垣市

岐阜城からの眺望◆岐阜城下を流れる長良川はいくつもの戦場の舞台となった。また長良川沿いに築城されたと伝わるのが墨俣城である　岐阜市

田軍は、八月二十九日の戦いで斎藤勢に敗れ尾張国に帰っており、わずかな間に砦を築いたうえ敵を撃退できたとは考えられない。検討を要する文書だが、信長の美濃攻めにあたり、秀吉がどこかの砦を任せられ活躍した事実自体はあり、それに尾ひれがついて「墨俣一夜城」伝説となっていったのではないだろうか。

　前にも記したが、このときに秀吉の所領は美濃国と尾張国の国境付近にあったようだ。このことから、美濃攻めの際に秀吉が重要な役割を担って出陣していたことは十分考えられる。また美濃攻め以降、秀吉が重臣として出した文書は徐々に増えていく。信長の美濃攻略戦で秀吉がどのような活躍をしたのか、具体的なことはわからないが、秀吉が大きな役割を果たして信長に認められ、重臣として活躍していったことは間違いない。

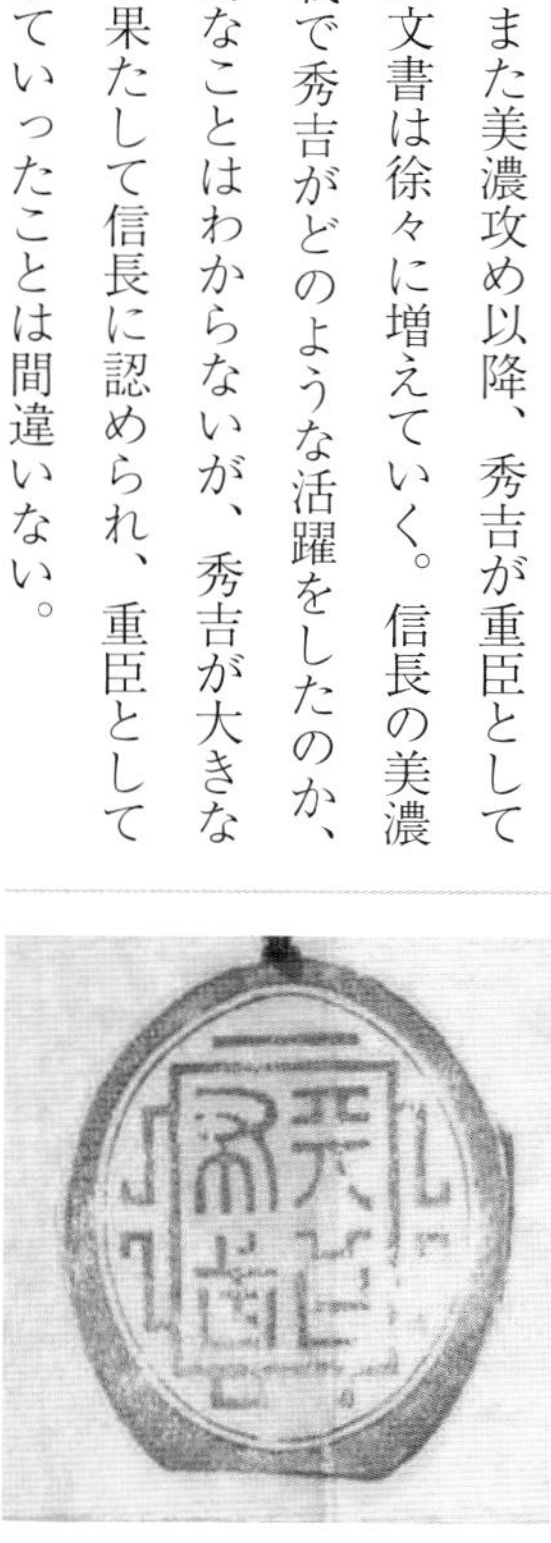

「天下布武」印◆戦国大名は花押の代わりに印章を用いて文書を出していた。印に刻まれる文字は印を用いる人物の意志を表している。「天下布武」は「天下」（五畿内）を七徳の武で治めるという意味で、室町幕府足利将軍による統治の再興を目指すスローガンという説が有力である

4 京都周辺の政務や合戦に従事する

永禄十一年（一五六八）七月、信長は越前朝倉《えちぜんあさくら》氏のもとにいた足利義昭を美濃国岐阜に迎える。そして九月、信長は尾張・美濃両国と北伊勢《きたいせ》の軍勢に、同盟を結んでいた徳川家《とくがわいえ》康《やす》の軍勢を加えて岐阜を発ち、上洛戦を開始した。

この際に秀吉も部将として同行し、九月十二日に佐久間信盛《さくまのぶもり》・丹羽長秀《にわながひで》とともに、上洛の協力を拒絶した近江六角《ろっかく》氏方の箕作《みつくり》城（滋賀県東近江市）を攻め、その日のうちに落城させた。箕作城の落城を受け、翌十三日、六角承禎《じょうてい》・義治《よしはる》父子は居城の観音寺《かんのんじ》城（滋賀県近江八幡市）から敗走し、ほどなくして織田軍によって南近江が平定された。

その後、信長は義昭を近江桑実寺《くわのみでら》（滋賀県近江八幡市）に迎えたうえで進撃を続け、九月二十六日に義昭とともに入京し、京都を押さえる。さらに、義昭と信長は敵対する三好《みよし》三人衆《さんにんしゅう》方の勢力の攻略を続け、同月二十九日には居城の摂津芥川《せっつあくたがわ》城（大阪府高槻市）を落とした。そして翌日、同城に入り、味方した三好義継《よしつぐ》・松永久秀《まつながひさひで》らの従属を確認して、五畿内平定《ごきないへいてい》＝「天下静謐《てんかせいひつ》」を成し遂げた。その後、義昭と信長は京都に戻り、十月十八日に義昭は征夷大将軍《せいいたいしょうぐん》となった。ここに、将軍義昭のもとで室町幕府の政治は再興され、信長は義昭を補佐する存在として元亀《げんき》四年（一五七三）二月まで活動していく。

信長に従い上洛した秀吉は、十月二十六日に信長が岐阜へ帰ると、義昭の守衛のため京都に残され、佐久間信盛・村井貞勝《むらいさだかつ》・丹羽長秀・明院良政《みょういんりょうせい》とともに京都の支配に携わった。

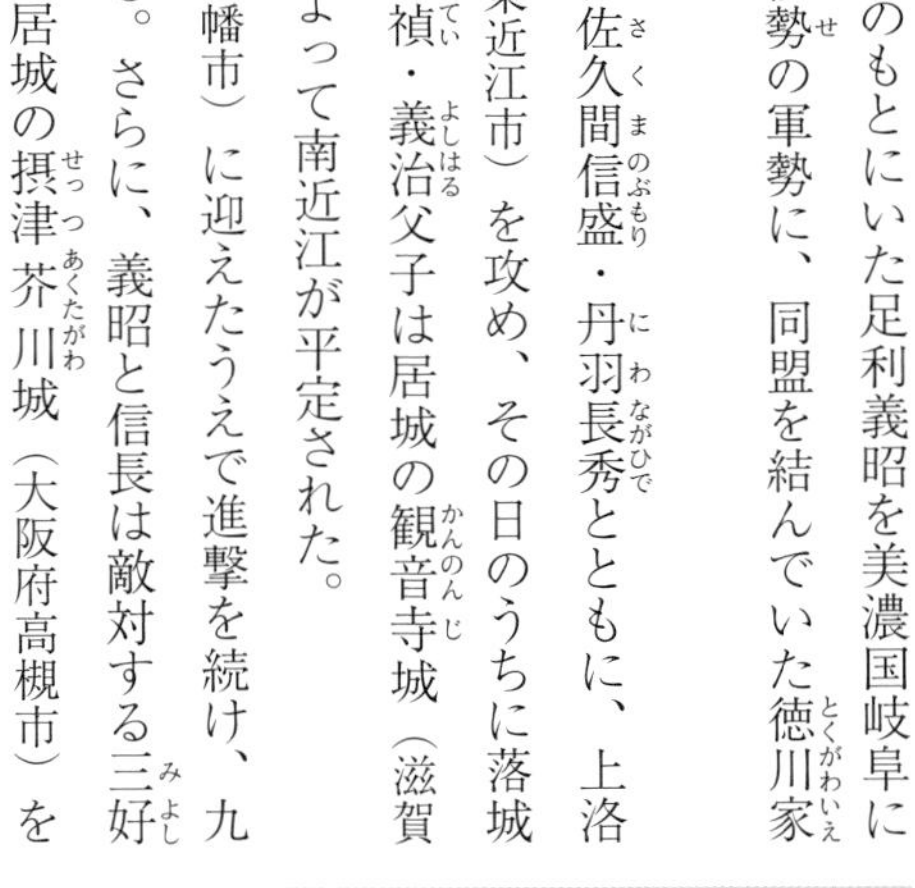

繖山からの眺望◆六角承禎・義治父子の居城である観音寺城はこの繖山山頂に築かれた。六角氏は戦国時代に南近江で大きな勢力を誇った大名だった　滋賀県近江八幡市

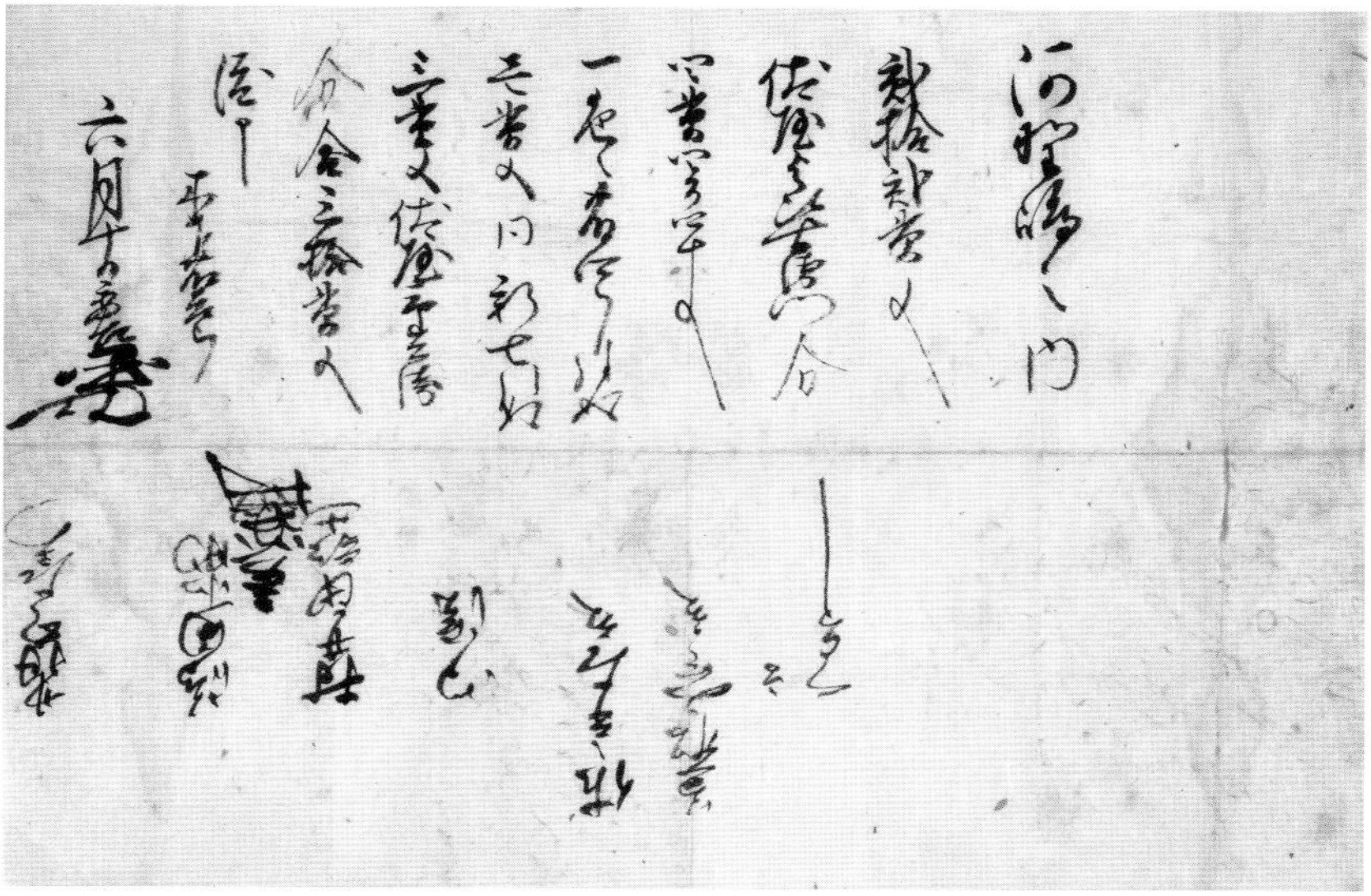

木下秀吉等連署状◆永禄11年（1568）頃に出されたもので、秀吉が署名した初期の文書である。丹羽長秀・村井貞勝・島田秀順（のち秀満）・明院良政の四奉行と連名で、斎藤龍興の家臣であった伏屋・一色両氏の旧領河野島（岐阜県各務原市）の土地を信長の家臣である兼松正吉らに与えている。秀吉がこの頃には奉行として活躍していたことがわかり、京都でもこのようなかたちで政務に奔走したのだろう　名古屋市秀吉清正記念館蔵

十二月後半に岐阜に一度戻った後、翌永禄十二年正月に信長とともに再び上洛している。

その直後は三好三人衆の追討など軍事面から柴田勝家《しばたかついえ》・佐久間信盛・森可成《もりよしなり》・坂井政尚《さかいまさひさ》・蜂屋頼隆《はちやよりたか》の五人が文書を出すことが多かったが、永禄十二年四月以降になると、丹羽長秀・中川重政《なかがわしげまさ》・明智《あけち》光秀《みつひで》・木下《きのした》秀吉の四人が代わって将軍義昭・信長連立政権の

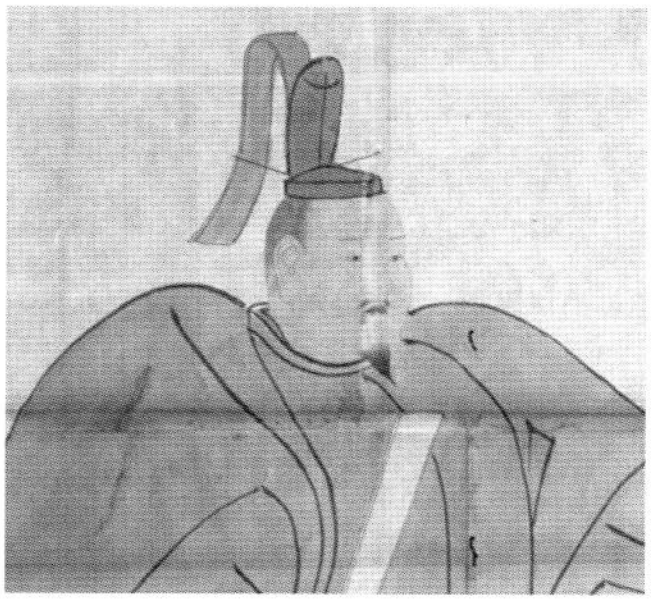

足利義昭画像◆信長の補佐のもとで将軍となり室町幕府を再興するも、やがて対立して京都を追放される。その後、天下人となった秀吉に従い、慶長二年（一五九七）八月二十八日に死去した　東京大学史料編纂所蔵模写

もとでの京都周辺の政務に奔走していく。このなかで、秀吉は単独で文書を出すこともあったが、多くは京都周辺の政務に携わったほかの武将たちと連名で出し、権益の保証や争論の裁定などを行っている。

京都の政務に奔走する一方で、秀吉は信長の命に従い合戦に出陣した。永禄十二年五月、毛利《もうり》元就《もとなり》が豊後《ぶんご》大友《おおとも》氏と戦っている最中に、出雲《いずも》尼子《あまご》氏の残党が毛利領国に併呑《へいどん》された出雲国（島根県東部）の奪還を試み、挙兵した。そして出雲国奪還を目指す尼子残党の挙兵を、但馬国《たじまのくに》（兵庫県北部）の山名《やまな》祐豊《すけとよ》が支援した。この事態に元就は信長に援護を求めた。元就からの援護要請を受け、信長が派遣したのが秀吉だった。秀吉は八月一日に但馬侵攻を始めると、あっという間に一八の城を攻め落とし、十三日には撤収した。

そして岐阜へ戻ったのち、八月二十日には信長の伊勢攻めに参陣した。同月二十六日、秀吉は敵対する北畠《きたばたけ》氏の拠点で難攻不落《なんこうふらく》と称されていた阿坂《あざか》城（三重県松阪市）の攻撃で先陣を務め、同城を攻略し、続いて北畠氏の居城であった大河内《おおこうち》城（同前）の攻撃にも参加している。

このように、永禄十一年に信長とともに上洛してからの秀吉は、京都周辺の政務に奔走しながら合戦にも出陣するという非常に多忙な日々を過ごしていた。この秀吉の重用には、信長の並々ならぬ信頼がうかがえる。秀吉は信長の期待に応えて結果を出し続けていったのである。

阿坂城跡の石碑◆阿坂城は標高三一二・六メートルの山頂に築かれた山城で、東西約一五〇メートル×南北約三〇〇メートルの規模をもつ。南北朝時代に築かれたようで、交通の要衝を押さえる城であった　三重県松阪市　画像提供：松阪市

5 朝倉《あさくら》氏の討伐《とうばつ》と金ヶ崎《かねがさき》の退《の》き口《ぐち》

元亀《げんき》元年（一五七〇）四月、室町幕府将軍足利義昭の命に従い、信長は約三万人の軍勢を率いて若狭国《わかさ》（福井県西部）の大名・武田《たけだ》家の内部紛争の解決に向かう。そのうえで、若狭武田家の内部紛争から発展して対立した越前朝倉氏の討伐も開始した。

この戦いに秀吉も部将として従軍し、越前手筒山《てづつやま》城（福井県敦賀市）を皮切りに順調に攻略していった。朝倉義景《よしかげ》の家臣・朝倉景恒《かげつね》が籠城していた金ヶ崎《かねがさき》城（同前）も織田勢との圧倒的な兵力差のもとで猛攻撃を受け、景恒は降伏して開城した。この後、信長は金ヶ崎城に陣を置き、朝倉方の諸城を攻撃しつづけた。ところが、そこに突如、同盟を結んでいた北近江の浅井久政《ひさまさ》・長政《ながまさ》父子が離反したとの報が舞い込んだ。

信長は長政に妹の市を嫁がせることで、浅井氏との同盟を確固たるものにしていた。このため浅井氏離反の一報が入った当初、信長は義弟・長政の裏切りを信じられなかったらしい。『信長公記』には、このときの様子が詳しく書かれている。その記述によると、信長は浅井氏が縁者であるうえ北近江の統治を認めており、不満があったとは考えられないので、離反は思いもよらぬ出来事で信じられずにいた。しかし、あいついで浅井氏離反の情報が入ってくるので、信長も事実と認めざるをえず、「是非《ぜひ》に及ばず」と述べて撤退を決意したという。

北近江から越前国へ進軍した浅井軍は織田軍の退路を塞ぎ、信長は朝倉・浅井両軍の挟

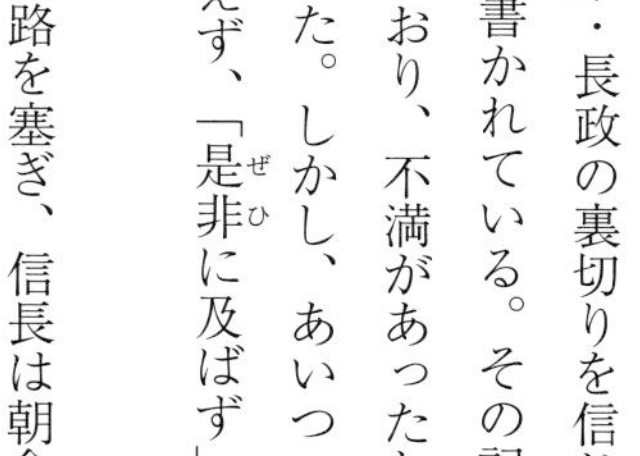

浅井長政室［織田氏］画像◆信長の妹で、浅井氏との同盟のため長政に嫁いだ。長政との間に三人の娘をもうけるが、長女の茶々（淀殿）がのちに秀吉の「側室」になったことでも有名である　東京大学史料編纂所蔵模写

撃という状況に追い込まれた。『朝倉《あさくら》家記《けき》』には、信長が浅井氏の裏切りをいち早く察知できた理由に、妹の市《いち》が小豆袋《あずきぶくろ》の両端を結んで信長に贈ったという逸話が記されている。のちに創作された話ではあるが、義弟・長政の離反で信長が窮地に追いやられたこの出来事は、後世の人々がさまざまな想像を膨らませたくなるほど、ドラマティックな事件だったのだろう。

浅井長政画像◆北近江の有力国衆で、秀吉の前に立ちはだかった強敵である。秀吉は対浅井氏戦線の最前線で奮闘した　東京大学史料編纂所蔵模写

信長は撤退する際に、秀吉を金ヶ崎城に残し、殿《しんがり》を務めさせたと伝えられている。これが「金ヶ崎の退《の》き口《ぐち》」として知られる話だ。ただし、『信長公記』には「木下藤吉郎残しおかせられ」と秀吉の名前のみ記されているが、ほかの史料をみると明智光秀・池田勝正《いけだかつまさ》も一緒に残り戦っている。この殿がどうやら秀吉一人の働きとして語られるようになったのも、のちに秀吉が天下人となったことを受けての話の尾ひれだろう。

秀吉たちに殿を任せた信長は、わずかな供を連れて朽木峠《くつきとうげ》を通って京都へ帰陣した。一方、金ヶ崎城に殿として残った秀吉の動向は、残念ながら詳しくはわからないが、なんとか朝倉氏の追撃を食い止め、帰京したようだ。

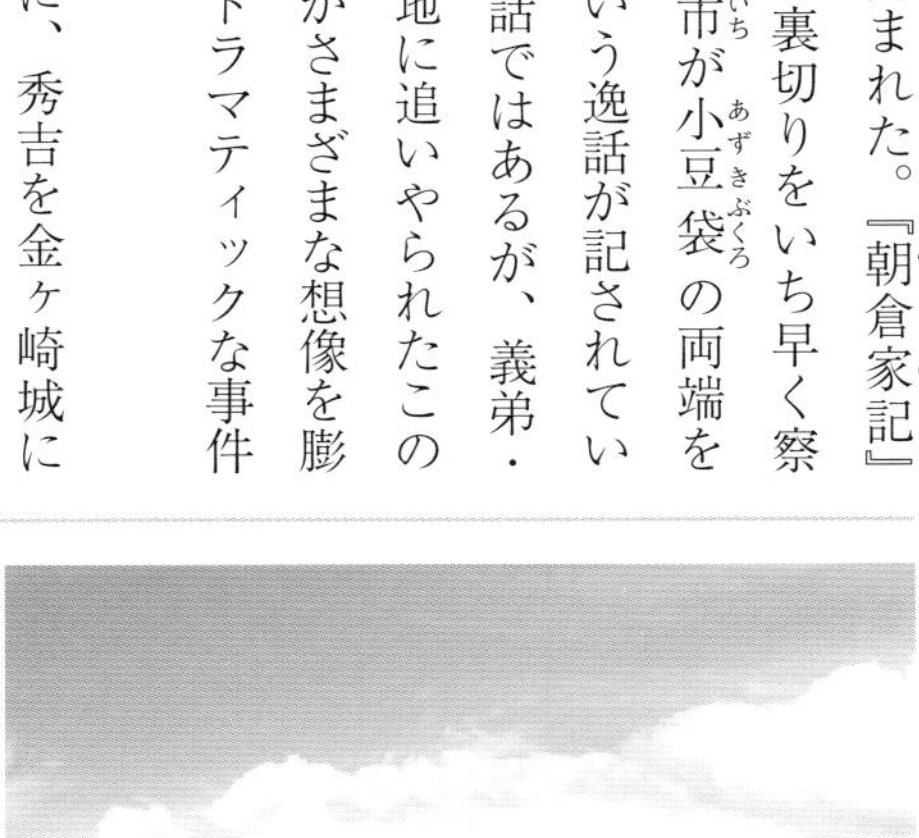

金ヶ崎城跡遠景◆敦賀湾を見渡す小高い山の上に築かれた城郭。戦国時代以前、南北朝時代から激戦が繰り広げられた場所でもある　福井県敦賀市

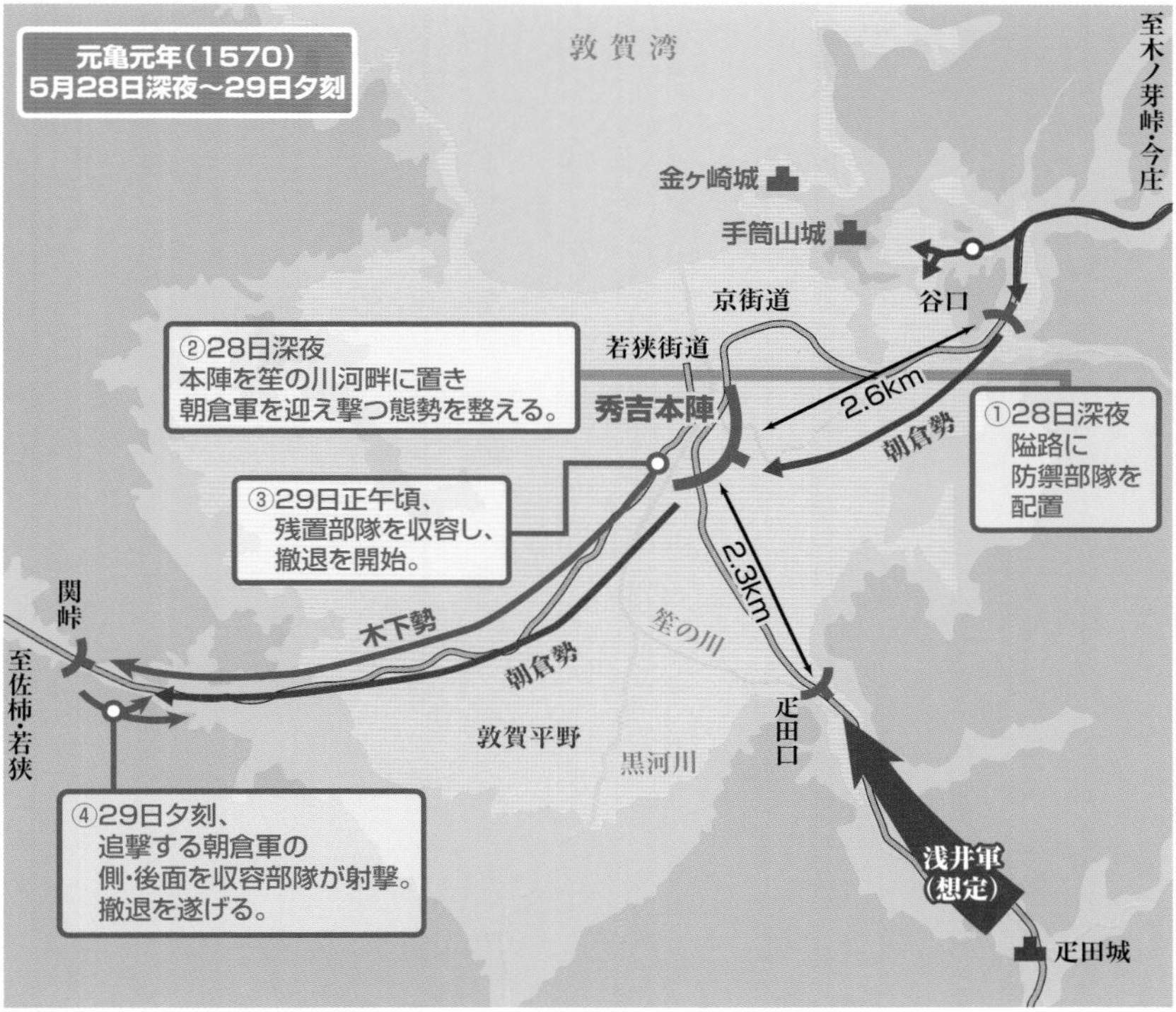

図３　金ヶ崎の退き口推定図◆撤退戦は多くの危険をともない、味方の兵を損失する可能性が高い劣勢な状況であった。とりわけ本隊や主力部隊を逃がすまでの時間をかせいだり、追撃を防ぐ役割を担った殿はもっとも危険と隣合わせの任務であったといえる。秀吉が自ら殿を名乗り出たという記録もあるが、のちの時代のものでもあり、よくわかっていない。しかし、秀吉が手柄をあげたのはたしかであり、信長からの信頼も高まったことは想定できる　『驀進 豊臣秀吉』(学研、2002年)掲載の図をもとに作成

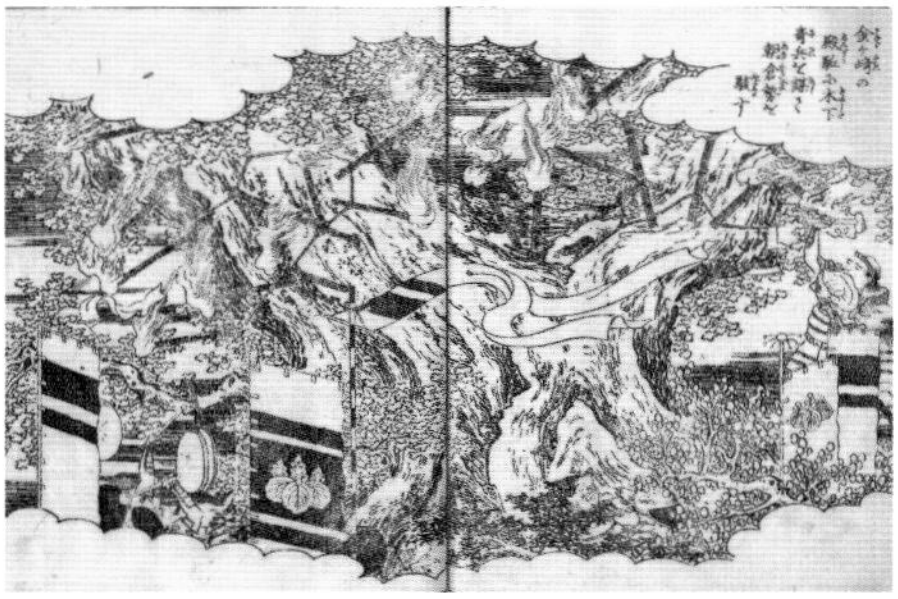

『絵本豊臣勲功記』に描かれた金ヶ崎の退き口◆ここでは秀吉の軍勢が朝倉方の不意を突いて驚かせている。秀吉らの活躍によって信長は無事に撤退することができた　当社蔵

6 横山城将《よこやまじょうしょう》となり、強敵の浅井氏と対決

京都に戻った信長は一度岐阜に帰り、態勢を立て直したうえで、元亀元年（一五七〇）六月に室町幕府奉公衆《ほうこうしゅう》（直臣団）や徳川家康らの軍勢も率いて北近江に攻め込んだ。このとき秀吉は、一足先に北近江の砦に出陣していたようだが、信長のもとへ合流し、浅井氏の居城・小谷《おだに》城（滋賀県長浜市）の包囲網の一ヵ所、虎御前山《とらごぜんやま》に陣を構え、柴田勝家・佐久間信盛らとともに近辺に放火した。そのうえで同月二十四日から信長は、小谷城から姉川《あねがわ》を隔てた対岸南方に位置する、浅井方の横山《よこやま》城（同前）の包囲を進めていった。この事態を受け、浅井氏の救援に現れた朝倉氏の軍勢と小谷城から出陣した浅井軍は、姉川の北側に着陣する。織田軍は朝倉・浅井両軍と姉川畔で衝突し、多くの戦死者を出しながら辛くも勝利を収めた（姉川の戦い）。

この戦いの後、織田軍は横山城を開城させた。横山城は美濃国と街道でつながった交通の要所に位置し、小谷城とは六キロほどしか離れていない前線の城としてあった。この横山城の守衛を担当する城将に抜擢されたのが秀吉だった。こうして秀吉は、横山城将として対浅井氏の最前線で戦いを繰り広げていくことになる。

八月、信長は将軍義昭を擁して、再び畿内での勢力回復を図る三好三人衆と戦うため、摂津国野田《のだ》・中島《なかじま》（大阪市福島区）に出陣した。その最中の九月、大坂本願寺《おおさかほんがんじ》の宗主《しゅうす》・顕《けん》如《にょ》の檄を受け、一向一揆《いっこういっき》が反義昭・織田氏勢力として蜂起する。本願寺・一向一揆が蜂起

横山城跡からの眺望◆横山城は小谷城をめぐる攻防戦で要になった城郭で、築城時期は不明だが、永正十四年（一五一七）頃には浅井氏の城になっていたようだ　滋賀県長浜市
画像提供：長浜市

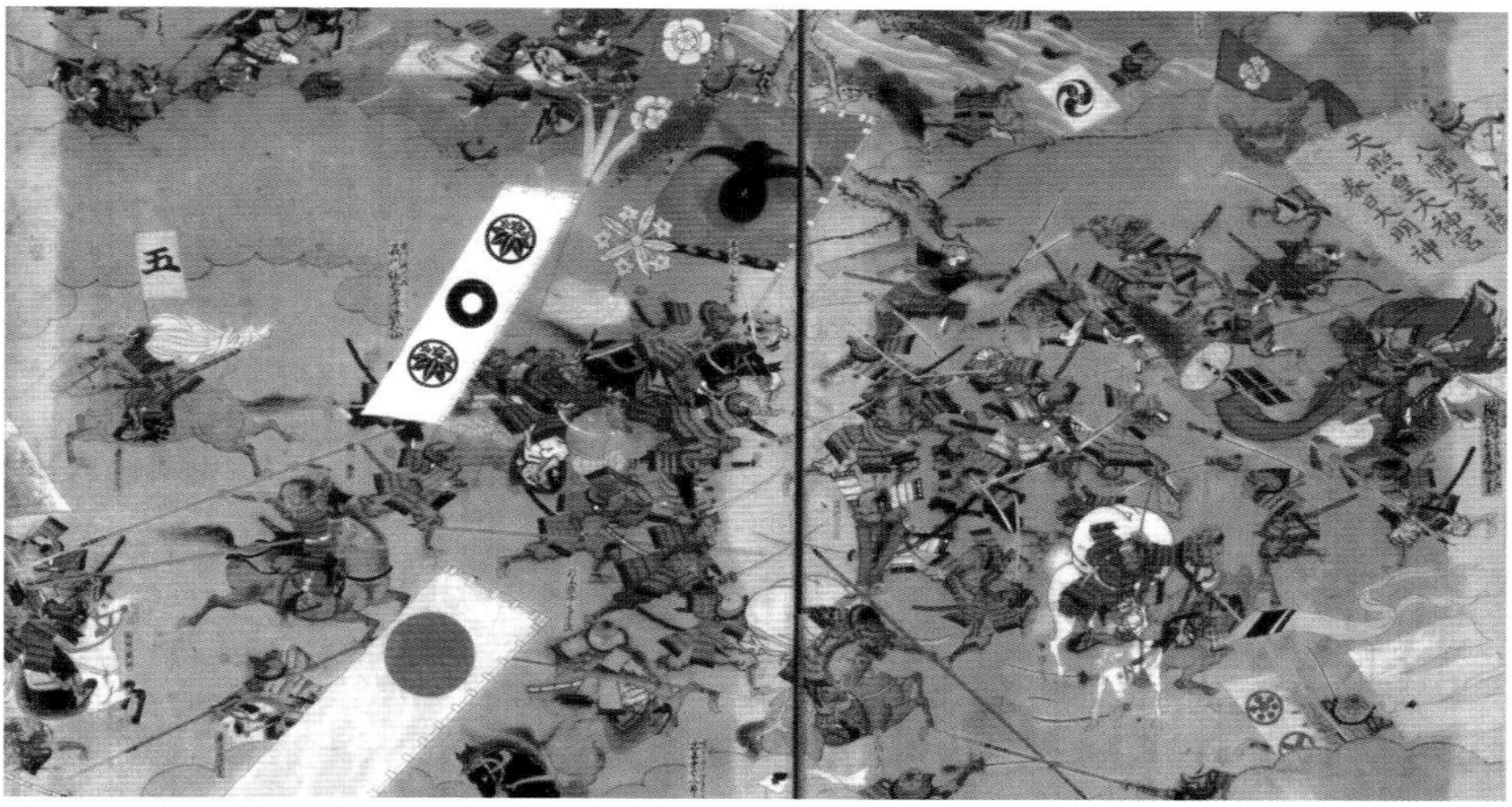

姉川合戦図屏風（部分）◆織田氏に味方した徳川軍と朝倉軍との激闘の様子を描く。姉川合戦図屏風は天保８年（1837）の制作で、姉川の戦いを描いた唯一の屏風絵である　福井県立歴史博物館蔵

したのは、三好三人衆や朝倉・浅井両氏とのこれまでの政治的関係によるものだった。この情勢を受けて朝倉・浅井両軍が京都に向けて進軍し、義昭と信長はいったん帰京したのち、信長は近江国坂本《さかもと》（大津市）に出陣する。これに対して、朝倉・浅井両軍は比叡山《ひえいざん》に立てこもり対峙した。この間、秀吉は横山城将《じょうしょう》として同城管轄の地域の守衛をしながら、近江国内の一向一揆の平定や、上洛して京都支配の実務にあたっていた。

　十二月、義昭の斡旋《あっせん》により信長と朝倉・浅井両氏は和睦する。だが翌元亀二年になると、信長と朝倉・浅井両氏との戦争は再開され、秀吉も北近江内での戦いに追われている。

　元亀三年七月、信長は秀吉が守衛する横山城を拠点に小谷城を包囲した。このとき、

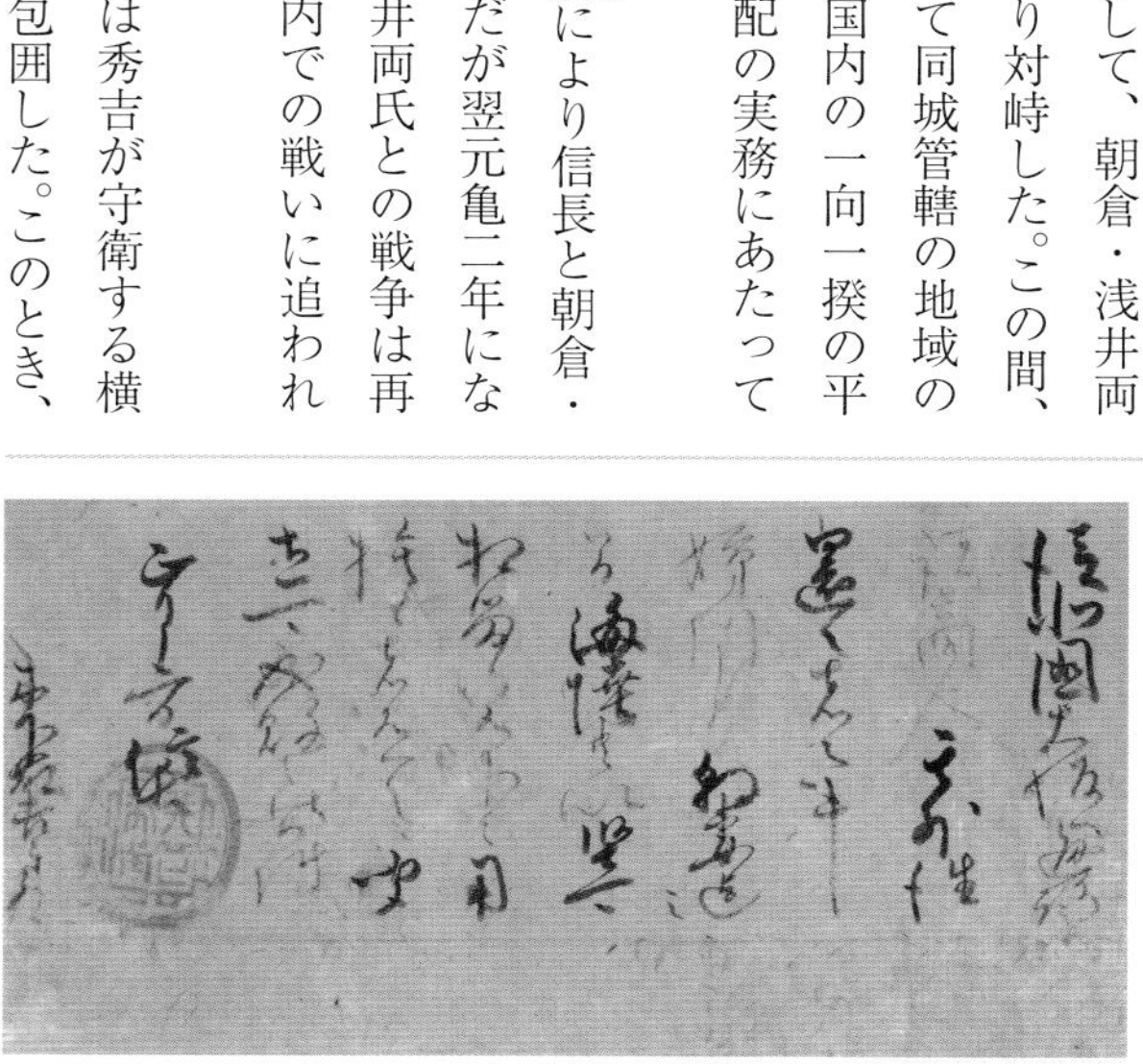

（元亀三年）正月二日付け織田信長朱印状◆信長が秀吉に対して、北陸方面から大坂へ向かう商人らの通行を近江で止めるよう指示したものである。これはともに信長と対立する、越前朝倉氏と大坂本願寺との連携を分断する狙いがあったとされる　東京大学史料編纂所蔵

秀吉は柴田勝家や佐久間信盛とともに虎御前山に入り、城下町を攻撃した。さらには浅井方の国衆《くにしゅう》（地域領主）・阿閉貞征《あつじさだゆき》の山本山《やまもとやま》城（滋賀県長浜市）に攻め込み、戦功をあげて信長に賞されている。そして八月、虎御前山に砦が築かれると、秀吉は城番として配置され、横山城将の務めに引き続いて朝倉・浅井軍との最前線の対応を任されることになった。

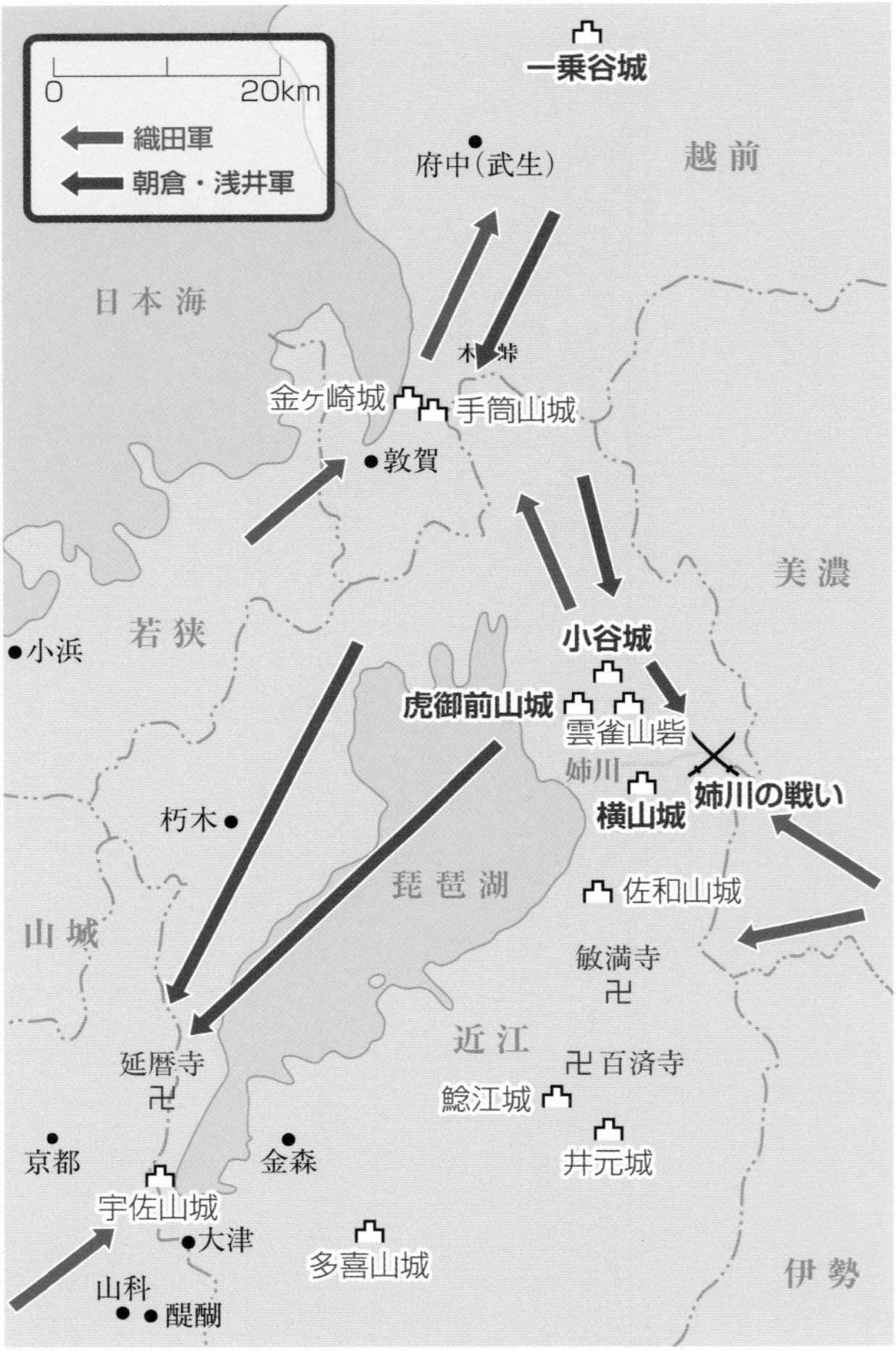

図4　姉川の戦い関係地図◆高橋成計『図説日本の城郭シリーズ6　織豊系陣城事典』（戎光祥出版、2017年）をもとに作成

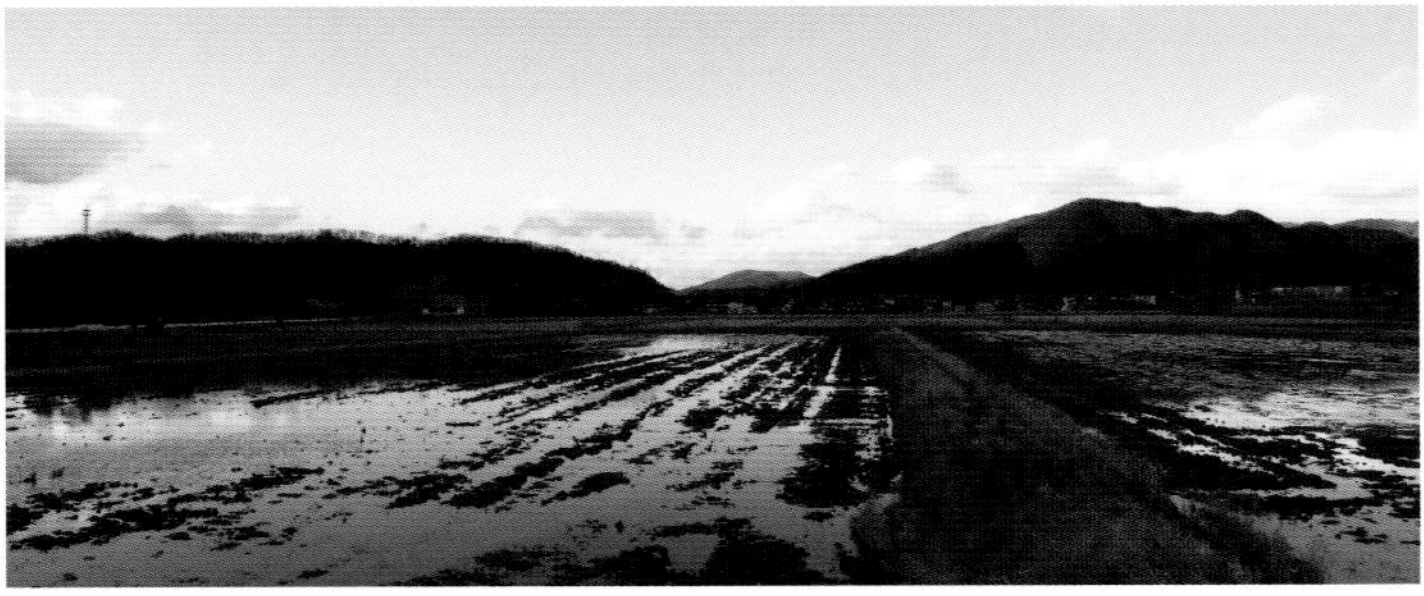

虎御前山城跡（左）と小谷城跡（右）◆秀吉が陣を構えた虎御前山城跡と浅井氏の本拠・小谷城跡の遠景　滋賀県長浜市

元亀四年、反織田氏勢力の攻勢のなか、義昭と信長は対立し、二月に義昭は信長への敵対の意思を示して挙兵する。この事態に、信長は義昭との君臣の関係を重視して和平を求めるが、義昭は応じなかった。そこで四月、信長は軍勢で京都を囲んだうえ、上京《かみぎょう》の焼き討ちに及んだ。上京焼き討ちを受け、正親町天皇《おおぎまちてんのう》が働きかけて信長は義昭と和平する。

しかし、義昭との対立は解消することなく、義昭は七月に山城槇島城《やましろまきしま》（京都府宇治市）で再起したため、秀吉も織田軍の一部将として槇島城攻めに参加した。そして七月十六日、織田軍の攻撃に耐えられず義昭は降伏した。十八日、信長は降伏した義昭を京都から追放することにし、秀吉に河内若江城《かわちわかえ》（大阪府東大阪市）に向かう義昭の道中の警固を任せ、秀吉は義昭を途中まで送った。その後、秀吉は山城淀《よど》城（京都市伏見区）を攻略した。

加えて、秀吉は山本山城の阿閉貞征に降伏を促し、天正元年（一五七三、七月に改元）八月八日に貞征を降伏させた。さらに、信長は北近江からの退陣を示した朝倉氏の軍勢を追撃して越前国へ侵攻し、同月二十日に朝倉義景を自刃に追い込み朝倉氏を滅亡させた。その後、織田軍は北近江に戻って小谷城を囲んだ。同月二十七日、秀吉は小谷城の京極丸《きょうごくまる》を攻略し、浅井久政を自刃させた。そして九月一日、織田軍の攻勢を防ぎきれずに浅井長政も自刃し、浅井氏は滅亡した。

こうして、秀吉も最前線で携わってきた朝倉・浅井両氏との四年にわたる戦争は、織田氏の勝利で終止符が打たれた。

浅井氏三代の墓◆右から初代久政、二代亮政、三代長政の墓石が並ぶ。徳勝寺は応永年間（一三九四〜一四二八）に建立され、もとは医王寺と号して現在の長浜市小谷上山田町にあったが、永正十五年（一五一八）に亮政が小谷城下に移し、菩提寺とした。秀吉が長浜城を築城後は長浜城下に移され、その後も数回移転を繰り返し現在に至る　滋賀県長浜市・徳勝寺境内

7 羽柴《はしば》への改姓と近江長浜《ながはま》城主への就任

天正元年（一五七三）九月の浅井氏滅亡後、横山城将などを務めて最前線で戦ってきた秀吉は、信長からそれまでの働きを賞されて浅井氏の旧領国（「江北浅井跡一職《ごうほくあざいあといっしき》」）を与えられ統治を任された。このとき秀吉に与えられた浅井氏の旧領国とは、近江国伊香《いか》・浅井・坂田《さかた》の三郡とされる。

ただし、山本山城を居城とする国衆・阿閉氏は、伊香郡内の所領や浅井郡菅浦《すがうら》（滋賀県長浜市西浅井町）、同大浦下庄《おおうらしものしょう》（同前）などを自律支配し、信長直属の立場（直参衆《じきさんしゅう》）にあった。また、坂田郡内でも織田家蔵入地《くらいりち》（直轄地《ちょっかつち》）などが確認され、秀吉の支配が及んでいない。実際、秀吉や弟の長秀《ながひで》（のちの秀長）、家臣の発給した文書などによる活動範囲をみても、坂田郡箕浦《みのうら》（滋賀県米原市）などの天野川《あまのがわ》以北地域から伊香郡黒田《くろだ》郷（同長浜市木之本町）以南の地域一帯に限る。つまり、秀吉が与えられた浅井氏の旧領国とは、浅井氏が滅亡直前まで治めていたこの領域範囲を指すのだろう。いずれにせよ秀吉は、自身の判断で所領の給与《きゅうよ》・公税《こうぜい》や労働の賦課《ふか》・裁判の判決など、この領域（以下、「長浜領」と記す）を治める「城主」となったのだ。

浅井氏の旧領国を治めることになった秀吉は、はじめ浅井氏の居城・小谷城に入って自身の居城としたが、ほどなく近辺の今浜《いまはま》という場所に新たな城を建設し始めた。今浜は内陸にある小谷城と違い、琵琶湖《びわこ》のほとりに位置する水運が活発な要地だった。秀吉は今浜

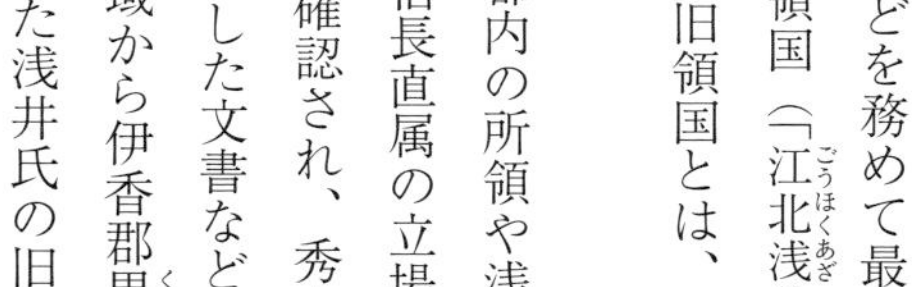

山本山城跡遠景◆平安末期の築城と伝わる歴史の古い城郭。ときの城主・阿閉貞征の降伏で浅井氏の小谷城は孤立することになり、浅井氏滅亡の一因になった。なお、右方の山並みはのちに秀吉と勝家が戦った賤ヶ岳の古戦場である　滋賀県長浜市

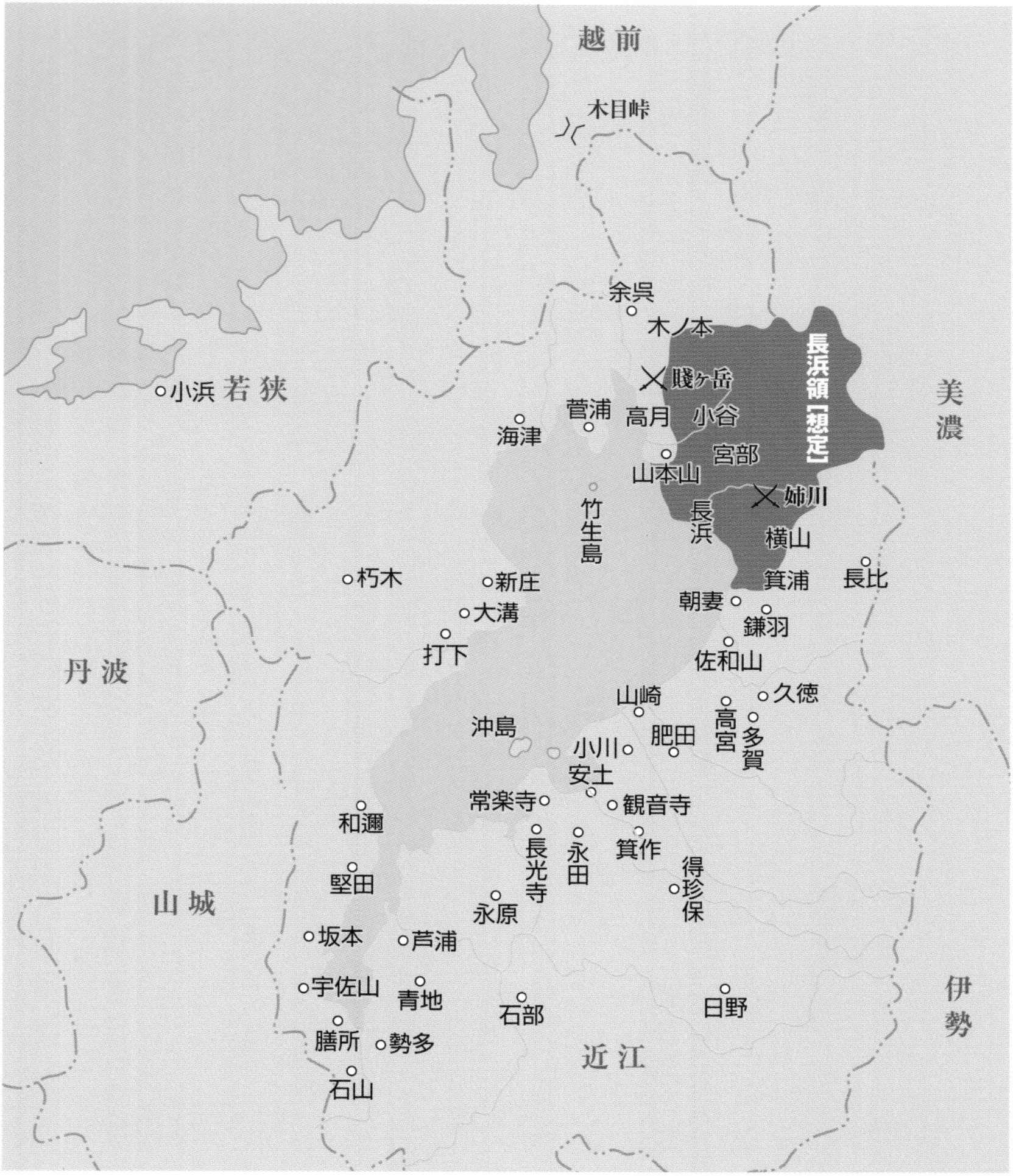

図5　浅井氏旧領のうち秀吉の統治範囲想定図◆秀吉が治めた領域は近江国のうち北東方面にあった

長浜城外堀跡◆現在は用水路になっているが、当時は幅三〇メートルほどの堀であったといわれる。長浜城は内堀・内外堀・外外堀の三つの堀があり、この堀は外外堀にあたる。いずれも琵琶湖の湖水を取り入れた水堀であった　滋賀県長浜市

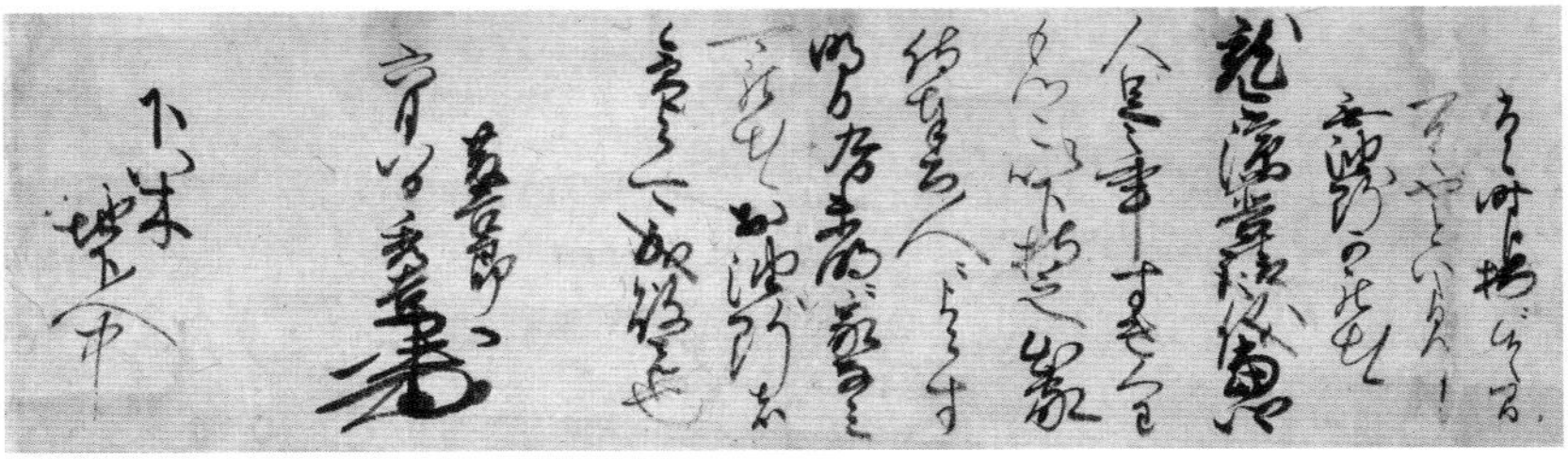

（天正２年）６月８日付け羽柴秀吉判物◆「今浜普請」（長浜城築城）にかかわる文書である。秀吉は下八木の住人に対し、鍬（くわ）・鋤（すき）・畚（もっこ）など道具を持参して築城工事にあたるよう指示している　大阪城天守閣蔵

の特質に目をつけて、ここを自身の治める長浜領の拠点としたのだろう。

また同時期、秀吉は名字をそれまでの「木下」から「羽《は》柴《しば》」に改めている。現在、秀吉が羽柴の名字を名乗り出したと確認できる文書は、足利義昭を京都から追放した直後の元亀四年（一五七三）七月二十日付けの書状だ。そして羽柴に名字を改めた直後に浅井氏が滅亡して、その領国を支配する城主となった。この時期は秀吉の人生で大きな画期にあったといえよう。ちなみに羽柴名字の由来については、信長の重臣・柴田勝家の「柴」、丹羽長秀の「羽」の一字ずつをとったという有名な話がある。これは秀吉の「軍師《ぐんし》」として知られる竹中重治《たけなかしげはる》（半兵衛《はんひょうえ》）の息子で、自らも秀吉に仕えた重門《しげかど》が著した『豊鑑《とよかがみ》』に記されている。ただ、実際に秀吉が羽柴名字を名乗り始めた時期と『豊鑑』の記述がかみ合わないなど、この説は疑問視されている。

秀吉は羽柴名字に改め、浅井氏の旧領国を治める城主となった一方で、天正元年八月に滅亡した朝倉氏の旧領国だった越前国の統治整備に、明智光秀や滝川一益《たきがわかずます》とともに

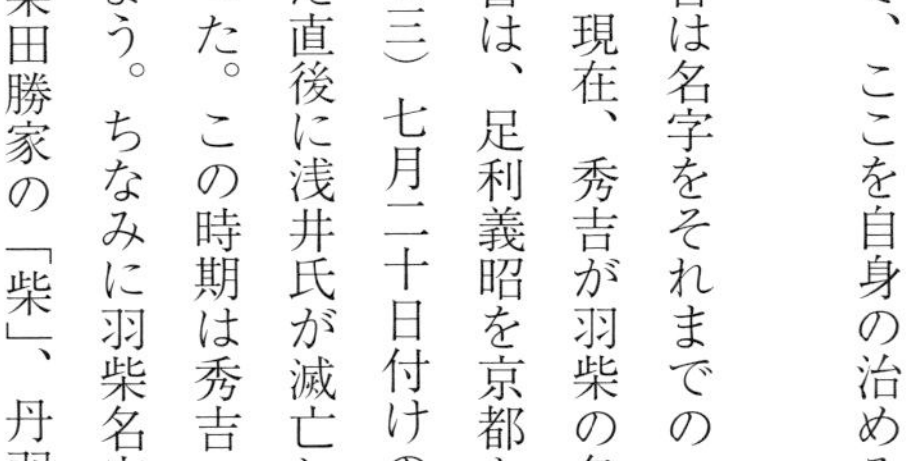

越前国絵図（国郡全図並大名武鑑）◆浅井氏攻略後に課題となったのは越前国の統治であり、軍事・行政などの面で秀吉も領国整備に奔走した　当社蔵

あたる。この時期に越前国で出された支配文書は、ほぼこの三人の連署によるものだ。

秀吉たちの統治整備を経て、越前国には朝倉氏旧臣の前波吉継《まえばよしつぐ》が統治を主導する「守護《しゅご》代《だい》」として据えられた（この後、吉継は桂田長俊《かつらだながとし》と改名）。そのうえで北庄《きたのしょう》（福井市）には秀吉・光秀・一益の三人の麾下《きか》武将が代官として駐屯した。また、越前国に近い北近江を治める秀吉と、隣国の若狭国の統治を担当する丹羽長秀とが越前国を監察し、同国内で何か事態が起これば駆けつける態勢をとっていた。そして、越前国の統治整備が一段落した直後の天正元年九月末、秀吉は信長に従って伊勢国長島《いせのくにながしま》（三重県桑名市）の方面に出陣し、周辺の西別所《にしべっしょ》の一向一揆鎮圧や白山《しろやま》城の攻略に活躍している。

天正二年正月になると、「守護代」の桂田長俊（前波吉継）が麾下の将・富田《とだ》長繁《ながしげ》と対立した末に殺害されたのを機に一向一揆が蜂起し、越前国内は混乱状態となった。秀吉もその一報を受け、丹羽長秀たちとともに敦賀《つるが》（福井県敦賀市）まで出陣したが、事態に善処できず帰陣した。さらに八月、越前国木目《きのめ》峠《とうげ》の砦を守衛していた樋口直房《ひぐちなおふさ》が越前一向一揆と通じたとの嫌疑を掛けられて出奔《しゅっぽん》する。秀吉は樋口の捜索・逮捕に努めて樋口を討ち取り、伊勢国長島に在陣していた信長のもとに、その首を持参した。また十月には、河内高屋《たかや》城（大阪府羽曳野市）の攻撃に参陣している。

こうした状況のなかで、秀吉は長浜領の支配を着々と進めていった。そして天正三年の夏、今浜の地に城が完成し、秀吉は入城した。今浜の地は「長浜」と名を改められ、秀吉は長浜城の城主となったのだ。

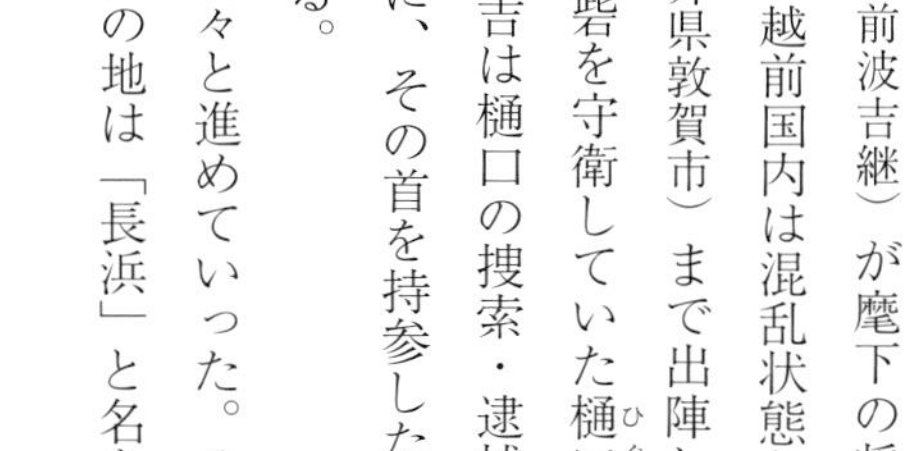

現在の長浜城と琵琶湖◆琵琶湖にほど近く、豊公園一帯が長浜城跡とされる。現在は模擬天守が建てられ、内部は歴史博物館として秀吉の足跡を紹介している　滋賀県長浜市

コラム

秀吉への〝信仰〟がいまも続く長浜

天正元年（一五七三）九月、信長から旧浅井領国を与えられた秀吉は、翌年から政治拠点として近江国今浜（滋賀県長浜市）の地に築城を開始するとともに、「今浜」を「長浜」と改称した。

秀吉は築城に加え、既存の今浜村と周辺地域を再編して城下町も造成していった。そのなかで、長浜八幡宮などが移転されたようだ。さらに秀吉は、小谷城下の町や近隣の箕浦町（滋賀県米原市）などを移した。こうして長浜の城下町は築かれたのだ。

また秀吉は、長浜城下に人を集めるため、年貢・諸役（諸税、労働負担を含む）の負担を免除した。ところが、町の住人は秀吉から諸役負担を免除された特権をアピールして、他領の住人ではなく、同じ長浜領内の地域から住人を集住させていった。この事態に秀吉は、年貢・諸役負担の免除を取り消そうとした。この対応に町の住人は秀吉の母・なか（大政所）に働きかけ、秀吉は母の取り成しを受けて、町の住人に年貢・諸役の負担免除の取り消しを止めてこれまで通り認めた。

天正十年六月の清須会議後、秀吉は長浜領から離れ、織田家に代わる天下人へと歩み始めたが、長浜町人との交流は続いた。天正十九年五月九日、秀吉は長浜町人に町屋敷年貢米三〇〇石を免除する。秀吉が認めたこの特権は江戸時代も続いていき、長浜町を繁栄に導いたとされる。

こうした秀吉の長浜町との関係や寺社保護が、死後に豊国大明神《とよくにだいみょうじん》として祀られた秀吉への〝信仰〟を生んで、曳山祭《ひきやままつり》の開催由緒などにもかかわりを持っていった。そして、江戸幕府に神号を剥奪《はくだつ》された後も長浜を中心に強く根付き、いまなお信仰は続いている。（柴）

長浜の街並み◆秀吉の城下町経営は現在の長浜へと発展する礎になった　滋賀県長浜市

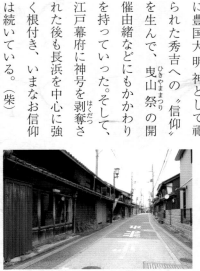

第二章　長篠、播磨攻めなど戦いの日々

三木合戦軍図（部分）◆討ち死に、飢え死に、切腹、磔——女・子どもも巻き込んだ過酷な戦場のなかで秀吉は頭角をあらわしていく　兵庫県三木市・法界寺蔵　画像提供：三木市教育委員会

1　甲《か》斐《い》武《たけ》田《だ》氏を打ち破り、「筑前守《ちくぜんのかみ》」となる

羽柴秀吉が近江長浜城主として長浜領の支配を着々と進めているなか、主君の織田信長は天下人への歩みをはじめていた。一般的に、信長は最初から天下人を目指して活動し、元亀四年（一五七三）七月に室町幕府将軍足利義昭を京都から追放したことをもって、天下人に君臨したとされる。ところが、将軍義昭追放後の信長は、義昭に和解と帰還を勧める一方、その間は室町幕府将軍が不在であったから、代行者として活動したのが実態だった。つまり信長自身は、この時点では室町幕府の存続を望んでおり、自身が室町幕府将軍足利家に代わる天下人になろうとは考えていなかったのである。

だが、将軍義昭との和解はならず、義昭に味方する三好氏や大坂本願寺など畿内周辺の敵対勢力の討伐が進むなかで、信長のもとに「天下静謐《てんかせいひつ》」（中央の安泰と秩序の正常化）が求められていく状況になる。この状況に応え、信長は室町幕府将軍足利家に代わり天下人への道を歩みはじめたのだった。

その状況下で信長は、天正三年（一五七五）四月、大坂本願寺への攻撃に先駆けて、三好康長《やすなが》が籠もる河内高屋《かわちたかや》城（大阪府羽曳野市）を攻め開城させる。翌五月には、甲《か》斐《い》（山梨県）の武田勝頼《かつより》の侵攻を受けていた遠江の徳川家康からの強い救援要請を受けて、信長は三河国へ出陣する。その軍勢に羽柴秀吉も参陣していた。そして五月二十一日、織田・徳川連合軍と武田軍は三河国有海原《あるみはら》（愛知県新城市）で戦った。いわゆる「長篠の戦い」だ。こ

設楽原古戦場の復元馬防柵◆長篠の戦い時、織田・徳川連合軍は、戦場を流れる連吾川に沿って馬防柵を築いて守りを固め、武田軍の攻撃に備えた　愛知県新城市

の戦いで秀吉勢は丹羽長秀・滝川一益両勢とともに配備され、武田軍の攻撃に対峙した。

この合戦に勝利した信長は美濃岐阜城へ帰還した後、六月末に上洛する。七月三日、朝廷は官位昇進を勧めるが信長は辞退する。一方で信長は信頼する重臣たちに官途《かんと》・名字を授与した。これによって明智光秀は惟任日向守《これとうひゅうがのかみ》光秀、丹羽長秀は惟住《これずみ》長秀、塙直政《ばんなおまさ》は原田《はらだ》備中守《びっちゅうのかみ》直政となり、滝川一益には伊予守《いよのかみ》の受領《ずりょう》が与えられたようだ。秀吉もこのときに筑前守《ちくぜんのかみ》の受領を与えられたようで、以後、「羽柴筑前守秀吉」を名乗る。

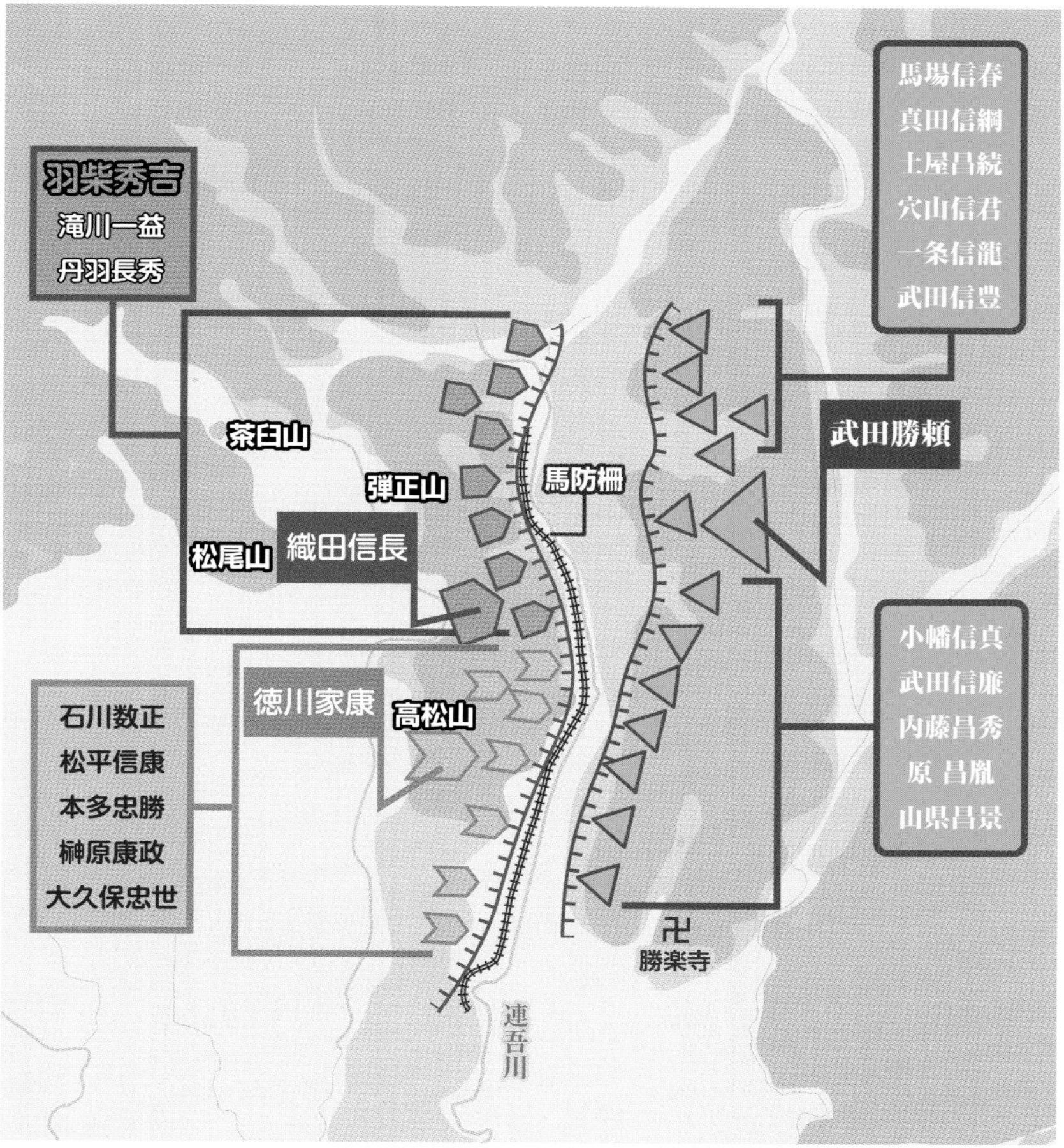

図6　長篠の戦い対陣図◆金子拓『シリーズ実像に迫る 021　長篠の戦い 信長が打ち砕いた勝頼の〝覇権〟』（戎光祥出版、2020 年）掲載のものを改変

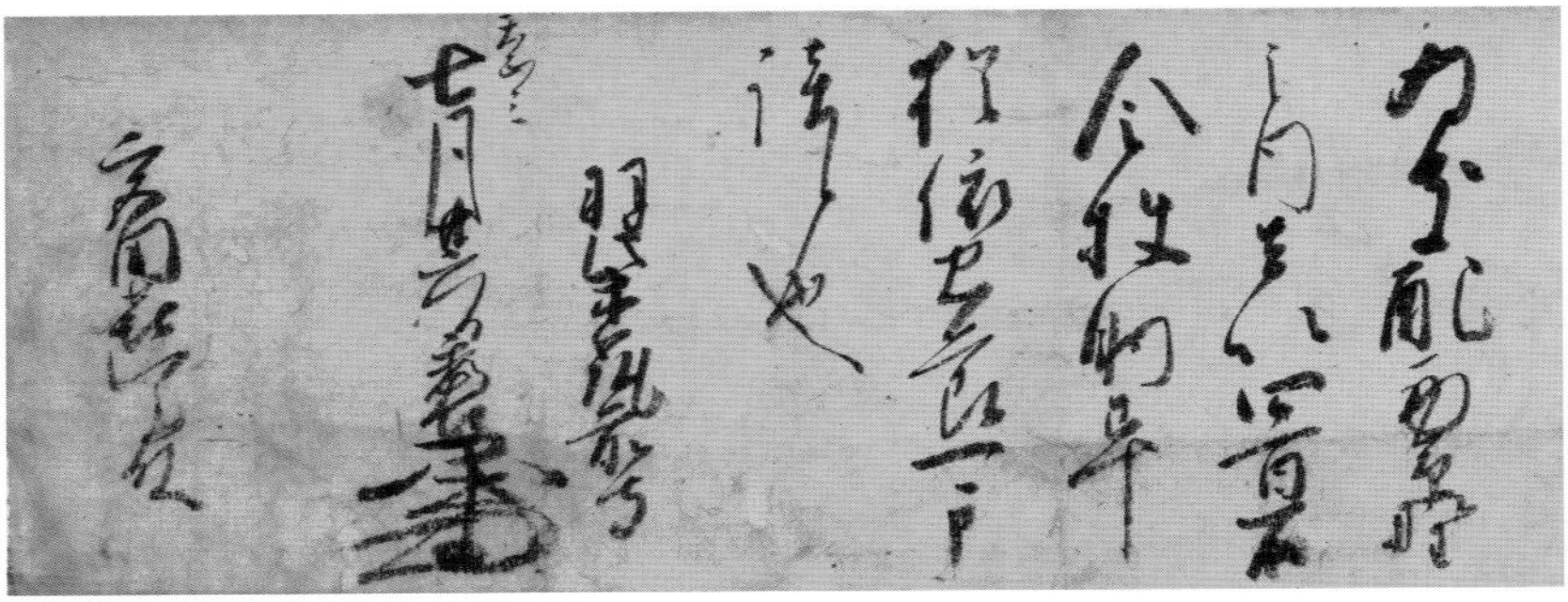

天正３年７月26日付け羽柴秀吉判物◆本文書は現在のところ、秀吉が「羽柴筑前守秀吉」と署名した初出のものである。内容は家臣に所領を与えたいわゆる「知行宛行状」であり、このような秀吉の宛行状はほかに５・６通しか確認できず、貴重である　長浜市長浜城歴史博物館蔵

同年八月、信長は越前一向一揆の鎮圧に出陣する。織田軍の進攻に一揆勢は迎撃したが、秀吉と光秀の軍勢は打ち破り、府中《ふちゅう》（福井県越前市）では一揆勢二〇〇〇人余りを斬殺した。八月十七日、信長は書状でこの府中の斬殺状況を「死かい計《ばかり》にて、一円あき所なく候（死骸ばかりで、足の踏み場も一切ない）」と京都へ伝えている。また、織田軍の勢いに加賀国《かがのくに》（石川県南部）の南部も勢力下に置かれることとなった。このうえで、信長は越前国に柴田勝家と前田利

松岡寺の旗◆松岡寺は加賀一向一揆の中心的な寺院の一つで、この旗は一向一揆勢が使用したものと伝わる。松岡寺は享禄４年（1531）の争いで一時中絶したが、加賀一向一揆はこのような旗印のもと戦いに身を投じていたことがわかる　小松市立博物館蔵

家・佐々成政《さっさなりまさ》・不破光治《ふわみつはる》の三人衆を配置し、支配方針を示してそれぞれの担当支配を任せ、帰陣する。その際に加賀国の北部から一向一揆勢が出陣してきたが、秀吉勢が迎撃し、二五〇〇人余りを討ち取った。

そして十月、信長は大坂本願寺からの願い出を受け、和睦した。こうして、信長のもとに「天下静謐」が実現しつつある情勢を受け、十一月に朝廷は信長に室町幕府将軍足利家に匹敵する従三位《じゅさんみ》権大納言《ごんだいなごん》兼《けん》右近衛大将《うこんのえたいしょう》の官位を授けることによって、室町幕府将軍足利家に代わる天下人として公認した。

同月末、信長は織田家当主の立場を嫡男の信忠《のぶただ》に譲り、天下人としての活動に専念する姿勢を示し、翌天正四年正月から、自身の政庁として近江安土《あづち》城（滋賀県近江八幡市）を築きはじめた。こうして信長は天下人として本格的に行動し始め、秀吉には天下人信長の重臣としての立場に応じた活動が求められていく。

安土城築城工事のジオラマ◆安土城の石垣普請の様子を復元している。多くの人員を工事に当て、巨大な石を運んでいたことなどが想像できる　画像提供：安土城天主信長の館

2 信長激怒！名誉挽回に奔走《ほんそう》

天正三年（一五七五）十一月、信長が天下人へのみちを本格的に歩みはじめたなか、北陸地方では越後《えちご》上杉《うえすぎ》氏との緊張が増していた。信長と上杉謙信《けんしん》は甲斐武田氏への対応から接触が始まり、元亀三年（一五七二）十月に武田氏と敵対すると、両者の関係は軍事協力を目的とした同盟へと発展していた。

ところが、織田・上杉両氏の同盟にはすれ違いもあって、やがてその機能を十分には果たせなくなっていく。そうしたなか天正三年八月、信長は越前一向一揆の討伐を断行し、越前国の平定を成し遂げただけでなく、加賀国へも勢力を拡大していった。織田氏の動きに連動して、上杉氏も敵対する越中《えっちゅう》国（富山県）の勢力を鎮めたうえ、その勢いで加賀一向一揆を従属させた。また能登《のと》国（石川県北部）では、能登畠山《はたけやま》家内部の対立などから情勢が不安定であり、その解決を織田・上杉両氏それぞれに求める事態がおこっていた。織田・上杉両氏の勢力境界（「境目《さかいめ》」）にあった加賀・能登両国のこうした動向から、次第に両氏の関係は緊張を帯びていく。

そのうえ、上杉氏のもとには室町幕府将軍足利義昭の対織田氏への尽力を求める働きかけがなされた。この結果、上杉氏は翌天正四年五月までに織田氏との同盟を絶ち、義昭を盟主とした反織田氏連合に加わった。そして八月、謙信は越中国へ出陣して反対勢力を討ったうえで能登国へ進軍し、能登畠山家の居城・七尾《ななお》城（石川県七尾市）の攻略のみを残す

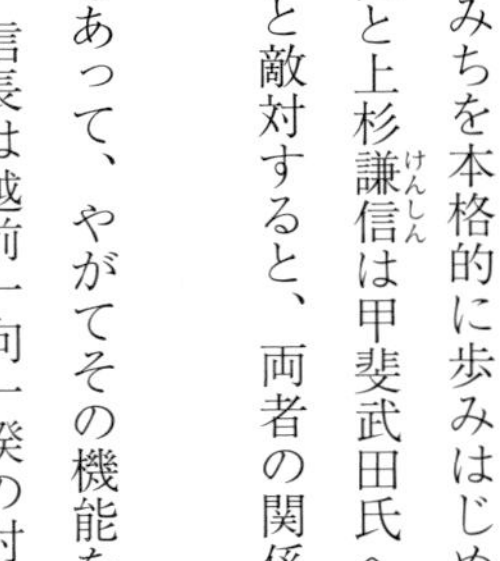

上杉謙信画像◆越後の戦国大名で、永禄七年（一五六四）頃から信長と通交を始めていた。謙信と信長は互いに贈り物をして関係を深めるも、加賀・能登の支配をめぐり対立することになってしまった　米沢市上杉博物館蔵

までに平定を進めていった。

越後上杉氏の侵攻に対して、当初は対戦を回避しようとしていた信長だったが、能登・加賀両国の織田氏勢力を維持するために、やがて上杉氏との開戦へと舵を切っていく。そして天正五年閏七月には、信長は自ら出陣し上杉氏を討伐する計画を進めはじめていた。だが信長は、上杉氏と連携する大坂本願寺や安芸《あき》毛利《もうり》氏らの反織田氏勢力への対応に追われ、出陣の計画変更を余儀なくされてしまう。そこで八月八日、宿老の柴田勝家を総大将とした軍勢が加賀・能登方面へ遣わされた。そのなかの一軍の将には秀吉もいた。

ところが秀吉は、陣中で総大将

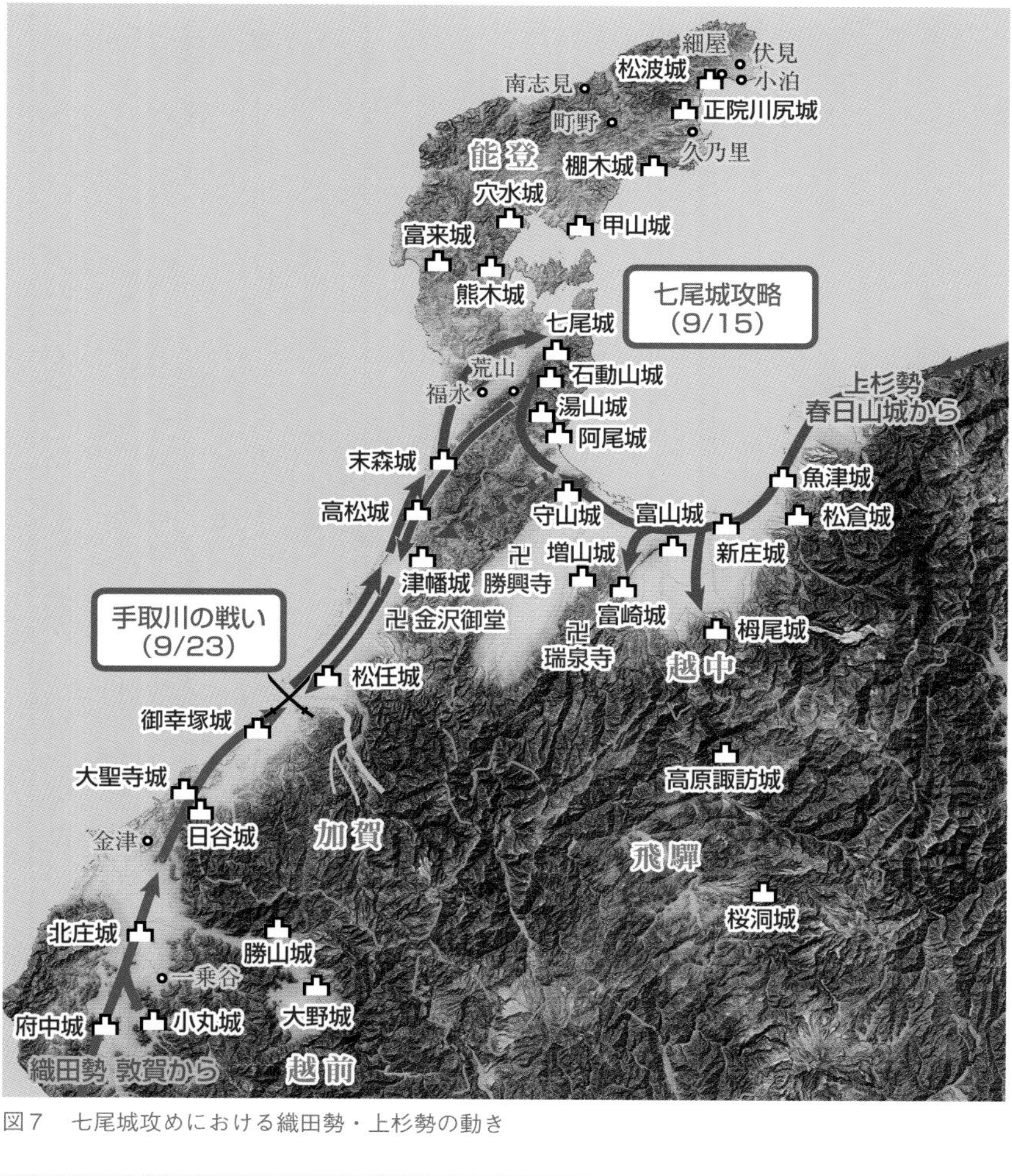

図7　七尾城攻めにおける織田勢・上杉勢の動き

の勝家と今後の行動をめぐり対立したらしい。そして秀吉は勝家の下での行動を嫌い、信長の許しを得ず勝手に帰陣してしまう。その後、七尾城は越後上杉氏に攻略され、不利な情勢に退却を余儀なくされた勝家率いる織田軍は、加賀国湊川《みなとがわ》で上杉氏の攻撃を受け敗れてしまった（手取川《てどりがわ》の戦い）。

　信長は、許可を得ずに勝手に帰陣した秀吉に激怒した。秀吉が信長への謝罪に努めていたところ、八月十七日に摂津国大坂天王寺の砦を守備していた松《まつ》永久秀《ながひさひで》・久通《ひさみち》父子が信長へ再び謀反《むほん》し、居城の大和《やまと》信貴山《しぎさん》城（奈良県平群町）に籠城するという事態が起きた。この背後には、織田家内部での立場の低下に行く末（将来）を悲観した久秀・久通父子の今後の生き残りを懸けた思惑と、義昭ら反織田氏勢力の働きかけがあったのだろう。この事態への対応もあって、秀吉は程なく信長の赦しを得たようだ。九月、信長は嫡男の信忠を総大将とした軍勢を派遣する。そこには秀吉の姿もあった。やがて信貴山城を囲まれた久秀は十月十日、天主《てんしゅ》（天守）に火を放ち自刃した。

　松永氏討伐を終えて帰陣した秀吉は、信長から中国地方での毛利氏勢力との戦いを見据えた新たな役割を任されることになる。

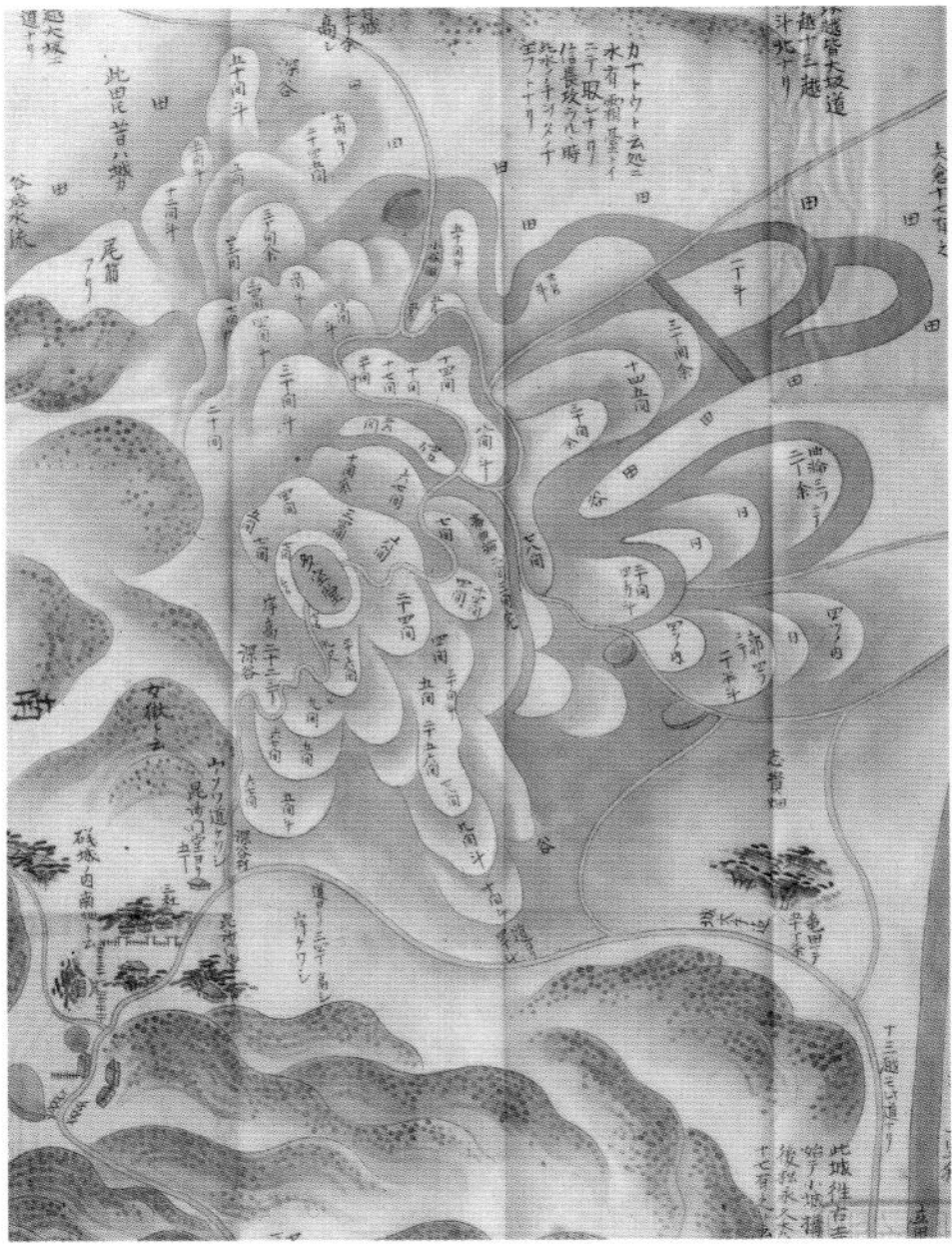

浅野文庫「諸国古城之図」のうち「大和　礒城」（信貴山城）
◆信貴山城は標高433メートルの信貴山雄嶽に位置し、山頂部一帯と北・東・西の三方向に伸びる尾根状に多くの曲輪が築かれた　広島市立中央図書館蔵

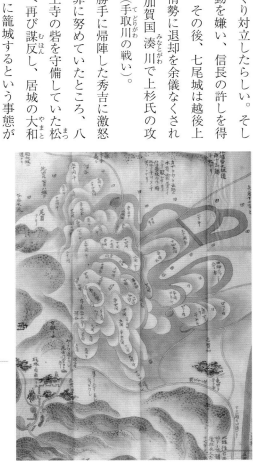

3 織田・毛利《もうり》戦争がはじまる

天正四年（一五七六）七月、安芸毛利氏は水軍を派遣し、摂津国木津川口《きづがわぐち》で大坂本願寺への兵粮補給のために織田勢を撃退した。ここに、織田・毛利両氏は戦争へと突入した。

これ以前、織田・毛利両氏は永禄十一年（一五六八）の足利義昭の入洛以来、備前浦上《びぜんうらがみ》宗景《むねかげ》・阿波《あわ》三好氏との敵対から、軍事協力を含んだ友好的な通交を展開していた。そしてこの関係は、天正元年七月に信長が将軍義昭を京都から逐い、天下人として歩むこととなった後も続いていた。それがなぜ、このとき開戦に至ってしまったのだろうか。

その背景として、織田・毛利両氏の勢力境界（「境目」）で活動する浦上・宇喜多《うきた》両氏らの動向と将軍義昭の備後国鞆《とも》（広島県福山市）への下向が大きく関わっていた。

浦上宗景は、当初は播磨《はりま》国衆の御着《ごちゃく》小寺《こでら》氏らを従え、織田・毛利両氏と敵対していた。しかし、次第に毛利方の攻勢が増してくると、宗景は織田氏へ接近し、天正元年十二月頃には信長から朱印状を与えられ、備前・播磨・美作《みまさか》三ヵ国（兵庫・岡山県）の領有を認められた。ところが、やがて宗景は毛利方に属した備前岡山《おかやま》（岡山市北区）の宇喜多直家《なおいえ》と対立し、天正三年九月には直家に居城の備前天神山《てんじんやま》城（岡山県和気町）を攻略され、播磨国に逃れる。

信長はこれを受け、麾下の荒木村重《あらきむらしげ》に播磨国衆を従えて派兵し、宇喜多方の城々を攻略させ、浦上宗景を戻した。この織田軍の対応を受け、十月二十日には赤松則房《あかまつのりふさ》や別所長《べっしょなが》

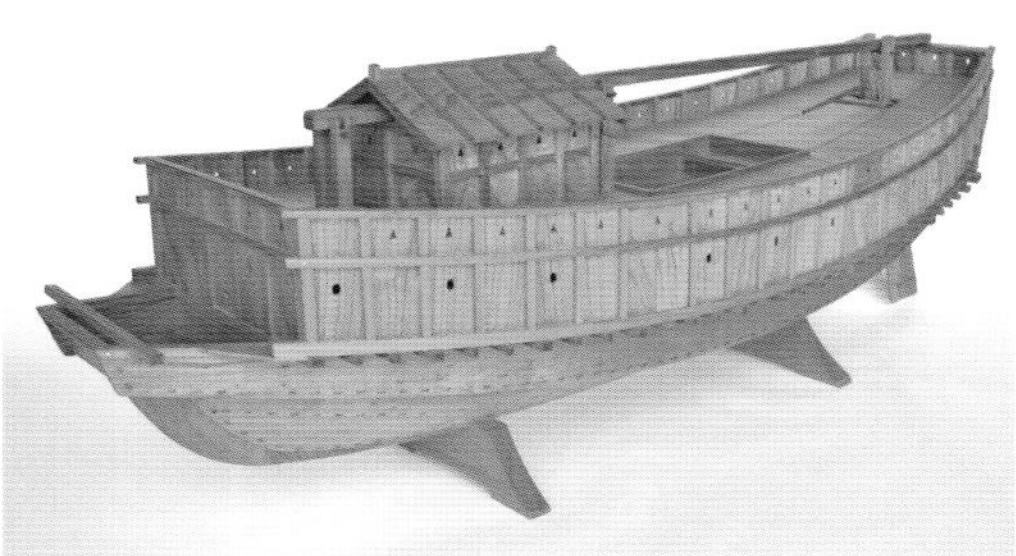

安宅船模型◆安宅船は軍船として使用された。この模型は、毛利軍に属して織田軍と戦った村上水軍の安宅船をモデルにしている　今治市村上水軍博物館蔵

毛利輝元画像◆はじめは秀吉の前に立ちはだかった強敵であったが、のちには「五大老」の一人として豊臣政権を支える立場になった　東京大学史料編纂所蔵模写

治《はる》・小寺政職《こでらまさもと》ら播磨国衆が、在京していた信長のもとへ「御礼」のため参謁《さんえつ》している。こうして織田氏は、浦上宗景を保護し、播磨国衆を従えて勢力を拡大していった。

だが、この情勢は宇喜多氏を従え備前・播磨国境地域に勢力を拡大していた毛利氏との軍事的衝突を招いてしまった。そこで信長は、毛利氏と両勢力の「境目」にあった備前・播磨国境地域の和平交渉を始めることとした。交渉ではさらに、毛利氏のもとへの下向を望んでいた将軍義昭の対応も、織田・毛利両氏の間で話し合いが行われる手筈になっていた。

ところが和平交渉の最中に、義昭が一刻も早い下向を望んで、備後国鞆への下向を強行してしまう。このことが、備前・播磨国境地域での戦争勃発を避けることができない情勢と絡み合って、織田氏・毛利氏双方に疑心を持たせた結果、和平交渉を決裂させてしまうことになる。そして四月になると、将軍義昭が毛利輝元《てるもと》・上杉謙信・武田勝頼らとの反織田氏連合のもとで活動を活発化させ、さらに義昭の要請に応じて大坂本願寺・一向一揆も蜂起した。こうして七月、織田・毛利両氏は開戦するに到った。

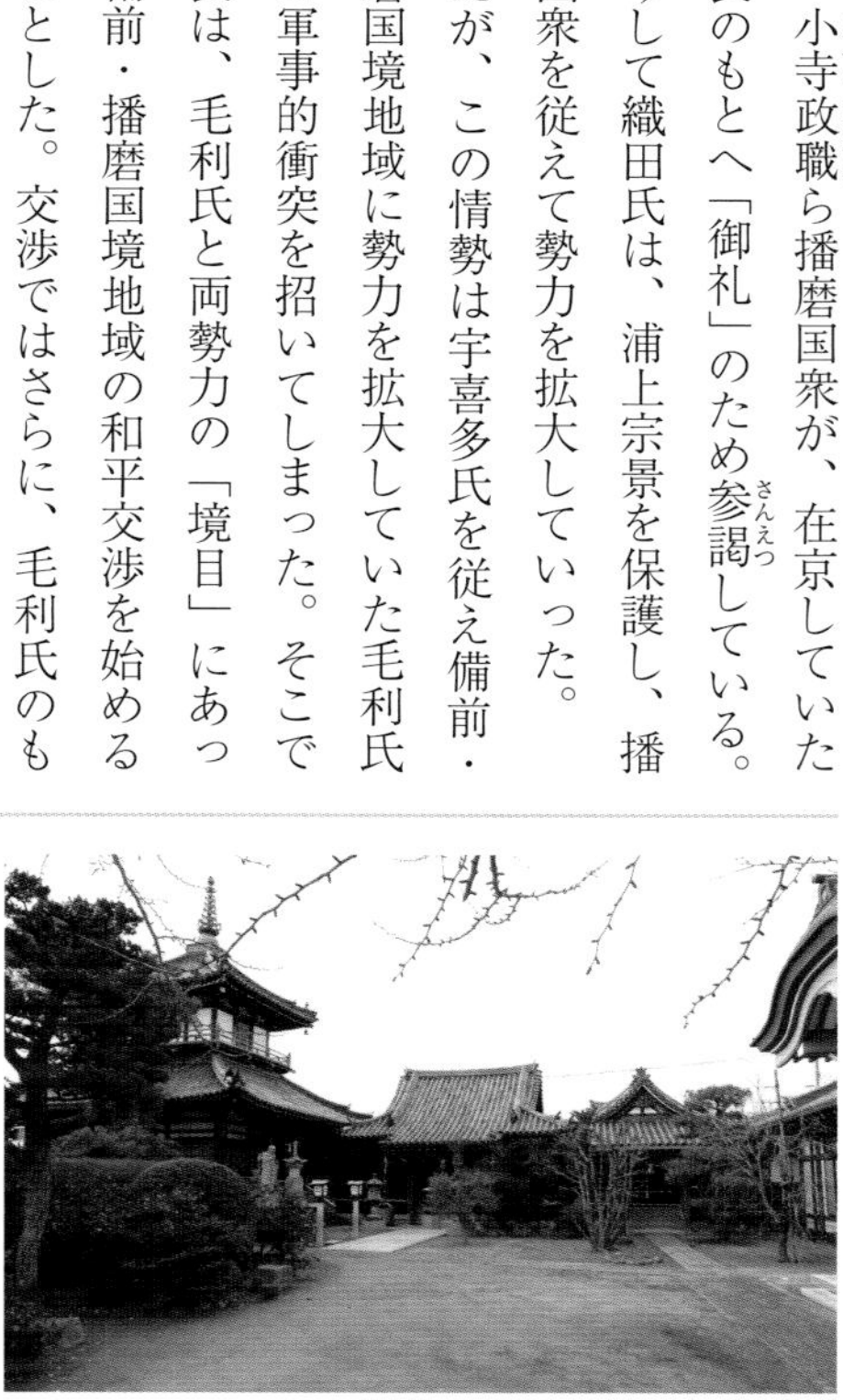

称名寺◆この寺院一帯はかつて加古川城があった場所である。加古川城では「加古川評定」といわれる織田氏と毛利氏が戦うきっかけになった軍議が行われた　兵庫県加古川市

翌天正五年四月、毛利勢は海陸から播磨国へ侵攻し、英賀《あが》（兵庫県姫路市）の一向一揆勢とともに織田方の播磨国衆への攻撃を試みる。この事態を受け、五月十四日、小寺政職は英賀へ攻撃を行い、小寺（黒田《くろだ》）孝高《よしたか》（官兵衛《かんひょうえ》）の活躍で勝利を収めた。

直後の六月、孝高は秀吉に近づき、七月二十三日には秀吉から、弟の長秀（のちの秀長）同然の存在であるとの自筆の書状を与えられている。孝高が秀吉に近づいたのは、毛利氏勢力の攻勢にある播磨情勢のなか、この事態への対応に、信長の信任厚い織田家重臣の派遣を求めるための働きかけだったのだろうか。

こうして、それまでに毛利氏らとの取次《とりつぎ》（交渉の担当者）を務めていた実績も加味され、中国地方攻略の司令官として秀吉が登場することになった。

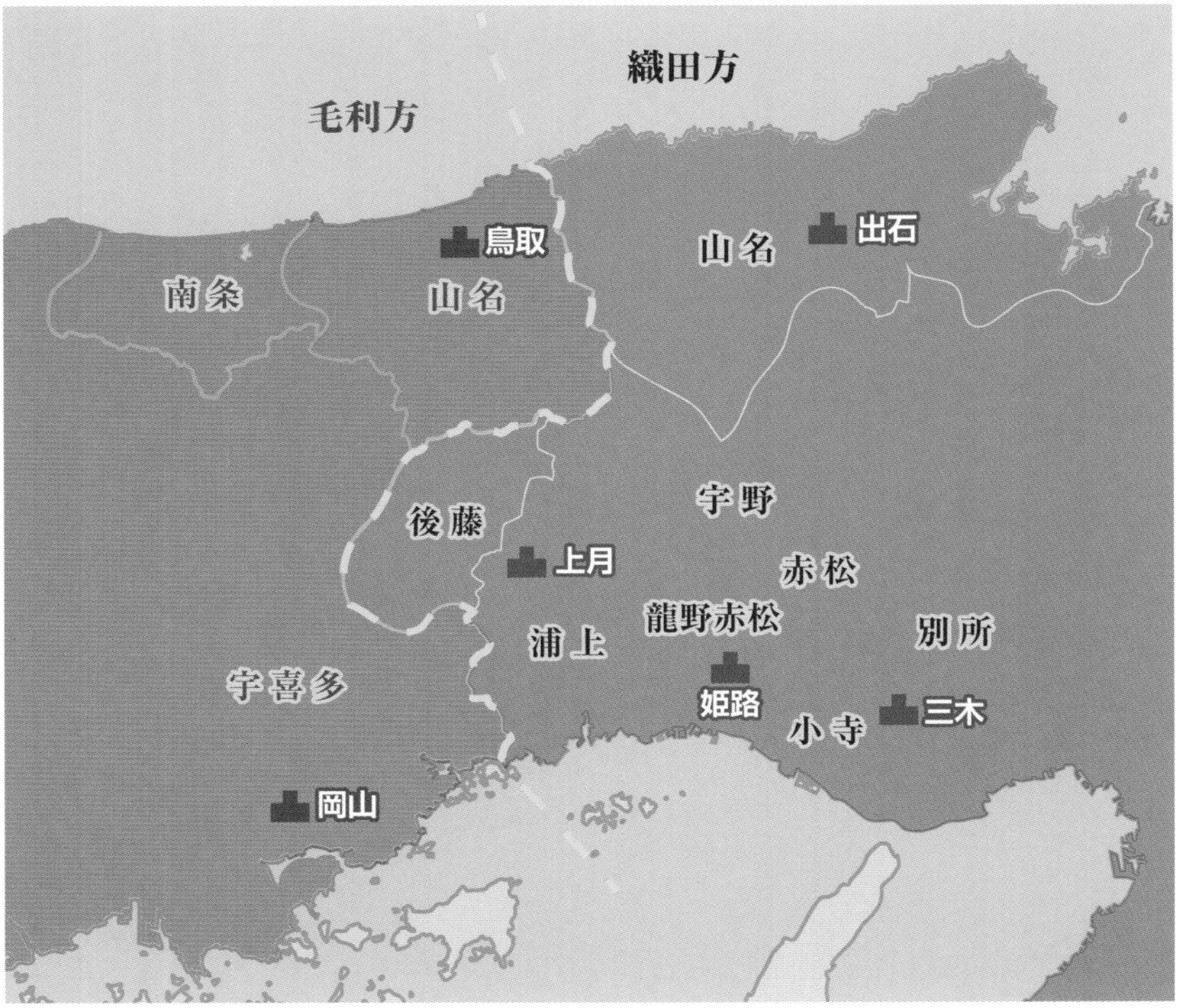

図８　天正５年頃の勢力図

4 責任重大な播磨《はりま》攻めの担当になる

天正五年（一五七七）、信長は秀吉に中国方面の攻略を命じ、秀吉は十月二十三日に播磨国へ出陣する。

秀吉が進軍する前から播磨国内では、国衆で御着《ごちゃく》城（兵庫県姫路市）の城主・小寺政職が織田家に従って毛利氏の軍勢と戦っていた。そして秀吉が進軍すると、秀吉に通じていた政職の重臣・小寺（黒田）孝高は、自身の居城だった姫路城（同前）を中国地方攻略のための軍事拠点として秀吉に提供した。さらに十一月、秀吉は龍野《たつの》城（兵庫県たつの市）の赤松広英《ひろひで》、三木《みき》城（同三木市）の別所長治ら播磨国内の国衆から人質を差し出させて織田家への忠誠を誓わせ、播磨平定を進めていった。

その後、秀吉は毛利方の播磨上月《こうづき》城（兵庫県佐用町）を包囲する。上月城は美作国（岡山県北部）との国境付近にあり、対毛利氏の最前線に位置した。同城を包囲した秀吉軍は、水の手を切って城方への圧力を強めていく。

秀吉軍の攻撃に対し、上月城を救援するため宇喜多直家が出陣し、城を包囲する秀吉軍の後方を包囲（後巻《うしろまき》）した。だが、反攻にでた秀吉軍に敗れてしまう。そして水の手が断たれ、救援軍の敗北を確認した城方は降服を申し出るが、秀吉が受け入れず攻撃を続けた結果、城内に残った兵は皆殺しとなり、十二月三日、上月城は落城した。落城にあたって秀吉は、城内の女・子どもを捕え、播磨・美作・備前三ヵ国の国境付近で磔刑《たっけい》に処し、

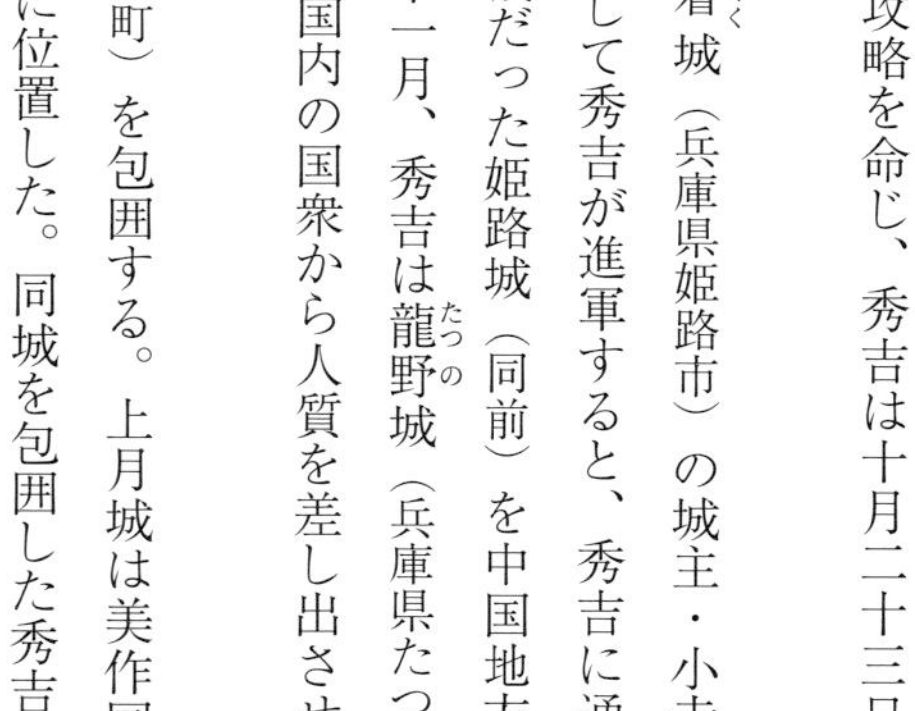

姫路城の石垣◆野面積みの古式石垣が特徴的な、秀吉の時代のものと考えられている石垣である。中国地方の軍事拠点として秀吉に献上された姫路城には、当時としてはめずらしい三層の天守が築かれたといわれている　兵庫県姫路市

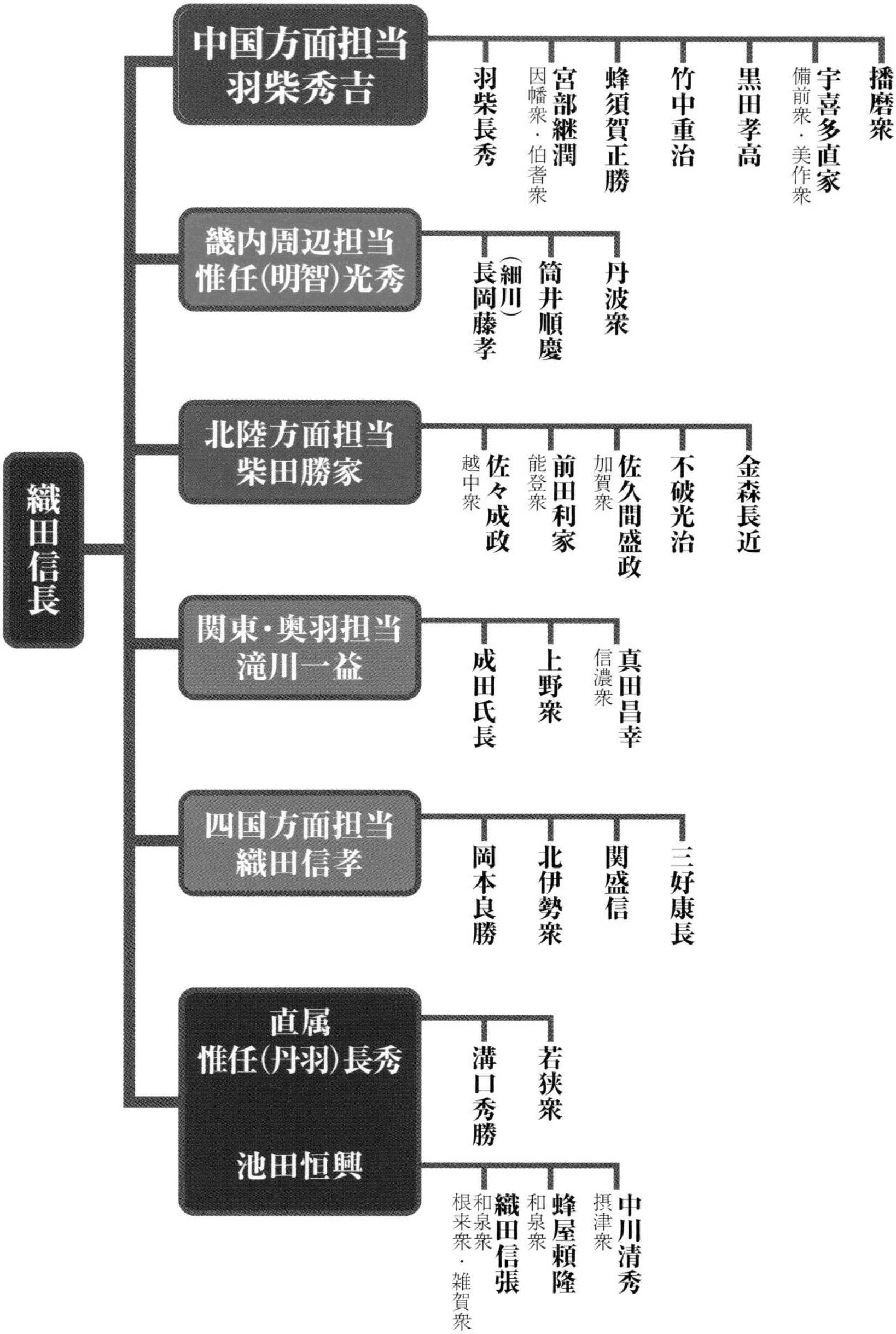
織田信長
中国方面担当 羽柴秀吉
羽柴長秀
宮部継潤 因幡衆・伯耆衆
蜂須賀正勝
竹中重治
黒田孝高
宇喜多直家 備前衆・美作衆
播磨衆
畿内周辺担当 惟任(明智)光秀
(細川)長岡藤孝
筒井順慶
丹波衆
北陸方面担当 柴田勝家
佐々成政 越中衆
前田利家 能登衆
佐久間盛政 加賀衆
不破光治
金森長近
関東・奥羽担当 滝川一益
成田氏長
上野衆
真田昌幸 信濃衆
四国方面担当 織田信孝
岡本良勝
北伊勢衆
関盛信
三好康長
直属 惟任(丹羽)長秀
溝口秀勝
若狭衆
池田恒興
織田信張 和泉衆 根来衆・雑賀衆
蜂屋頼隆 和泉衆
中川清秀 摂津衆

図9　秀吉と各地域担当の組織図

晒《さら》しものにした。その数は二〇〇人余りにのぼったといわれる。その後、上月城には尼子勝久《あまごかつひさ》が配置され、山中幸盛《やまなかゆきもり》・立原久綱《たちはらひさつな》らとともに城の守備にあたった。

また秀吉は、同時に福原《ふくはら》城（兵庫県佐用町）を竹中重治・小寺孝高に攻撃させ、十一月二十七日に落城させている。これによって播磨国の大部分は織田領国として平定されることになった。

秀吉は播磨平定を進める一方、但馬国へも進攻していった。当時、但馬国は山名韶熙《つぐひろ》の領国だった。韶熙は信長に従っていたが、一方で毛利氏とも通じていた。さらに、その家中も織田派と毛利派とに分裂していた。このように山名家内部の対立が続くなか、秀吉は但馬国へ進攻し、岩洲《いわす》・竹《たけ》田《だ》両城（いずれも兵庫県朝来市）を攻略した。そして、竹田城には弟の羽柴長秀（秀長）を「城《じょう》代《だい》」として配置し、出石有子山《いずしありこやま》城（兵庫県豊岡市）に拠る韶熙を強く圧迫していった。

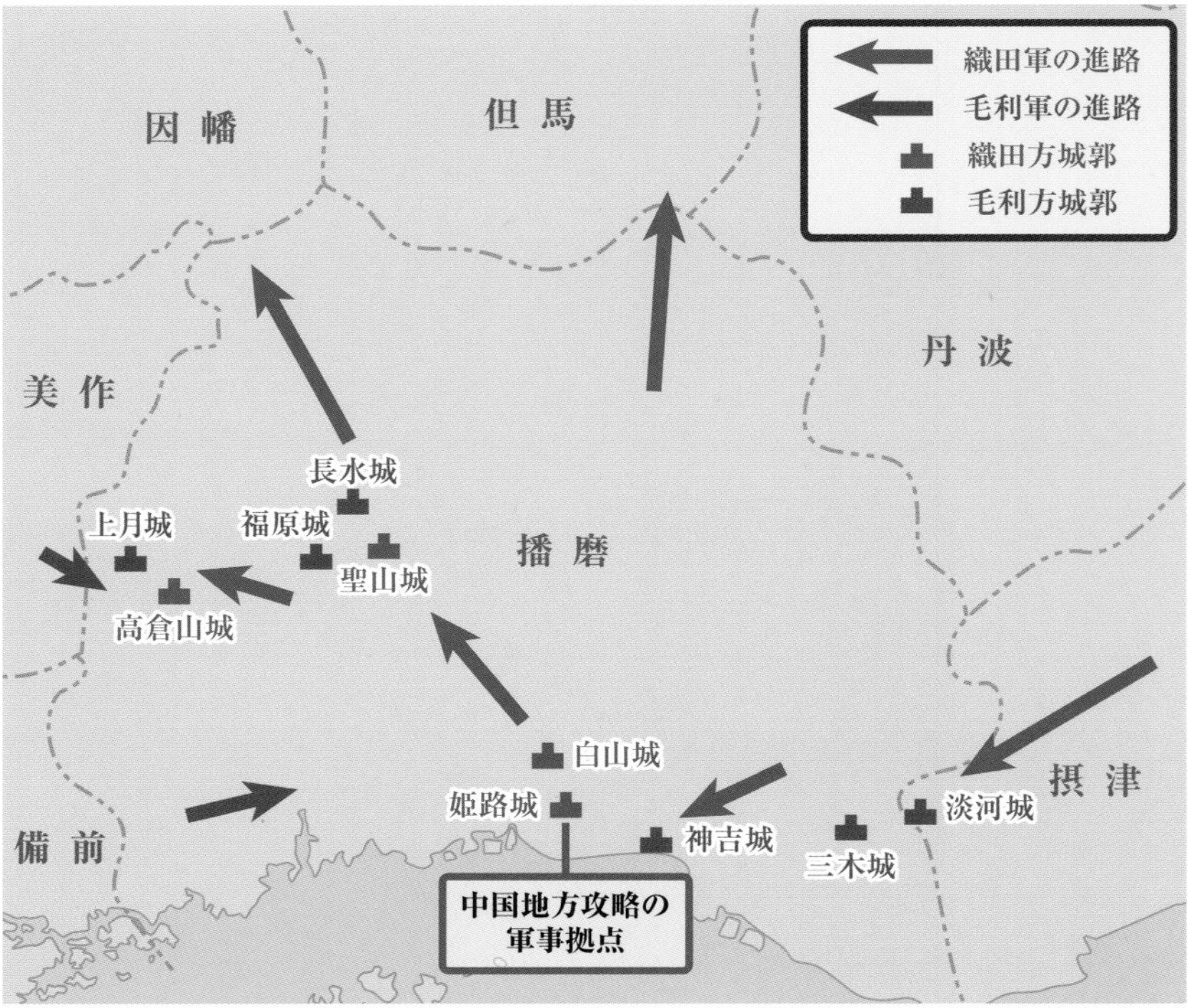

図10　播磨攻めの関係地図◆高橋成計『図説日本の城郭シリーズ6　織豊系陣城事典』（戎光祥出版、2017年）をもとに作成

だが、その後も山名氏の去就は定まらなかった。そうしたなか天正六年四月十八日、毛利方の垣屋豊続《かきやとよつぐ》が吉川《きっかわ》氏の援軍とともに、織田方の宵田《よいだ》城（兵庫県豊岡市）の攻撃に動いた。これに対して織田勢が迎撃して合戦となり、垣屋勢は一時劣勢に追い込まれたが、なんとか勝利を収めている。しかし、この後も山名氏は毛利氏へ去就を明確にせず、但馬国内は織田・毛利氏両勢力による対立状況が続いた。

こうした状況下で秀吉は、同年五月十六日付けで山名氏に条書《じょうしょ》を送り、山名氏を粗略に扱わないことや、韶熙の所領である但馬国出石郡の保証などを約束している。さらに翌天正七年になると、備前宇喜多氏らが織田方へと転じたため、山陽《さんよう》・山陰《さんいん》東部の反織田方は劣勢となっていった。そのうえ同年六月には丹波《たんば》（京都府西部）の波多野秀治《はたのひではる》が、八月には赤井《あかい》氏が惟任（明智）光秀に敗れ、丹波国が平定される。こうした織田方優勢の情勢は、但馬国内の毛利方にも次第に影響を与えていく。

天正七年七月、毛利方として織田氏との抗争を繰り広げていた垣屋豊続が、吉川元春《もとはる》に但馬国への出陣を求めた。元春は出陣の意向を示したが、宇喜多氏の離反への対応などに追われて果たせず、代わりに石見《いわみ》国（島根県西部）の都野越中守《つのえっちゅうのかみ》を加勢に送って、垣屋氏ら毛利方の繋ぎ止めを図った。だが翌天正八年五月、山名韶熙・垣屋豊続らは織田方へ転じてしまう。この結果、但馬国内でも織田方が優勢となるが、但馬・因幡《いなば》（鳥取県東部）両国の国境付近では一揆が蜂起するなど、秀吉・長秀への抵抗は続いた。

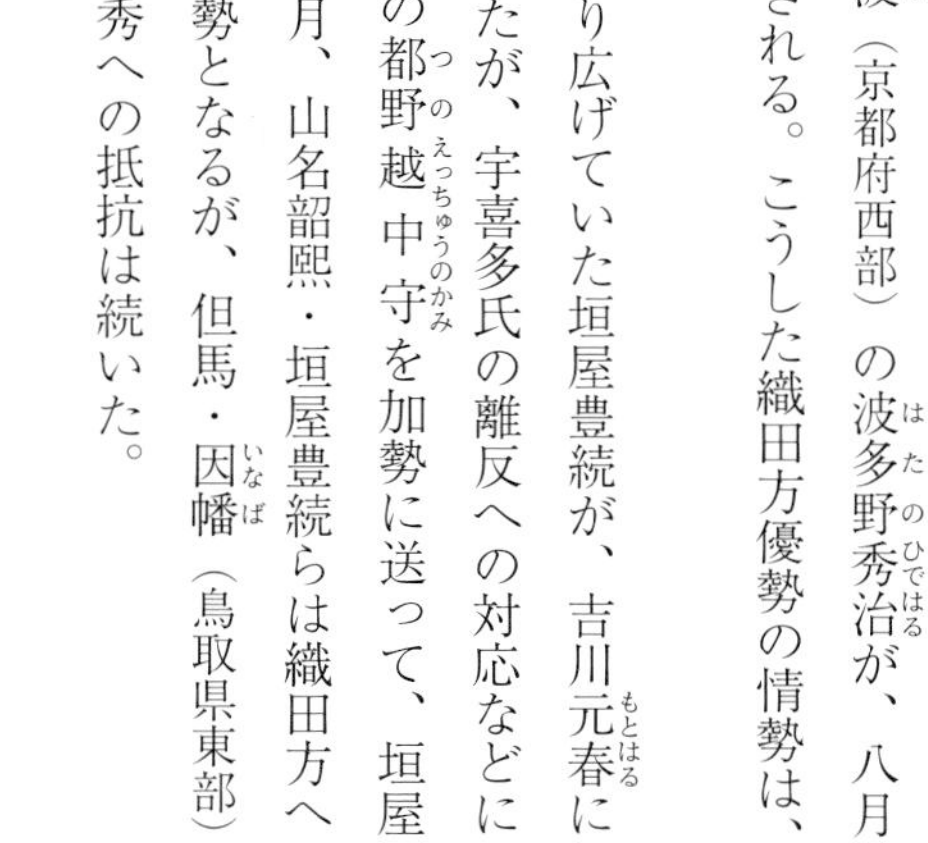

龍野城（龍野古城）跡の竪堀◆秀吉の播磨平定の際、城主の赤松氏は大軍の前に降伏した。播磨平定後は秀吉の重臣・蜂須賀正勝が「城代」を務めた　兵庫県たつの市

5 難敵《なんてき》・別所長治《べっしょながはる》を降して播磨平定

天正六年（一五七八）二月、播磨三木城の別所《べっしょ》氏が毛利氏に通じ、織田家に反旗を翻した。別所家当主の長治《ながはる》は若年で、叔父の吉親《よしちか》と重棟《しげむね》が後見を務めていた。重棟は早くから秀吉と通じていたが、吉親は秀吉に不信感を持っていたようだ。このため別所家内部は、織田家や秀吉に対する親疎が分かれてしまった。そのなかで秀吉は、前年の天正五年十二月に重棟の娘と小寺（黒田）孝高の嫡男・長政《ながまさ》との縁談を進めていた。この縁談には親織田派の重棟との関係を深め、別所氏を味方に引き止めるねらいがあったのだろう。

ところが、秀吉の思惑通りにはいかず、別所氏は秀吉に思うところがあると述べて織田家を離反してしまった。その際、周辺国衆でも別所氏の離反に応じる動きがみられた。つまり、離反は周辺国衆との提携のもとになされたのだろう。また、別所氏らが織田家から離反した背景には、将軍義昭の働きかけもあったようだ。

別所氏の離反をきっかけに、播磨国内には再び織田氏に敵対する勢力が現れ、秀吉は改めて国内の平定に追われる事態になってしまった。そこで秀吉は、まず天正六年三月下旬に三木城の包囲を始めた。これに対して、毛利方も雑賀衆《さいかしゅう》と船で播磨国別府《べっぷ》（兵庫県加古川市）に攻め寄せるが、小寺孝高が撃退している。

四月、毛利輝元自身が出陣し、上月城の包囲を始めた。同城は前年十二月に秀吉方となり、尼子勝久・山中幸盛らが守備をしていた。そこで秀吉と荒木村重が救援に向かったが、

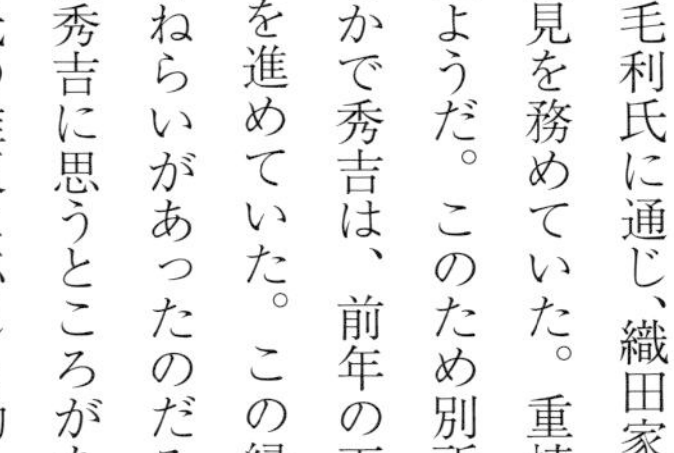

別所長治画像（複製）◆別所氏は播磨東部に勢力を持っていた国衆で、長治は切腹時に二十三もしくは二十六歳であったというので若い当主であったが、秀吉の苛烈な攻めにもよく耐えた武将だった　画像提供：兵庫県立歴史博物館　原品：江戸時代　兵庫県三木市・法界寺蔵

毛利軍を退けることはできず、上月城は織田方から見捨てられ、勝久と幸盛は七月に毛利氏に降伏した。勝久は自刃し、幸盛は毛利氏に捕らえられ、安芸国（広島県）への護送中に殺害されてしまった。

一方、播磨情勢の事態改善のため、信長は嫡男の信忠《のぶただ》らの軍勢を派遣した。播磨国へ入った信忠の軍勢は、別所方の神吉《かんき》・志方《しかた》両城（いずれも兵庫県加古川市）を取り囲み、上月城の救援から手を引いた秀吉と村重も包囲に加わる。城は容易には落ちなかったが、七月下旬にようやく神吉城が落城し、志方城の城兵も降伏した。

神吉・志方両城の攻略後、秀吉は三木城攻めを本格化し、周囲に多数の付城《つけじろ》（臨時城郭）を築いて厳重に包囲し、城への兵粮搬入路を断つ兵粮攻めを進めた。いわゆる「三木の干殺《ひごろ》し」である。

ところが、その最中の天正六年十月、今度は荒木村重が織田家を離反するという予期せぬ事態が起きた。村重の離反の背景には、信長から任されていた中国地方担当の立場を秀吉に代わられてしまったことによる、自身の立場や家の将来への不安があったようだ。信長は村重の離反を聞き、惟任光秀・松井《まつい》友閑《ゆうかん》らを説得にあたらせ、秀吉からも小寺孝高が派遣されるが、孝高は摂津有岡《ありおか》城（兵庫県伊丹市）に幽閉されてしまう（翌天正七年十月、有岡城攻略の際に救出）。

図11　三木城攻め関係地図◆『秀吉に備えよ!! ―羽柴秀吉の中国攻め―』（長浜市長浜城歴史博物館、2013年）掲載の図などを参照して作成

その後、織田勢は村重討伐に追われ、離反から一年九ヵ月にわたる攻防戦を経て、天正八年七月に村重は毛利氏のもとに退去した。

一方、三木城の包囲は強化され、城方の兵粮欠乏は厳しさを増していった。そして天正八年正月六日、秀吉軍は城内でもっとも高所にあった宮《みや》ノ《の》上《うえ》砦《とりで》を占拠のうえ攻撃を強めた。追い詰められた別所氏は、正月十五日に降服を申し出て、十七日に長治らが切腹することで、およそ二年にわたった三木城攻めは終わる。

三木合戦軍図（部分）◆三木合戦の様子を詳しく描いている。法界寺ではこの絵図をもとに絵解きも行われている　兵庫県三木市・法界寺蔵　画像提供：三木市教育委員会

平井山ノ上付城跡遠景◆奥の山が三木城攻めに際して秀吉が本陣とした付城である。美嚢川と志染川の間に挟まれた山上という立地から、三木城を南西に望むことができた　兵庫県三木市

その後、秀吉は四月から五月にかけて播磨・但馬両国を平定し、姫路城を居城に定めて両国の支配を始めた。このうち、播磨国に出された秀吉と家臣の文書から、赤穂《あこう》・佐用《さよう》両郡を除く国内地域が秀吉の管轄する領域として編成されたことがわかる。一方、赤穂・佐用両郡には秀吉と家臣の文書はみられず、備前国岡山（岡山市北区）の宇喜多直家が織田家への従属にともなって、この両郡を与えられたようだ。

播磨国内の管轄領域に、秀吉はまず蜂須賀正勝《はちすかまさかつ》ら諸将を遣わし、置塩《おしお》・御着・高砂《たかさご》・神吉・阿閇《あえ》・梶原古城《かじわらこじょう》・明石《あかし》・平野《ひらの》・東条《とうじょう》の九城の城破《しろわ》り（城の破却）の執行を命じた。ただし、城破りは秀吉の命令に反し、十分にはなされなかったようだ。また、九月には播磨国平定による支配再築のため、「国中検地《くにじゅうけんち》」を実施のうえで家臣への所領給与や寺領寄進を行っている。

これらの政策は、信長から管轄領域内における行政・軍事のほぼ全権を委ねられた、姫路城主（織田大名）であった秀吉の判断による運営のもとに進められていった。このなかで秀吉は、播磨・但馬両国の従属国衆をも自家の家臣へと取り込んでいき、両国の領国化を成し遂げていく。

別所長治夫婦首塚◆長治の首は安土の信長のもとに運ばれたが、雲龍寺七世安室春泰が持ち帰り、埋葬したと伝えられている　兵庫県三木市・雲龍寺境内

三木城天守跡◆三木城は十五世紀後半に上の丸の台地上に築かれた丘城である。天守跡には別所長治の辞世の句を刻んだ石碑などがある　兵庫県三木市

6 得意の兵粮《ひょうろう》攻めで鳥取城を落とす

天正八年（一五八〇）、播磨・但馬両国の平定を進めながら、秀吉は但馬国に遣わした弟・長秀（秀長）の軍勢をさらに因幡国へ侵攻させた。その後、秀吉自身も因幡国へ出陣し、若桜鬼ケ《おにが》城（鳥取県若桜町）・私部《きさいち》城（鳥取県八頭町）などの攻略を果たして、長秀の軍勢と合流する。そして、秀吉は軍勢を鹿野《しかの》城（鳥取市）へ遣わし、同城を攻略して在番に尼子氏遺臣の亀井茲矩《かめいこれのり》を配置した。また、伯耆《ほうき》国（鳥取県西部）では羽衣石《うえし》城（鳥取県湯梨浜町）の南条元続《なんじょうもとつぐ》が秀吉に従った。

このように、秀吉は周辺諸城の攻略あるいは国衆を従属させて鳥取《とっとり》城（鳥取市）へと迫っていった。これに対して、鳥取城主・山名豊国《とよくに》は織田・毛利両氏勢力の攻防の推移に対応を決めかねていた。そのため五月、秀吉は鳥取城を包囲した（第一次鳥取城攻撃）。秀吉軍の包囲に、ほどなくして豊国は降伏し織田家への忠誠を誓ったようで、城主の立場を保証された。豊国の降伏により、秀吉は播磨国へ戻っていった。

しかし、鳥取城内の山名家の家臣のなかには毛利方に関心を寄せていた者が多くいた。こうした城内の状況に対して、降伏の際に信長へ人質を差し出していた豊国は、毛利方へ寝返る決断ができず孤立する。このため、九月に豊国は城を逐われ、秀吉を頼ることになる。

一方、豊国を追放した鳥取城内の山名家の家臣は、吉川元春に同城の城将を務めるにふさわしい武将の派遣を求めた。この求めに応じて元春は吉川経家《つねいえ》を送ることを決め、経家は

鳥取城跡遠景◆標高二六三メートルの久松山の地形を利用して築かれた城郭。秀吉は兵粮攻めを行い、城主・吉川経家を心身ともに追い詰めていった。なお、山頂付近には鳥取城を見下ろすように秀吉の本陣が築かれた　鳥取市

天正九年三月に鳥取城への入城を果たす。

ちなみに、天正九年二月に京都では、朝廷の要望に応じた信長主催の馬揃《うまぞろ》えが行われている。秀吉は中国攻めの最中で、馬揃えに参加できなかった。そのため後日、信長近臣の長谷川秀一《はせがわひでかず》へ宛てた書状のなかで、京都での馬揃えについて多くの噂が聞こえてきていることや参加できなかった無念を伝え、当日の様子を知らせてほしいと述べている。

さて、鳥取城に入城した吉川経家に対して、秀吉は六月下旬に姫路を発ち、七月中旬に鳥取城をおよそ二万人ほどの軍勢で包囲し始める。そして、麓《ふもと》を流れる千代川《ちよかわ》の河口に砦を築き警固の船を配置して、川からの兵粮《ひょうろう》の運び入れを監視させた。こうして秀吉は、三木城攻めと同じく兵粮攻めを進めていった。秀吉が兵粮攻めを行った理由には、因幡・伯耆両国がこれまでの相次ぐ戦争により兵粮

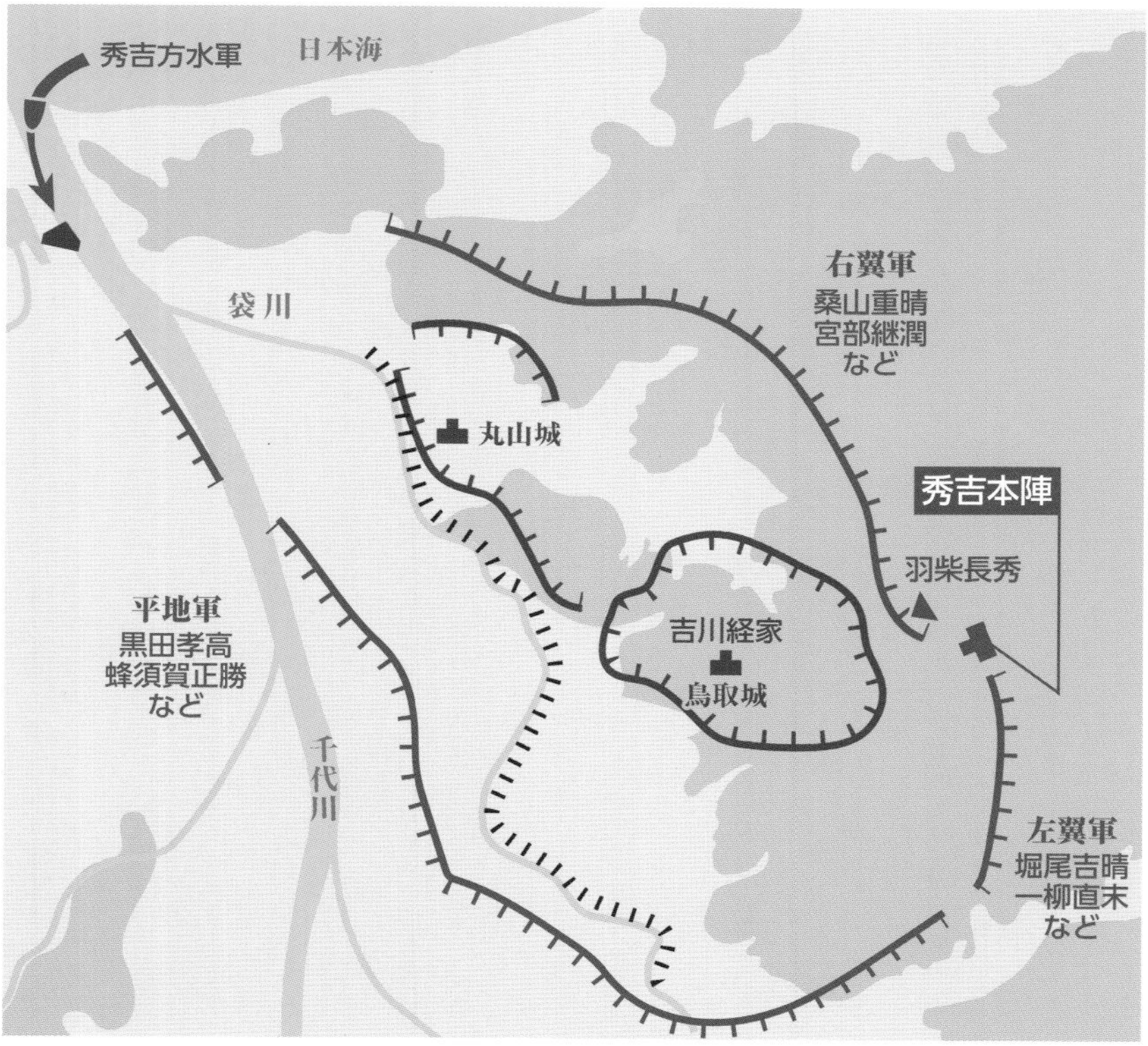

図12 鳥取城攻め関係地図◆『秀吉に備えよ!! －羽柴秀吉の中国攻め－』（長浜市長浜城歴史博物館、2013年）掲載の図などを参照して作成

吉川経家銅像◆鳥取市

が乏しかったことがある。そのため吉川経家は兵粮の確保を目指すも、十分に備えることができなかったとされる。また、秀吉方が鳥取周辺の米を買い占めていたとする話や、周辺の住人約二〇〇〇人を鳥取城内に追い込んだことで、城内の兵粮不足に拍車がかかったという話もある。いずれにせよ、城方は秀吉軍と戦うための十分な備えが整っていない状況にあったようだ。

八月、兵粮不足のなか秀吉軍に包囲された鳥取城を救援するために、毛利輝元・吉川元春が出陣するとの噂がたった。これに対して、信長は秀吉に早急な援軍派遣の指示をし、自身も出陣する意向を伝えている。しかし、救援に赴いた毛利軍は、元春の嫡男・元長《もとなが》が伯耆国まで進軍したものの、織田方の南条元続に足止めされて鳥取城にはたどり着けなかった。兵粮補給も千代川河口の秀吉軍の妨害で果たせずにいた。このため、鳥取城内の兵粮は九月頃までには底をつき、餓死者が出始めていたと伝わる。この城内外の状況に、吉川経家は開城と自身の切腹を条件に城兵の助命を求めた。秀吉は経家の求めを了承し、十月二十五日に経家が切腹して鳥取城は開城した。開城後の鳥取城には宮部《みやべ》継潤《けいじゅん》が「城代」として配置され、秀吉の因幡国支配が進められていく。

こうして、秀吉が治める「筑前守殿御分国《ごぶんこく》」と呼ばれた領国は、播磨（赤穂・佐用両郡

『絵本太閤記』に描かれた鳥取城内の餓死の様子◆秀吉の兵粮攻めによる食料不足は深刻をきわめ、牛馬を食べ尽くし、さらには死人の肉を奪い合うという、想像に絶する状況であったといわれている　当社蔵

は除く）・但馬・因幡の各国に拡大した。また、備前・美作の各国と伯耆国東部の従属国衆に対しては、軍事指揮と政治的後見を行う「指南《しなん》」を務め、その勢力は織田家の家臣で一、二を争うものへと発展した。

　秀吉は天正六年の別所氏らの離反後、その責任をとって信長から与えられていた筑前守を名乗るのを控えていたようだが、鳥取開城の直前から再び名乗り始めた。それは、因幡国平定が目前となり、織田家内部で一度失いかけていた地位の回復・再浮上を遂げたからだろう。

　そしてこの後、秀吉は織田政権（中央政権としての天下人織田家）下の有力譜代大名として、毛利氏勢力の攻略をさらに進めていく。

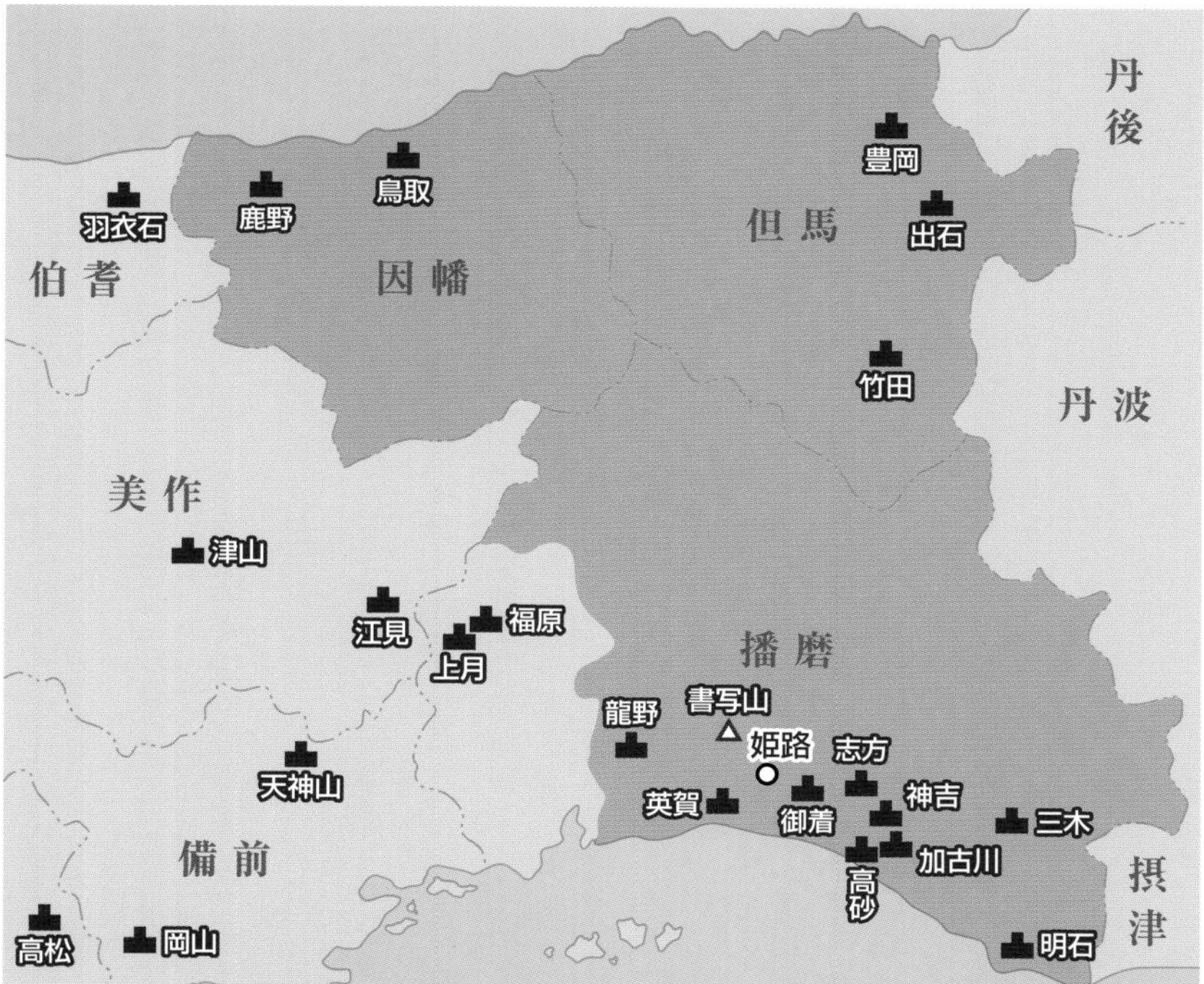

図13 「筑前守御分国」の図◆色の濃い部分が当時の秀吉の領国範囲である

7 水攻めで追い込んだ高松城攻め

天正九年（一五八一）十月に因幡鳥取城を攻略し、同国の平定を成し遂げた秀吉は、翌天正十年正月十八日に播磨姫路城で茶会を開くと、下旬には備前宇喜多家の家臣を引き連れて近江安土城へ赴いた。宇喜多家では、この直前に直家が病死していた。そこで秀吉は、正月二十一日に宇喜多家の家臣を信長に拝謁させて、直家の嫡男・秀家《ひでいえ》が宇喜多家の家督を継承することを認めてもらったのだ。

三月、秀吉は養嗣子《ようしし》・於次秀勝《おつぎひでかつ》の初陣《ういじん》のため、備前国児島《こじま》（岡山県倉敷市・岡山市南区・岡山県玉野市）に出陣した。その後、いったん姫路城に帰った秀吉は西へと軍勢を進める。このとき秀吉に従ったのは、自身の領国である播磨・但馬・因幡三ヵ国の軍勢と宇喜多氏ら備前・美作両国の政治的・軍事的支配下の与力《よりき》にあった従属国衆の軍勢、合わせて二～三万人ほどであったとされる。

また同月には、安芸毛利氏勢力との軍事的境界（「境目」）に位置した備前・備中・美作の各国内で禁制《きんぜい》を発給している。禁制は、軍勢の乱妨狼藉《らんぼうろうぜき》（略奪《りゃくだつ》・暴力行為）や放火などの戦争被害を避けるために地域側の申請を受けて出された安全保障証書で、その獲得には多額の費用が必要とされた。それでも、戦場になる恐れがあった地域は多額の費用を負担して、戦争被害への対応に禁制の獲得を求めた。こうして獲得されて伝存する禁制からは、戦争被害を避け、地域が成り立つように努めた住人のしたたかな〝功績〟がうかがえる。

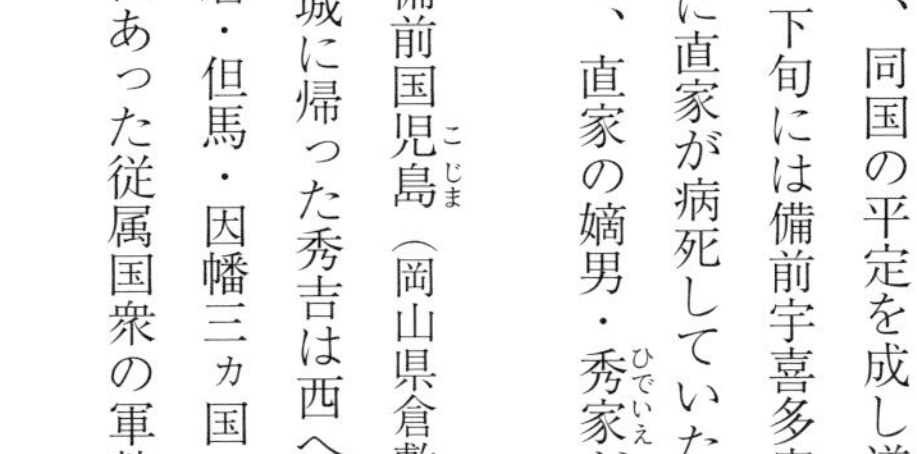

太閤腰掛岩◆高松城攻めの際、秀吉が最初に本陣を置いた龍王山にある岩で、秀吉が腰掛けたと伝わる。秀吉はのちに石井山に陣を移すことになる　岡山市北区・龍泉寺境内　画像提供：おかやま観光コンベンション協会

一方、秀吉軍の西進に備えて毛利氏も備前・備中両国の境目に城を修築し、防備を固めていった。このときに毛利方によって修築されたのが、備中国の宮路山《みやじやま》城・冠山《かんむりやま》城・高松《たかまつ》城（いずれも岡山市北区）など七つの城であった。

四月、秀吉は備中国に入ると冠山城と宮路山城を攻撃した。冠山城は同月二十五日に落城し、城主をはじめ三〇〇人余が討ち取られた。また、五月二日には宮路山城も落とされた。続いて、加茂《かも》城（岡山市北区）に攻めかかって放火し、本丸だけの「はたか城」（裸城）とした。さらに亀《かめ》石《いし》城（同前）などの諸城も落ちた。これによって秀吉軍は城郭間の連携、援軍や兵粮の搬入ルートを遮断させることに成功した。

四月下旬には、毛利元就の娘婿である上原元祐《うえはらもとすけ》が秀吉に従い、毛利方の諸将に織田家への従属を勧めていった。さらに、瀬戸内海《せとないかい》の能島《のしま》（愛媛県今治市）・来島《くるしま》（同前）・塩《し》飽《わく》（香川県坂出市・丸亀市など）などを拠点に活動する海上勢力も秀吉に従った。

五月八日、秀吉は毛利方の城将・清水宗治《しみずむねはる》が守る備中高

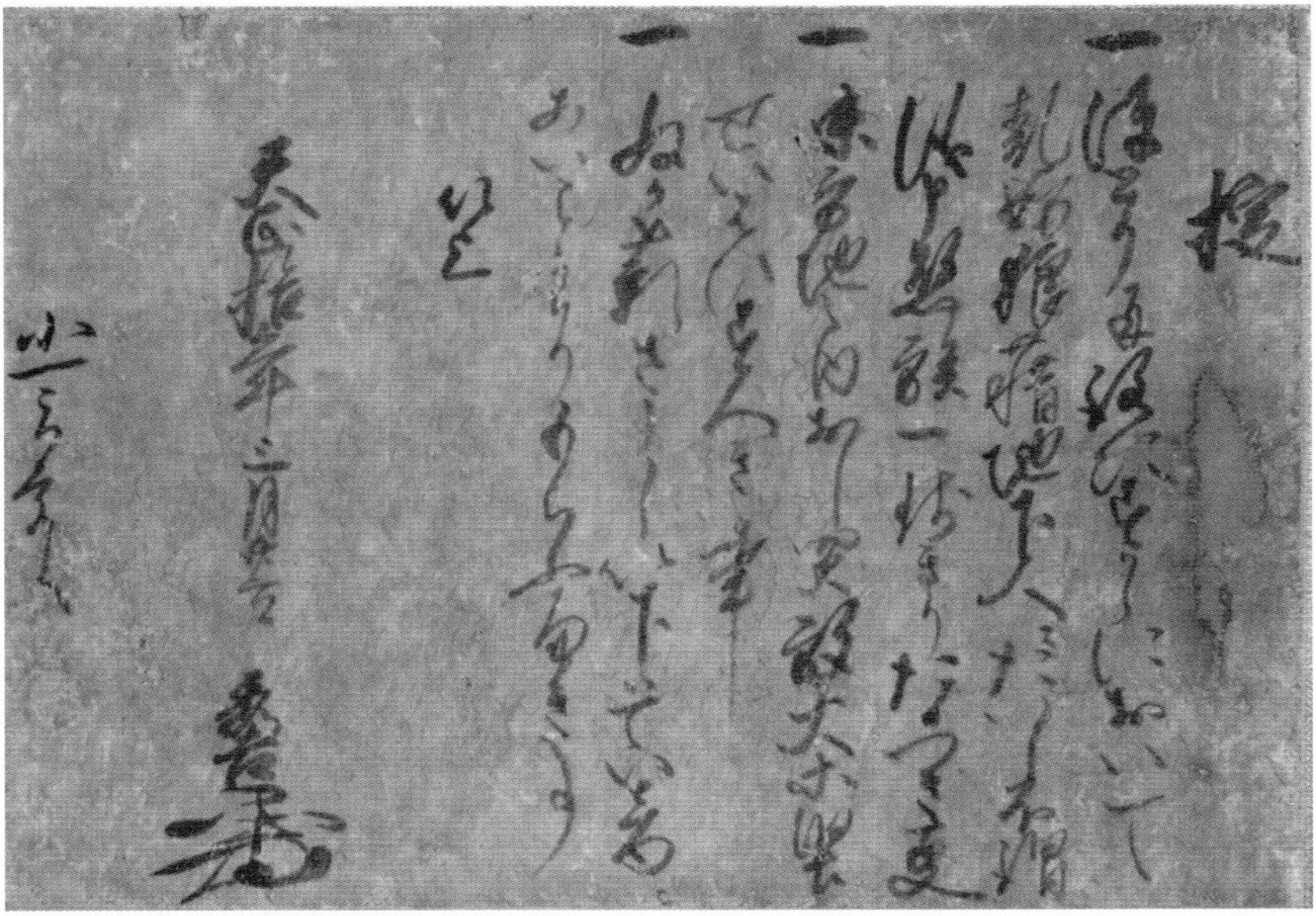

天正10年3月23日付け羽柴秀吉掟書◆秀吉が弟の長秀（秀長）に送ったもので、毛利氏との戦いにあたり、味方になった宇喜多領国内で兵が問題行動を起こさないよう指示している。秀吉の戦に臨む姿勢を知ることができる貴重な史料と評価されている　岡山県倉敷市・龍昌院蔵

松城を包囲した。はじめ秀吉は降服を勧めたが、宗治は拒否した。秀吉は高松城を攻めるにあたって、その立地に着目した。高松城は岡山平野の北端に位置し、三方が沼で、もう一方に堀を備えた平城だった。

　秀吉は高松城の立地を押さえたうえで近隣の村々から農民を雇い、十二日ほどの土木工事で城の東南側に堤防を築かせた。そして堤防内に足《あし》守川《もりがわ》の水を注ぎ込んで、いわゆる「水攻め」を行った。

図 14　高松城攻め関係地図◆『秀吉に備えよ!! ―羽柴秀吉の中国攻め―』（長浜市長浜城歴史博物館、2013 年）掲載の図などを参照して作成

高松城救援のため、毛利方は備中幸山城《こうざん》（岡山県総社市）に小早川隆景《こばやかわたかかげ》、続いて当主の輝元や吉川元春も出陣してきた。秀吉はこの軍勢の数をおよそ五万人と評している。けれどもこのときに毛利氏は、織田家に従って敵対する豊後大友《ぶんごおおとも》氏など周辺勢力にも備える必要があったため、動員できたのは一万人ほどだったと考えられている。

秀吉は毛利勢の出陣を信長に報告した。このとき信長は、三月に甲斐武田氏を滅ぼし、東では敵対勢力として越後上杉氏を残して、そのほかの大名や国衆とは共存を前提に統制・従属関係を強いて「東国御一統」といわれる情勢に向かっていた。また、西でも情勢は織田家優位に進んでおり、九州では豊後大友・薩摩島津《さつましまづ》両氏が信長の停戦命令に応じ、その動向を規定される状況にあった。

こうして、国内諸勢力の統合＝「天下一統」が目前にせまったなかで秀吉からの報告を受けた信長は、五月十四日に惟任光秀・長岡《ながおか》（細川《ほそかわ》）忠興《ただおき》・池田恒興《つねおき》らに中国地方への出陣の用意を命じた。同時期には、勢力回復を目指す阿波三好氏勢力の働きかけと土佐《とさ》長《ちょう》宗我部《そかべ》氏との険悪な情勢を受けて、六月三日の予定で三男・信孝《のぶたか》を総大将に擁した四国出兵の準備にも取り掛かっている。そして信長自身も、六月四日に京都を発って中国・四国方面の戦況を視察する計画を進めていた。

五月二十九日、信長はわずかな手勢で京都本能寺《ほんのうじ》（京都市中京区）に入る。このとき秀吉は毛利軍との対陣に備え、水攻めで追い込んだ高松城を前に、信長の到着を待つ状況だった。その状況下の六月二日、秀吉の運命を大きく変える思いもよらぬ〝事件〟が起こる。

浮世絵に描かれた備中高松城攻め◆秀吉の水攻めによって備中高松城は水の上に浮かぶ様相になったといわれている。三方が沼という立地を逆手にとった城攻めの策であった　個人蔵

コラム

秀吉によって破却された城

戦国時代、日本国内にはおよそ二万以上の城があったといわれる。多くは攻防に備えた軍事的な山城だったが、城は戦乱の世の中でただ地域を治める政治権力者の軍事拠点であったわけではない。戦時下には民衆の避難所（シェルター）として開放され、その生命を守る役割も果たしていたのだ。

しかし一方では、領国内の平定を成し遂げ、統治の整備を進めた戦国大名は城の破却（城破り《しろわ》）に取り掛かっていく。城破りとは敵対または従属した相手方の城を強制的に破却し、以後の紛争の火種を絶つ領国の安泰を維持するための政策だ。

信長も自家の勢力圏（織田領国）に討滅・従属した大名や国衆の領国を併呑していくなかで、今後の統治整備の一環として城破りを行った。そして天正八年（一五八〇）四～五月に播磨国を平定した秀吉も、信長から任された新たな播磨国の統治者＝織田大名として城破りを実施した（本編「第二章5」参照）。

城破りは家臣の小野木清次《おのぎきよつぐ》・蜂須賀正勝・山内一《やまうちかつ》豊《とよ》・一柳直末《ひとつやなぎなおすえ》らを派遣して進められた。ただし、秀吉の指示通りにはなかなか進まなかったようだ。これが、いま知られる秀吉が行った最初の城破りである。

その後、秀吉は織田家に代わり天下人となり、「天下一統」事業を進めていくと、自身の勢力圏（羽柴領国）はもちろん、従属した諸大名・小名《しょうみょう》にも各自の判断のもとで領国内の不要な城郭への城破りを求めていく。

その進展は、天下人秀吉のもとに戦争からの解放＝「平和」（争いのない状況）な時代の到来を示すものともなっていった。（柴）

常楽寺◆神吉城中の丸跡は、現在の楽寺境内にあたる　兵庫県加古川市

第三章　本能寺の変から天下人へのみち

木瓜桐文緋羅紗陣羽織◆秀吉が信長から下賜された陣羽織。信長の夢は秀吉に引き継がれた　大阪城天守閣蔵

1 本能寺で信長討たれる！決死の中国大返し

天正十年（一五八二）六月二日早朝、織田家重臣の惟任（明智）光秀の軍勢が、当時は京都四条西洞院《しじょうにしのとういん》（京都市中京区）にあった本能寺を強襲した。このとき本能寺には、天下人織田信長が滞在していた。わずかな小姓衆《こしょうしゅう》や馬廻衆《うままわりしゅう》（親衛隊《しんえいたい》）しか率いていなかった信長は自ら防戦に努めたが、一万人余とされる光秀の軍勢には衆寡敵《しゅうかてき》せず、自刃に追い込まれた。

信長を討った光秀は、続いて二条御所《にじょうごしょ》（京都市中京区）にこもり迎撃に備えていた信長の嫡男・信忠をも討ち果たし、ここに京都を制した。その後、近江国へ進軍し、六月五日には天下人信長の政庁・安土城に入城を遂げた。

光秀によって信長・信忠父子が討たれたクーデター＝「本能寺の変」の要因には、光秀の怨恨説や野望説、さらには光秀の背後に朝廷や室町幕府将軍足利義昭との関係をみる「黒幕」説と、現在でも論争は尽きることがない。ただ、クーデターの背景に、信長を中心とした織田家中枢と重臣光秀との政治運営をめぐる対立があったことは間違いない。信長・信忠父子を討った光秀は、その後、畿内平定を進めつつ、備後国鞆に下向していた足利義昭や各地の反織田氏勢力との連携を模索していく。

一方、羽柴秀吉は織田氏に敵対する安芸毛利氏の軍勢と対峙し、毛利方の備中高松城を包囲中であった。実は本能寺に滞在していた信長は、秀吉の要請を受け数日後に毛利氏と

「洛中洛外図屏風」に描かれた本能寺◆画像左下の建物が本能寺である。本能寺は当時、四条西洞院（京都市中京区）にあった。現在地へは秀吉の指示で移転された　米沢市上杉博物館蔵

の決戦に出陣予定であり、光秀の軍勢も本来は信長の中国出陣に従い先行する手はずになっていた。つまり、秀吉は毛利氏に対して優勢な戦況のうえ、信長の到着を待つという状況にあったのだ。

ところが六月三日夜、本能寺の変を告げる急報が秀吉のもとに届いたとされる。この急報を受け秀吉は「驚いた」と、のちにそのときの情況を書状に記している。しかしすぐに気を取り直し、急ぎ毛利氏との和睦締結に動きだした。そして翌四日、交渉の末に毛利氏と誓紙《せいし》を交わして和睦を締結させた秀吉は、高松城将・清水宗治らの切腹を見届けて包囲を解除した後、五日には光秀を討つべく進軍を始めた。

明智光秀画像◆秀吉と同じく信長に引き立てられ、抜群の働きをもって信長の期待に応えた。しかし、情勢を一変させる「本能寺の変」を引き起こした謎多き人物でもある　大阪府岸和田市・本徳寺蔵　画像提供：岸和田市役所観光課

同日中に備前国沼《ぬま》（岡山市東区）に至り、翌六日には約七八キロの行程を進み居城の播磨姫路城に入った。姫路城で休息して情報収集・分析を行った後、九日に姫路を発ち明石（兵庫県明石市）へと向かった。このとき秀吉のもとに、敵対する菅達長《かんみちなが》が淡路洲本《あわじすもと》城（兵庫県洲本市）を攻略したことが伝わり、明石に着いた秀吉は淡路国

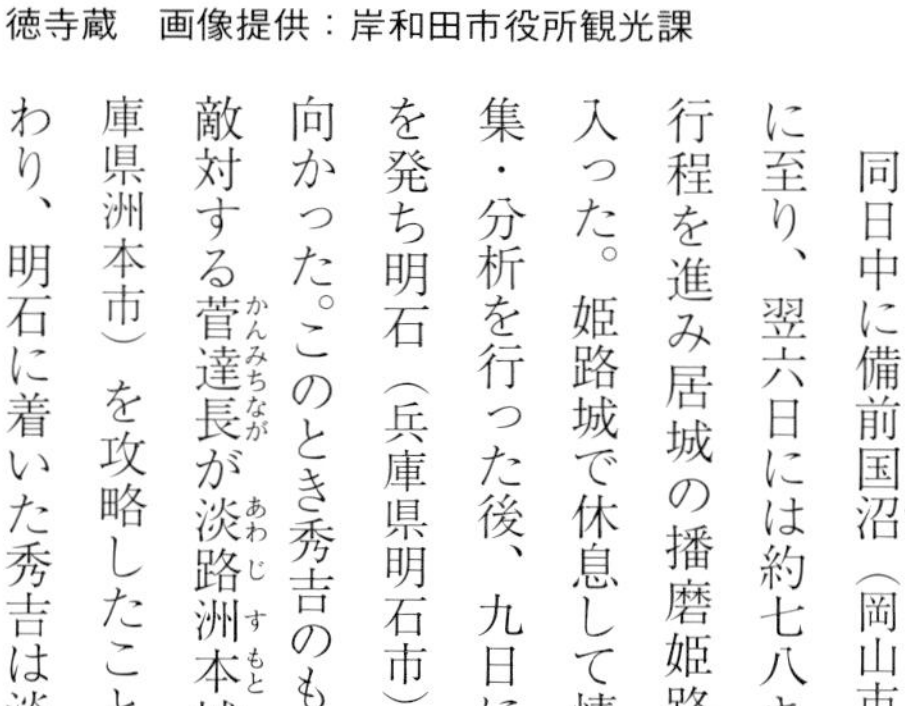

織田信長廟所◆本能寺で自刃に追い込まれた信長の亡骸を阿弥陀寺の清玉上人が運び出し埋葬したと伝わる。信長と清玉上人は親交が深かったという。信長の墓石の隣に信忠の墓石も並んでいる　京都市上京区・阿弥陀寺境内

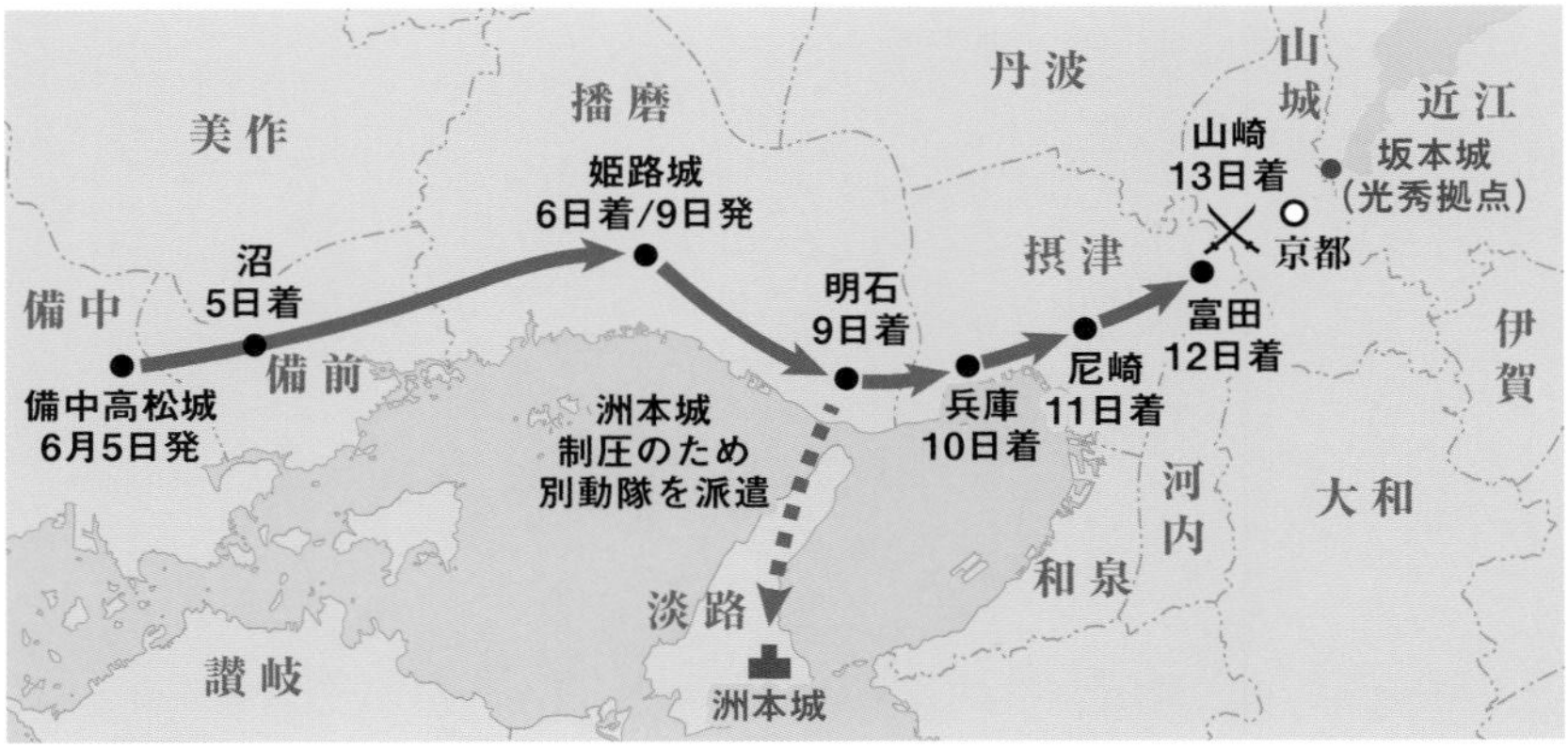

図 15　中国大返しのルート図

に軍勢を派遣して討伐にあたる。そして十日に淡路制圧を果たし、畿内に向けて進軍した。

こうして、六月十日夜中に摂津国兵庫《ひょうご》（神戸市兵庫区）に至った秀吉の軍勢は、十一日には尼崎《あまがさき》（兵庫県尼崎市）に到着した。備中国高松から畿内への秀吉勢の進軍は、当時の移動距離としては決して早いものではない。しかし、のちに「中国大返《ちゅうごくおおがえ》し」といわれるこの秀吉勢の進軍のインパクトが、その事態を予期せず十分な備えをしていなかった光秀との対戦に優勢な状況をもたらすことにつながっていく。

明智光秀胴塚◆信長を討った「逆賊」のイメージがあるが、地元では今でもていねいな供養がなされている　京都市山科区

『絵本太閤記』に描かれた「中国大返し」◆秀吉の迅速な行軍によって光秀に時間的な余裕を持たせなかったことが、山崎の戦いでの勝利の布石になる。この行軍を成功させたことで、その後の織田家で秀吉が優位な立場を得るきっかけの一つとなった　当社蔵

2 準備不足の光秀を山崎で打ち破る

　天正十年（一五八二）六月十一日、摂津国尼崎に着いた秀吉の軍勢は、翌十二日に池田恒興・中川清秀《なかがわきよひで》・高山重友《たかやましげとも》の摂津衆と合流する。そして、惟任（明智）氏勢力との境界にあった山城国山崎《やまざき》（京都府大山崎町）に進軍し陣を張った。一方、光秀は安土城を占拠し、畿内平定を進めていた。これに対して、池田恒興ら摂津衆は光秀に従おうとしなかった。また河内方面では、信長の三男・信孝と重臣の惟住（丹羽）長秀の軍勢が動いていた。

　信孝と長秀のもとには、六月三日朝からの四国出兵の渡海を目前に本能寺の変の急報が入り、態勢を立て直すため摂津大坂城（大阪市中央区）に入っていた。そして五日には、同城に滞在していた信長の甥で光秀の娘婿の織田信澄《のぶすみ》が光秀に応じるのを恐れ、殺害した。そのうえで河内国の諸将を味方につけ、惟任氏勢力との対決に向かったのだ。

　これに対して光秀は、まず自身に応じようとしない、政治的・軍事的配下の与力であった長岡（細川）藤孝《ふじたか》・忠興父子や筒井《つつい》順慶《じゅんけい》の説得に努めたが、彼らが光秀の説得に応じることはなかった。結局、光秀は彼らを味方にできず、六月八日に近江安土城から上洛し、翌九日に池田恒興ら摂津衆を討つべく摂津方面へ出陣する。そして山城勝龍寺《しょうりゅうじ》城（京都府長岡京市）で、山崎に陣した秀吉らと対峙した。

　また、山崎に陣した秀吉らは六月十三日に信孝・長秀の軍勢と合流する。ここに信孝を総大将として織田軍は結集を遂げた。織田・惟任両軍は同日午後四時頃から山崎の地で、

天王山と円明寺川◆織田軍と惟任（明智）軍は円明寺川（現在の小泉川）を挟んで対峙した。天王山には織田方が軍を置いた。天王山からは戦場全体を俯瞰することができ、戦いを優位に進める要因になった　京都府大山崎町

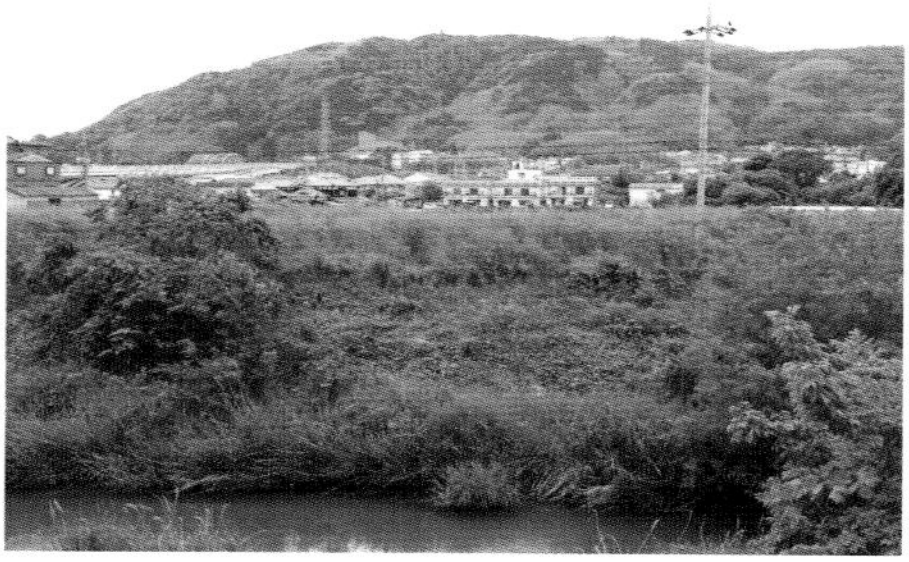

勝龍寺城から出陣した惟任側の攻撃を皮切りに開戦、「山崎の戦い」が始まった。

劣勢な惟任軍の奮闘に、数で優る織田軍は迎撃し、とくに摂津衆の働きによって打ち破った。この直後の秀吉の書状によれば、織田軍はこの戦いで惟任勢の首三〇〇〇余を討ち取ったという。戦いの勝利後、織田軍は勝龍寺城に退却した光秀を追い、同城を包囲する。

織田軍に勝龍寺城を包囲された光秀は、再起を図るべく同城を抜け出し、居城の近江坂本城へ向かった。だがその道すがら、山科《やましな》・醍醐《だいご》（京都市山科・伏見区）あたりで、村人らの「一揆」（武装行為）による落人狩りにより、光秀は殺害された。光秀の首は信孝のもとに届けられ、胴体とともに焼失した本能寺跡にさらされた。また、光秀の重臣・斎藤《さいとう》利三《としみつ》は近江国堅田《かたた》（大津市）に逃れたところを捕縛され、京都六条河原《ろくじょうがわら》で斬首された。

その後、織田軍は入京を経たうえで惟任氏勢力の討伐のため進撃を続けた。そして、六月十五日には光秀の二子（光慶《みつよし》・自然《じねん》）と重臣・明智秀満《ひでみつ》がこもった坂本城も落ち、惟任家は滅亡した。また、光秀に味方した近江衆も平定された。本能寺の変後、秀吉は光秀に味方した近江山本山城の城主・阿閉貞征により近江国長浜領の居城・長浜城を奪われていたが、このときに阿閉氏を滅ぼし同城を奪還している。そして、秀吉の北近江の領国（長浜領）は阿閉氏の領域を併呑して拡大した。

近江国を平定した織田軍は引き続き美濃国へ軍を進め、同国の惟任氏勢力を鎮めた。こうして本能寺の変で生じた天下人織田家内部の争いは、惟任氏勢力の討滅をもって終わることとなったのである。

明智藪◆光秀はこの藪の中で討たれ、最期を迎えたと伝わる。鬱蒼とした雰囲気で、光秀の最期を偲ばせる　京都市伏見区

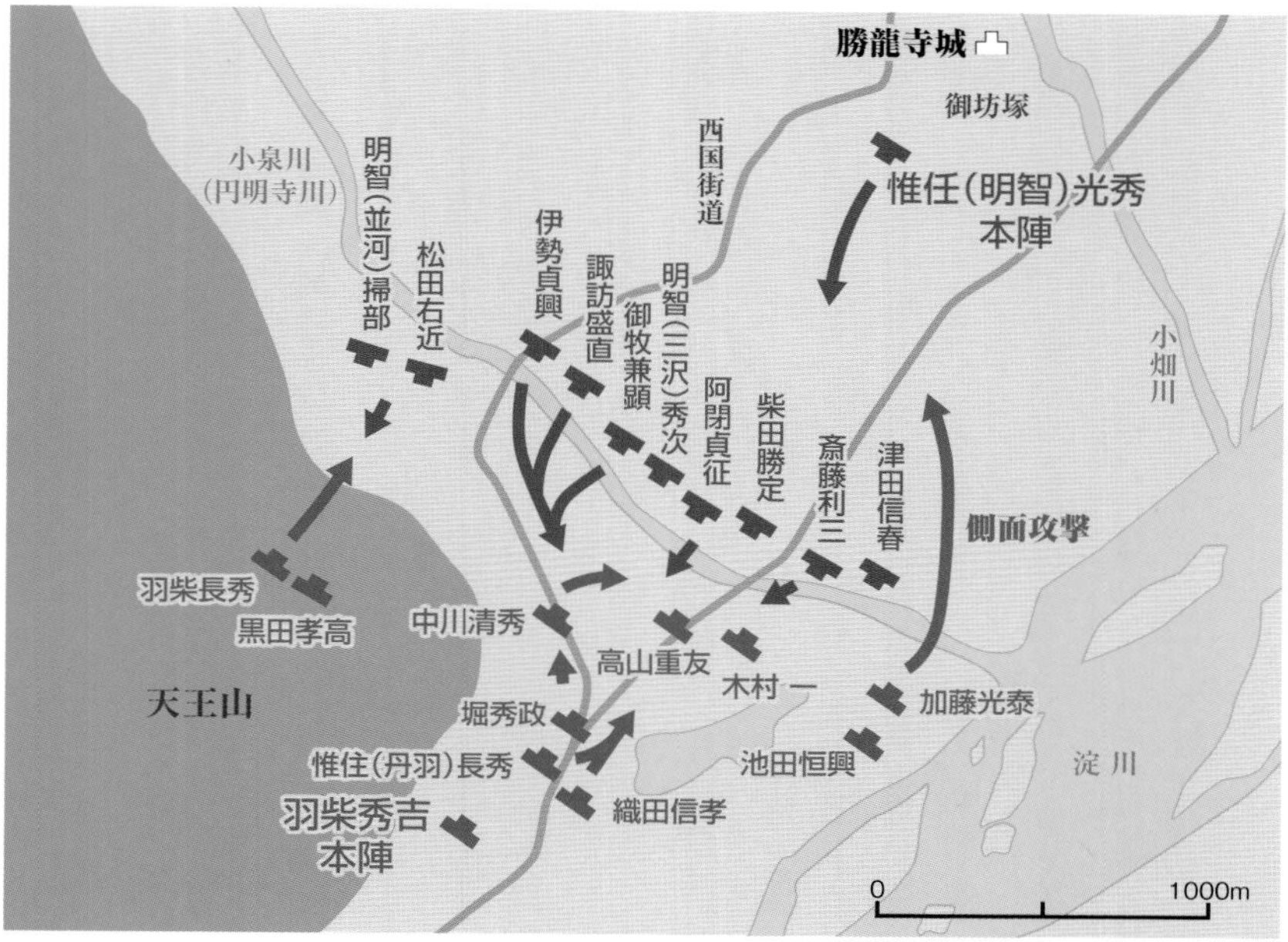

図16　山崎の戦いにおける両軍の想定配置図◆円明寺川を挟んで激戦となったが、池田恒興・元助父子や中川清秀・高山重友らの奮戦もあり、秀吉方が勝利した　『歴史人』2019年2月号（KKベストセラーズ）掲載の図などを参照して作成

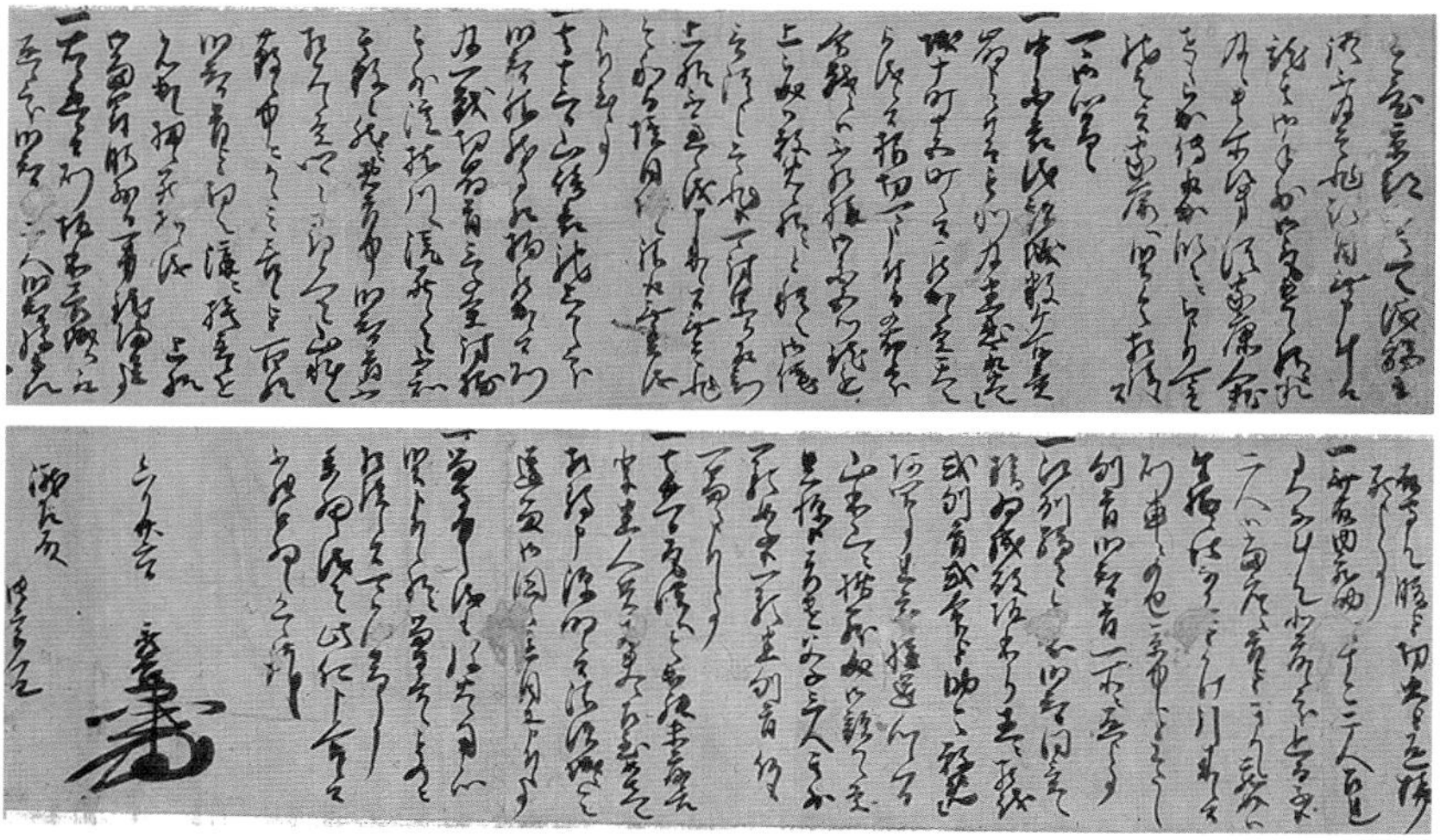

（上下二段）（天正10年）6月26日付け羽柴秀吉書状◆惟任（明智）勢の首を3000余り討ち取ったこと、淀川・桂川での水死者が数知れないこと、光秀の首は山科の藪の中にかがんでいた百姓が切り溝に捨てたことなど、戦場のおぞましさを伝える　大阪城天守閣蔵

3 清須会議《きよすかいぎ》で台頭のきっかけを獲得

天正十年（一五八二）六月、惟任氏勢力を討滅した織田信孝・秀吉ら織田軍は尾張清須城に向かった。というのも、このとき信長の嫡孫・三法師《さんぼうし》（のちの織田秀信《ひでのぶ》）が、美濃国内での惟任勢力の蜂起を受けて美濃岐阜城から難を避け、ここ清須城に滞在していたからだ。三法師は天正八年に信長の後継者・信忠の嫡男として生まれ、このときはまだ数えで三歳にすぎなかった。しかし、信長が生前に織田家の当主を信忠に継がせ、さらには天下人の後継者にするとして進めてきた、織田家嫡系が天下人として君臨するという方向性が依然として影響を残していた。そのため、信長・信忠父子亡きいま、嫡系の三法師が天下人織田家の正統な家督継承者になれる状況にあったのだ。

この後、信長の二男・北畠信雄《のぶかつ》と、北陸で越後上杉氏と交戦中だった重臣の柴田勝家の清須城到着を待って、天正十年六月二十七日、同城で重臣の秀吉・柴田勝家・惟住（丹羽）長秀・池田恒興によって、今後の天下人織田家の政治運営と所領配分を決める「談合」が行われた。これが「清須会議」である。

清須会議で最大の争点となったのは、三法師が成人するまでの家督代行者（「名代《みょうだい》」）＝暫定的な当主を、信長の子息で三法師の叔父にあたる信雄と信孝のどちらが務めるかだった。それは信雄・信孝の兄弟が、これまでのそれぞれの立場や活動もあり、「名代」の立場獲得を譲り合おうとしなかったからだ。この事態に秀吉・勝家ら重臣は、信雄・信

系図1　織田氏略系図

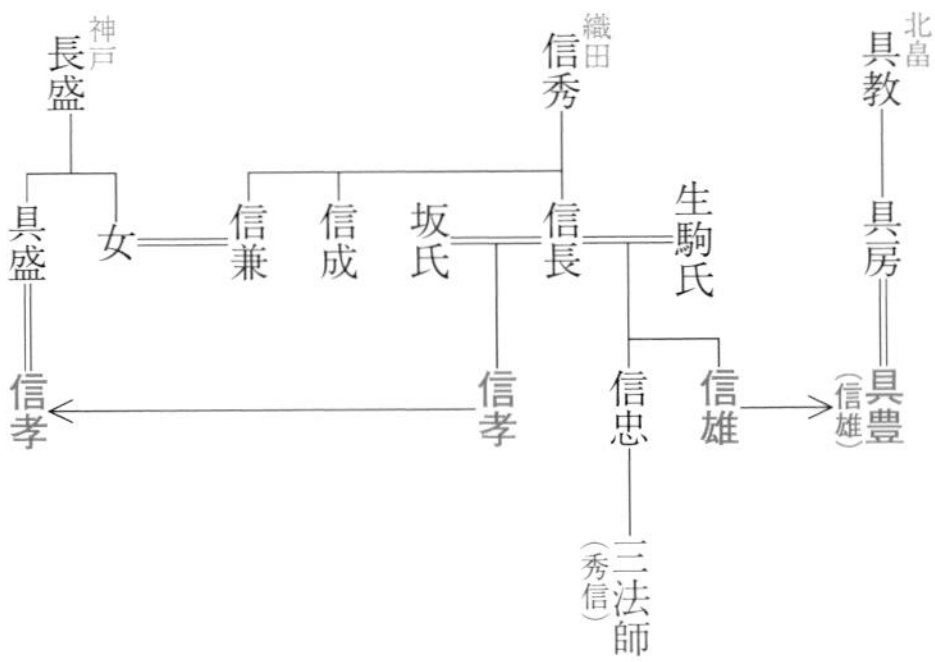

孝のいずれも「名代」に据えず、幼少の三法師を当主として、秀吉・勝家・長秀・恒興が支えながら四人の宿老衆《しゅくろうしゅう》（執事集団）による談合のもとに政治運営を行うことに決した。

所領配分では、秀吉は安芸毛利氏との対陣を片づけ織田氏勢力を勝利に導いた功績から、新たに山城・丹波両国と河内国東部を獲得した。これによって秀吉は管轄する領国を拡大し、他の重臣に対して織田家におけるこれまで以上の優位な立場を獲得した。このように、清須会議は秀吉がさらなる台頭のきっかけを得る機会になったのだ。

だがその後、岐阜城に入った信孝が安土城修築の間、岐阜城に滞在していた三法師を後見することを利用して父信長の後継の天下人として振る舞い、織田家を主導しようとする。この事態に秀吉は信孝と対立していく。一方、優位な立場にあって積極的に活動を行っていく秀吉に、柴田勝家は反感を示して信孝に接近する。秀吉と信孝・勝家との関係は、十月十五日に秀吉が信長の葬儀を京都大徳寺《だいとくじ》で強行したために一層悪化してしまう。

葬儀後、秀吉は惟住長秀・池田恒興を味方につける。そのうえで長秀・恒興とともに、三法師を掌中に置く信孝・勝家に対抗するた

名古屋城西北隅櫓◆画像手前の櫓は、清須城の天守の古材を転用した可能性が高いという。そのため、清洲（清須）櫓とも呼ばれている。現在の清須城は開発によって大部分の遺構が失われており、この櫓は往時の清須城を伝える貴重なものである　名古屋市中区

清須城跡の復元石垣◆城の東側を流れる五条川の河川事業にともなう発掘調査で確認された。清須会議後に城主となった織田信雄の時期のものといわれ、野面積みという技法で積まれている　愛知県清須市

「大徳寺ノ焼香ニ秀吉諸将ヲ挫ク」図◆三法師を抱えて諸将の前に立ち、実権を握ろうとする秀吉の姿を描く。明治時代に描かれたもので、あくまで当時のイメージだが、このような構図の絵を多くの絵師が描くことでイメージが流布していった　個人蔵

め、同じく信孝と対立する織田信雄（清須会議後に名字を北畠から織田に改姓）を、三法師の「名代」としての当主に擁立する。

ここに織田家内部は、三法師を掌中にして織田家を主導しようとする信孝と、当主に信雄を擁立し、信雄を補佐するかたちで政治運営を進めようとする秀吉らに分裂する。さらに、それぞれを支持する勢力に分かれ対立を深めていった。

そして十二月、信雄は自身の陣営につき信孝に敵対した諸将の救援のために、また秀吉も三法師奪還と信雄を安土城に迎え入れるために美濃国へ出陣する。信雄・秀吉勢の攻勢を前にして、手を結ぶ勝家が深雪のため動けないなど不利な情勢を悟った信孝は、信雄・秀吉らに服従の意を示した。

その後、三法師は秀吉方の軍勢に供奉《ぐぶ》されて安土城へ移り、信雄も翌天正十一年正

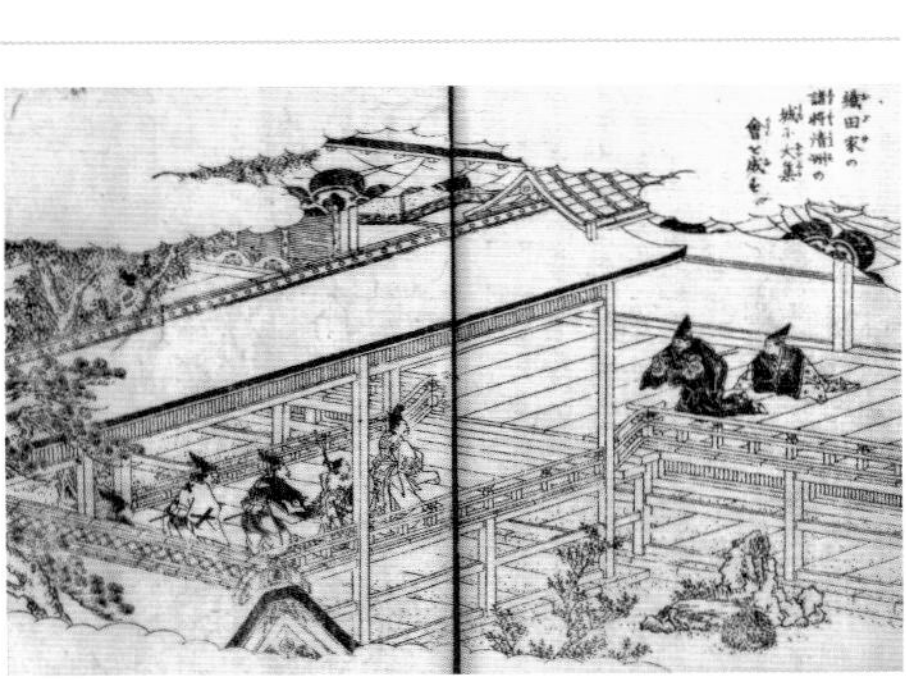

『絵本豊臣勲功記』に描かれた清須会議◆秀吉を交えた清須会議では信長の遺児である信雄・信孝をはじめ、それぞれの思惑がぶつかりあった。とりわけ三法師の「名代」について、信雄と信孝が固執して争うことになる　当社蔵

月末日に安土入城を遂げ、翌月の閏正月に諸将・諸人より御礼を受けて、三法師「名代」としての当主の立場を認められた。これによって天下人織田家は、当主の信雄とそれを補佐する秀吉・長秀・恒興のもとで政治運営が進められていく。

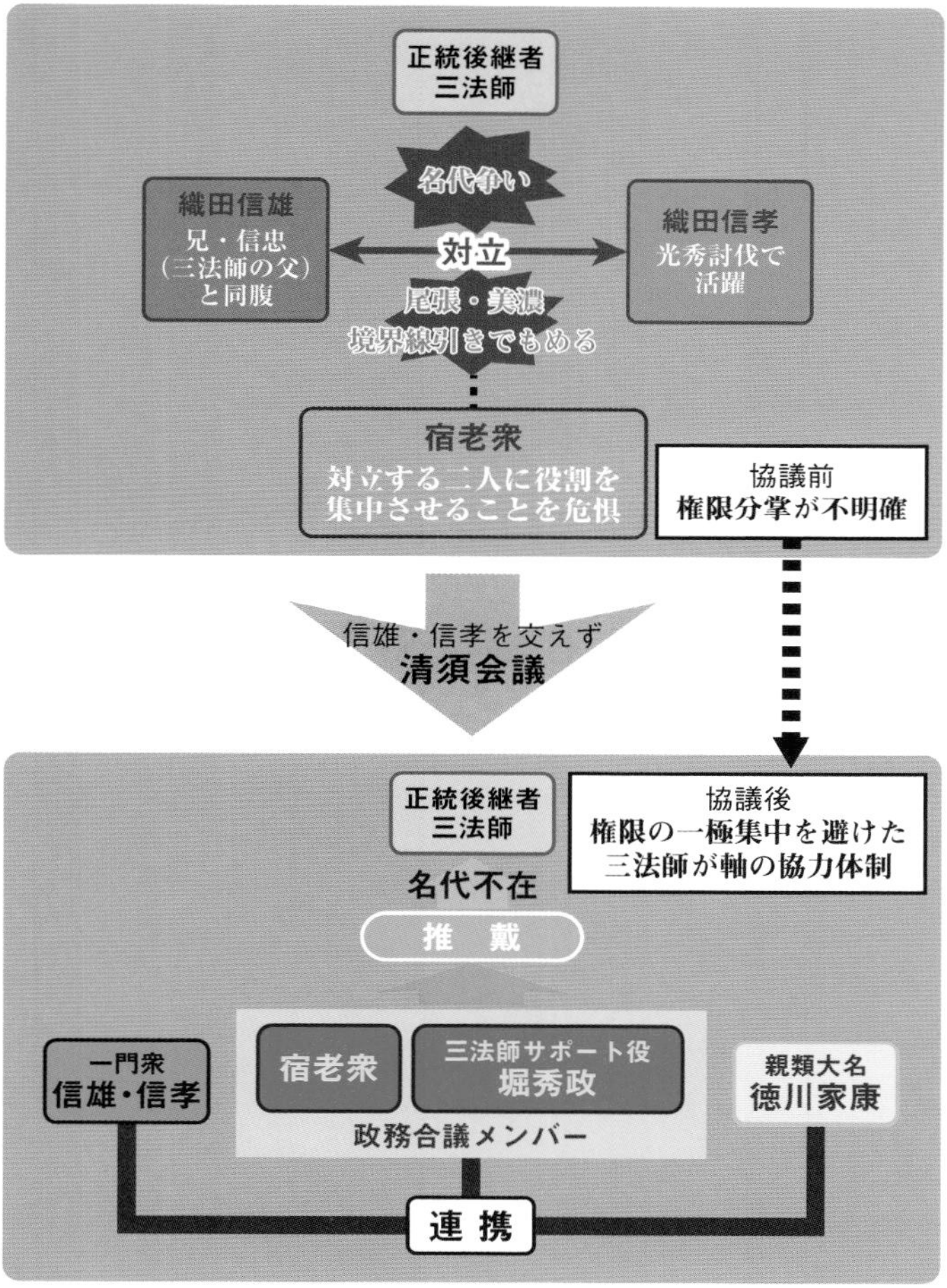

図17　清須会議前後の関係図

丹羽長秀画像◆いくつもの合戦で活躍したことに加え、安土城普請の総奉行を務めるなど軍事・行政両面で信長の信頼が厚かった。清須会議後は秀吉に同調していく　東京大学史料編纂所蔵模写

4 賤ヶ岳の戦いで、宿敵・柴田勝家を撃破

天正十一年（一五八三）閏正月、三法師「名代」の当主・織田信雄と重臣の秀吉・惟住長秀・池田恒興らによって天下人織田家の政治運営は進められることになった。これに対して不満を示したのは、柴田勝家と滝川一益だった。勝家はこの政治運営から外された状態にあり、この事態は当然、勝家の立場失墜につながりかねない。そのうえ信雄・秀吉は、これまで勝家が戦ってきた越後上杉氏との通交を進め、勝家の動きを封じ込める形勢にあった。

一方の一益は、本能寺の変直前は関東・奥羽の運営を委ねられていた。だが、本能寺の変が起きると、織田家に離反して敵対を示した相模北条氏に敗れ、伊勢国内の所領に戻っていた。その後、一益は復権のため所領の加増を要求していたが、それには対処がなされず不満をもっていた。そこで一益は、すでに前年末から織田信孝の動きに応じ、伊勢国内での所領確保に動きだしていたが、信雄・秀吉たちが勝利するとその活動は取り締まられ、一益の反感はさらに増していった。

こうして勝家と一益は、信雄・秀吉たちのもとで進められる織田家の政治運営に服従しない姿勢を示す。勝家・一益の姿勢に二月、秀吉は討伐に動き、近江国長浜へ出陣する。この秀吉の出陣に、長浜城にいた勝家の甥・柴田勝豊《かつとよ》は服従する。さらに秀吉は、一益討伐のため北伊勢へ向かう。北伊勢に進軍した秀吉勢は、一益の居城・長島城（三重県桑名市）近辺に放火のうえ、亀山《かめやま》（三重県亀山市）・峯《みね》（同前）・国府《こう》（三重県鈴鹿市）の三城を攻撃

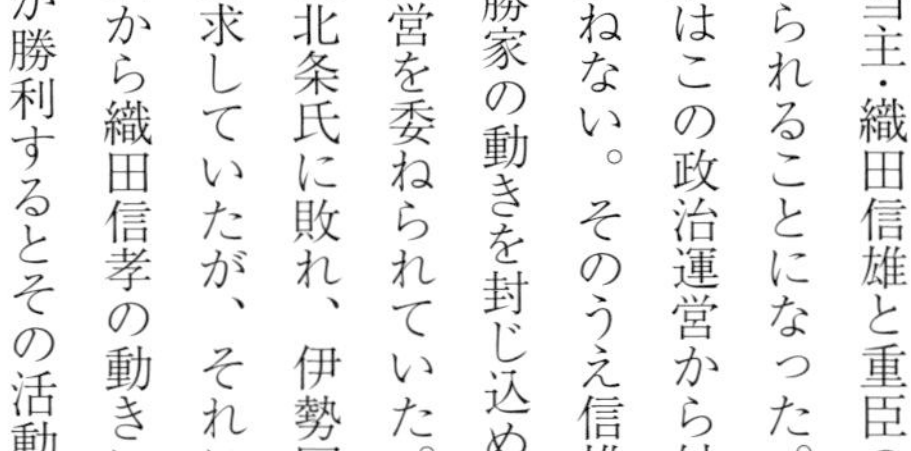

現在の賤ヶ岳と余呉湖◆賤ヶ岳の戦いの舞台になった場所で、秀吉は余呉湖の北に陣の最前線を配置した。賤ヶ岳の戦いでは余呉湖が血で染まるほどの激戦が繰り広げられたともいわれる　滋賀県長浜市　画像提供：長浜市

した。この秀吉勢の攻撃に、同月二十八日には信雄も加わった。

信雄・秀吉方の攻勢に、三月、勝家はついに動きだす。勝家は、このとき備後国鞆にいた室町幕府将軍足利義昭の帰京活動を積極的に応援することで、義昭を補佐する安芸毛利氏と結びつき、秀吉方を牽制した。そしてまだ深雪のなか、加賀・能登・越中の北陸各国の軍勢を率いて近江国北部へ出陣したのだ。

この事態に、秀吉は信雄に北伊勢での戦陣を委ね、柴田勢の迎撃に北近江へ向かい、柳ヶ瀬《やながせ》（滋賀県長浜市）に陣した柴田軍と対峙した。そして、若狭国の惟住長秀の軍勢を越前国敦賀（福井県敦賀市）へ進攻させ、柴田氏勢力を牽制した。また、秀吉方に味方する

柴田勝家画像◆織田家重臣の筆頭だが、本能寺の変の際に北陸情勢への対応のため遅れをとり、秀吉に立場を逆転されていた　柴田勝次郎氏蔵　福井市立郷土歴史博物館保管

賤ヶ岳合戦図屏風（左隻・部分）◆秀吉方陣営で奮闘する中川清秀と柴田軍との戦いを描く。清秀は戦いに際して築いた「陣城」大岩山砦を守備していた　馬の博物館蔵

意向を示した本願寺には、加賀国で柴田氏勢力を牽制するよう一揆の蜂起を促した。

一方、四月になると、勝家の出陣に応じて復権を企てる信孝も挙兵した。信孝のこの動きに、秀吉は人質として差し出されていた信孝母の坂《さか》氏らを磔刑《たっけい》に処した後、四月十六日、信孝を討つため美濃大垣《おおがき》城（岐阜県大垣市）に着陣した。

秀吉の動きを受け四月二十日、勝家は甥の佐久間盛政《もりまさ》に賤ヶ岳《しずがたけ》の秀吉方陣営を攻撃させ、中川清秀らを討ち死にさせる。柴田側の動きを聞いた秀吉は大垣から柳瀬にとって返し、翌二十一日に柴田軍と交戦し、福島正則《ふくしままさのり》・加藤清正《かとうきよまさ》・加藤嘉明《よしあき》・脇坂安治《わきざかやすはる》・片桐且元《かたぎりかつもと》ら馬廻衆の活躍もあって勝利した。これが「賤ヶ岳の戦い」である。

それから、さらに柴田軍を追撃して、勝家の居城・越前北庄《きたのしょう》城（福井市）を攻囲した。秀吉勢の攻撃に勝家は対抗できず、四月二十四日に小谷《おだに》の方（市、信長の妹・もと浅井長政室）とともに自刃し、北庄城は落ちた。そのうえで四月二十五日には、秀吉は加賀国金沢《かなざわ》（金沢市）まで進軍し、柴田氏勢力の服従を確認した。

また、いったん伊勢国から安土城に戻っていた信雄は、四月二十四日に秀吉の勝利を受けて信孝討伐のため美濃国へ向かい、岐阜城を攻略した。その後、信孝は信雄により尾張国内海《うつみ》（愛知県美浜町）の大御堂寺《おおみどうじ》に連行され、五月二日に自刃した。

さらに六月には、滝川一益も降伏する。ここに信雄・秀吉は、彼らが主導する織田家の政治運営を阻害した反対勢力の平定を成し遂げたのだった。

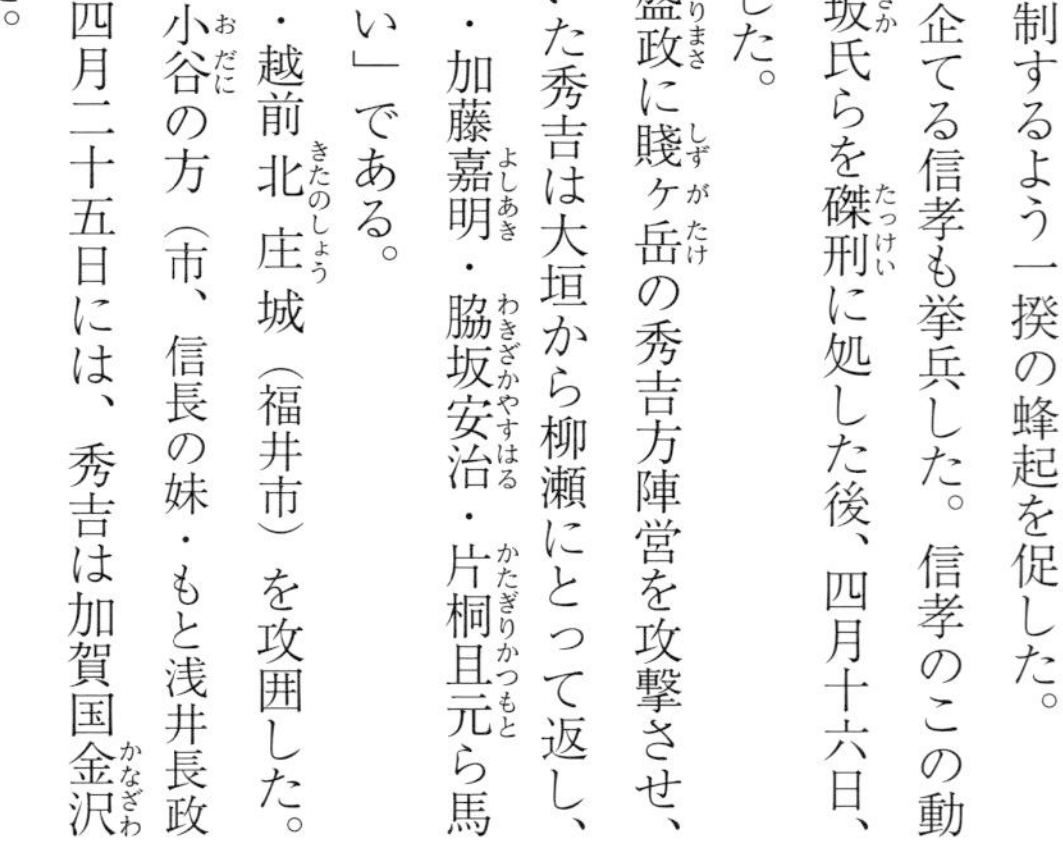

賤ヶ岳合戦図屏風（右隻・部分）◆四月二十一日の戦いを描く。左側に秀吉ら羽柴軍を右側に勝家ら柴田軍が配置され、両軍が交戦する様子がよくわかる　馬の博物館蔵

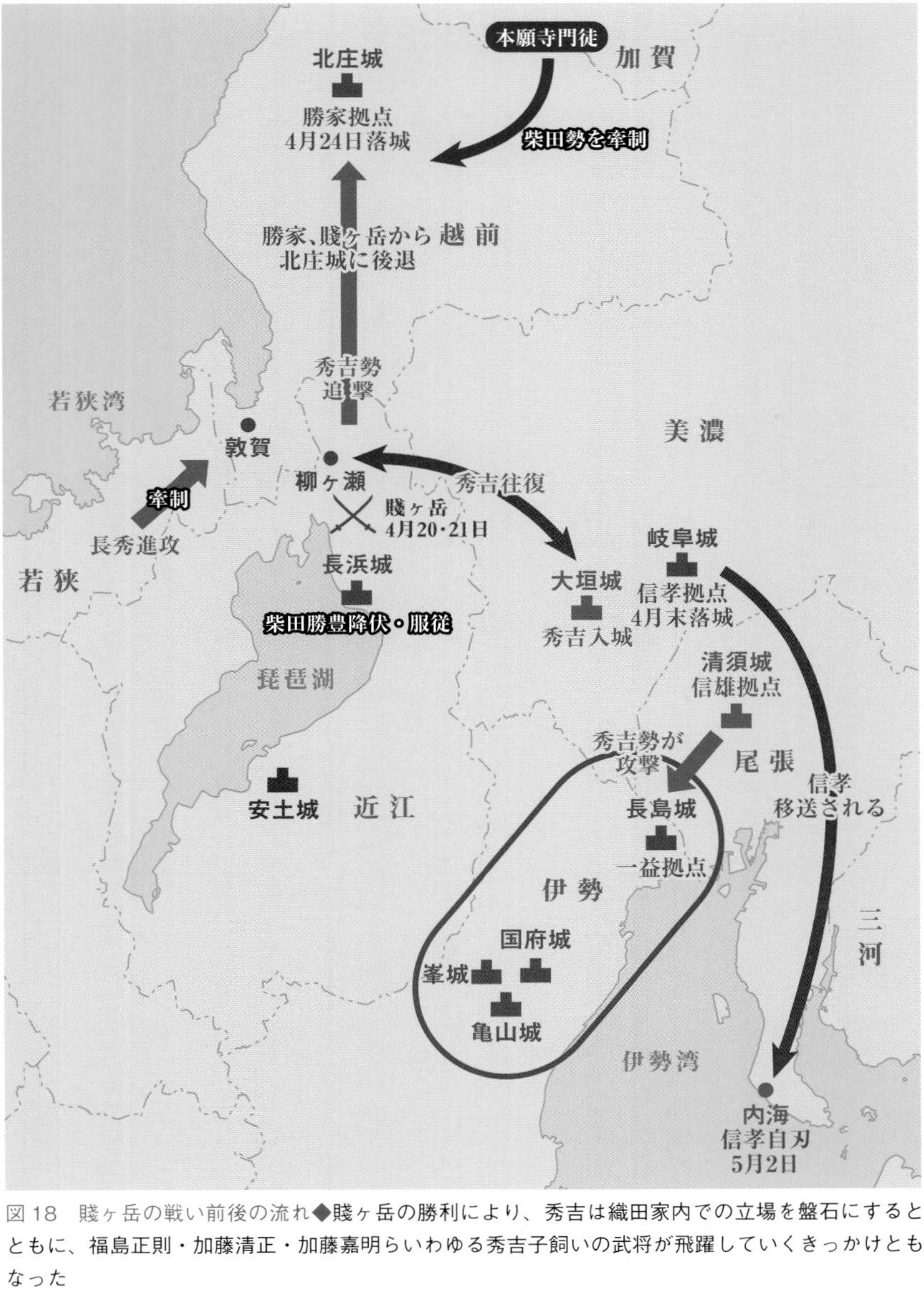

図18 賤ヶ岳の戦い前後の流れ◆賤ヶ岳の勝利により、秀吉は織田家内での立場を盤石にするとともに、福島正則・加藤清正・加藤嘉明らいわゆる秀吉子飼いの武将が飛躍していくきっかけともなった

5 大坂城を築き、天下人を目指す

織田信孝・柴田勝家ら敵対勢力を討ち果たしたことで、天下人織田家の政治運営は、当主の信雄を宿老（執事）の秀吉が万事補佐して進められることとなった。それまで重臣の一人にすぎなかった秀吉が、独自に信雄を補佐し、織田家の政治運営を進めるようになったのは、秀吉が反対勢力の討滅を実質的に主導したからにほかならない。

そして秀吉は、信雄の補佐役という立場から戦後処理を行い、惟住長秀には越前国、池田恒興には美濃国を与えるなどして織田家諸将を従えていき、彼らの上に立つ存在としての威勢を増していった。この流れのなかで、織田家当主の信雄に代わって、秀吉が執政者として天下＝日本国の中央における統治を求められていく状況になる。

これを受けて、秀吉は天正十一年（一五八三）六月二日に信長の一周忌法要を行った後、池田恒興を移封させることで得た摂津大坂城に入った。大坂城は畿内の要所に位置し、秀吉は自身の居城として巨大な城郭を築き始めた。そして、自身が信長後継の天下人であるという態度を示し始め、信雄ではなく自身の判断にもとづく中央統治を進める。

まずは、近江安土城にあった織田家当主の信雄に対して尾張・伊勢・伊賀《いが》（三重県北西部）の三ヵ国の領有を認めたうえで帰国させ、正統な家督にあった三法師を近江国坂本へ移し、庇護《ひご》下に置いた。これは、秀吉が織田家での政治運営から脱し、自身が天下人として中央統治をすることを世間に明確に示す行為だった。

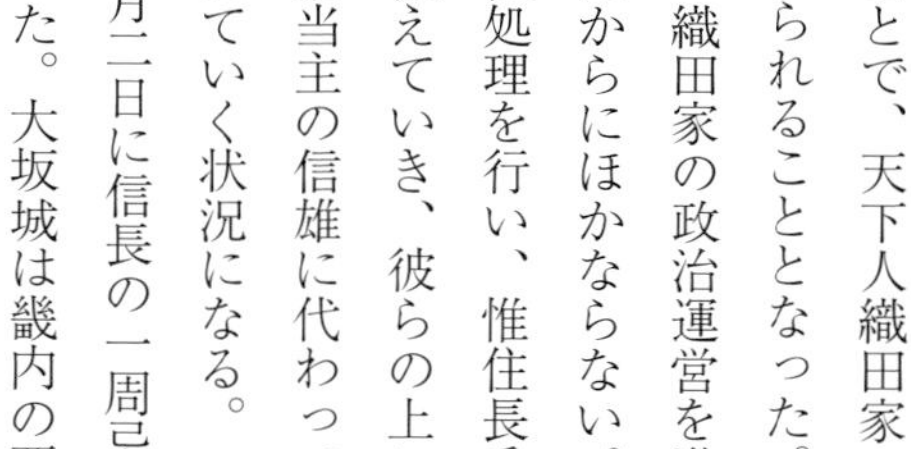

坂本の現在の街並み◆三法師が移された坂本の現在の風景。秀信の前は惟任（明智）光秀が治めていた。その後、三法師は豊臣政権のなかで生きていき、岐阜城主になった　大津市　画像提供：びわ湖大津観光協会

そして直後の八月から、秀吉は花《か》押《おう》（サイン）だけではなく、新たに独特な糸印《いといん》を用いた「朱印状《しゅいんじょう》」を出し始める。また、黒田孝高ら諸将を動員して、安土城に代わって天下人としての自身の政庁となる大坂城の普請に当たらせた。

さらには、北関東の大名や国衆が相模北条氏の攻勢に対して軍事的保護を求めてきたのを受け、秀吉は彼らに信長在世時のままの政治関係を要求し、東国の対応を任せていた徳川家康には、進んでいない「関東惣《かんとうそう》無事《ぶじ》」（関東情勢の政治解決）の実現を督促した。

秀吉からの督促を受け、家康は十一月十五日、北条氏に「関東惣無事」の指示を伝達し、熟慮して対応

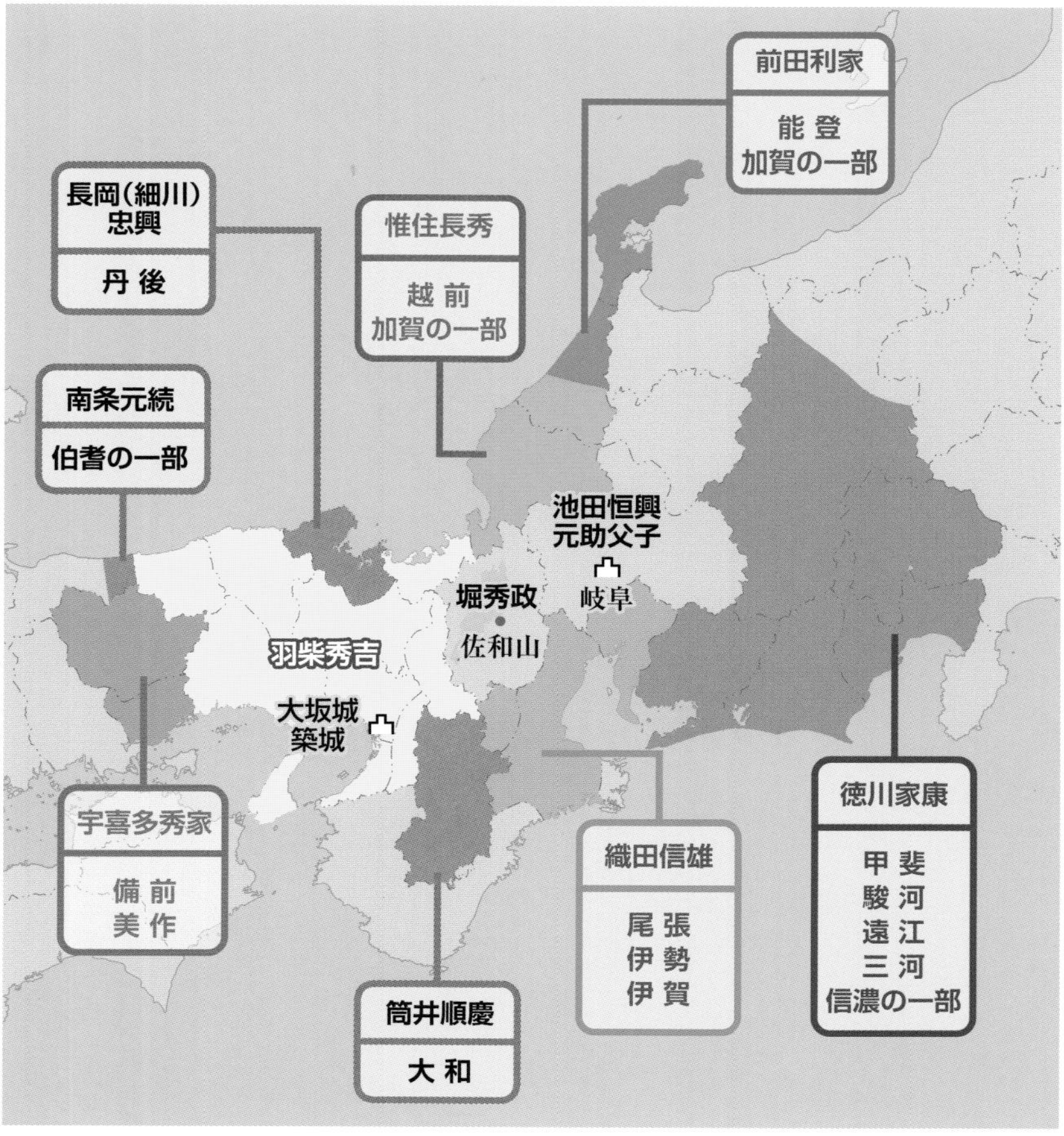

図19　賤ヶ岳の戦い後の領有関係図

するよう促した。こうして、天下人を目指す秀吉が東国情勢にも関わり始めていったのである。

一方、安土城を逐われ、伊勢長島城に入った織田家当主の信雄は、まず領国内の整備に取り組んだうえで、十月から父信長の「天下布武」印に似た「威加海内《いかかいだい》」の印文を刻んだ馬蹄形印判《ばていけいいんぱん》を使用して領国支配に臨んでいく。ここに信雄は、自分こそが天下人織田家の当主であると改めて表明したのだ。

このように、秀吉・信雄がそれぞれ独自の活動を進めるなかで、十一月になると、信雄が畿内で切腹したとの風聞が流れるという険悪な情勢が生じた。しかし実際のところ、秀吉と信雄はこの時点ではまだ対立を表面化させてはいない。秀吉と親交をもっていた信雄重臣の津川雄光《つがわかつみつ》・岡田重孝《おかだしげたか》・浅井長時《あさいながとき》たちが、両者の関係を維持するよう働きかけていたのだろう。

だが、信雄の復権を求める反秀吉派の動きは、このままでは静まらなかった。その結果、ついに翌天正十二年三月六日、信雄が長島城で親秀吉派の津川雄光・岡田重孝・浅井長時を殺害してしまう。

こうして信雄と秀吉の対立は表面化し、両者の対立は「小牧《こまき》・長久手《ながくて》の戦い」へと向かうことになる。

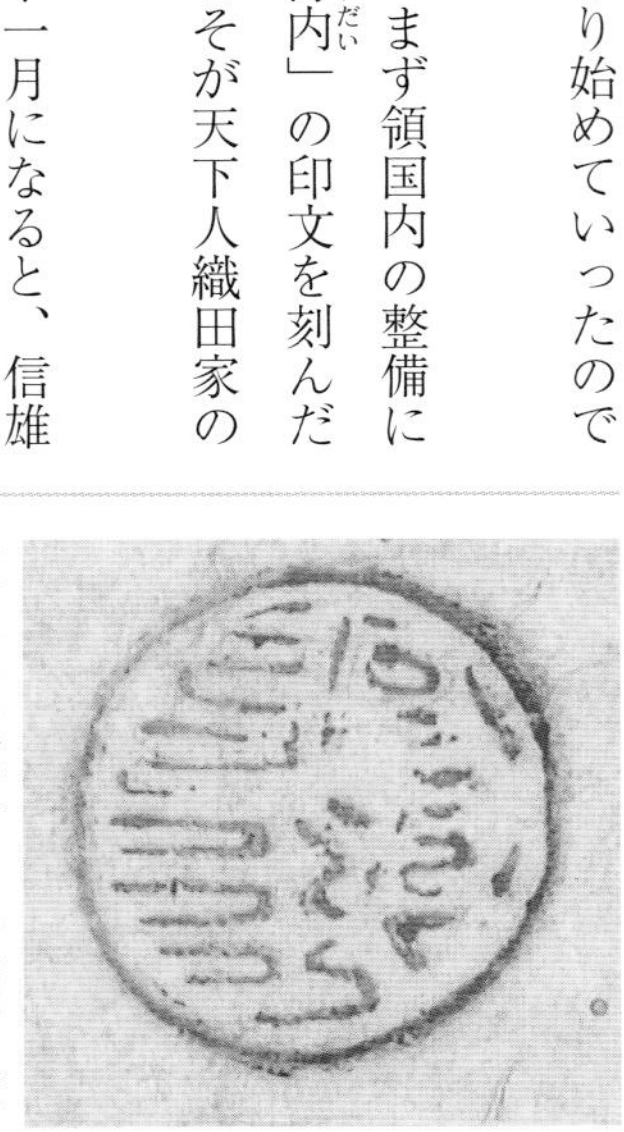

秀吉の糸印◆秀吉はこの糸印を朱で押捺した朱印状を発給し、天下人としての威勢を示していった

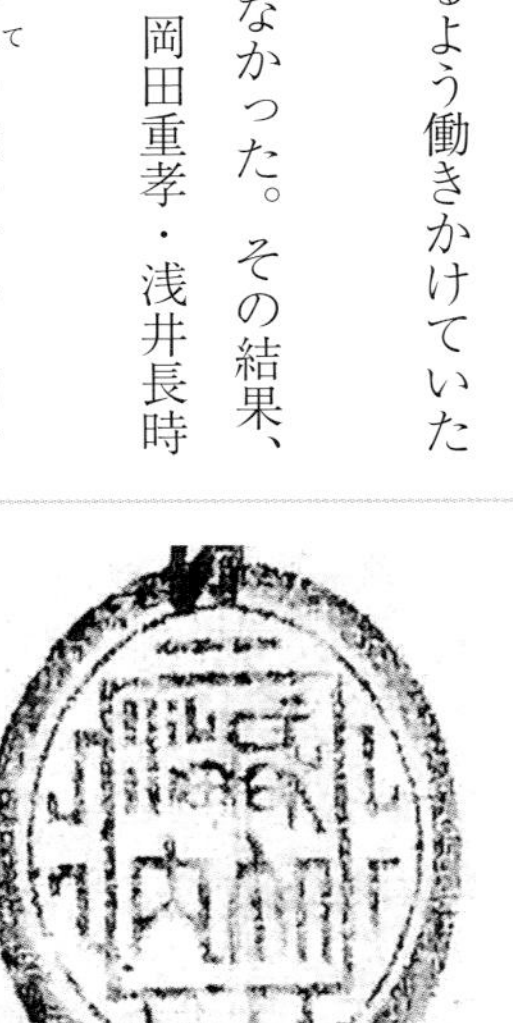

信雄の「威加海内」馬蹄形印◆父の「天下布武」印と形状がよく似ている。天下人の跡を継ごうとする信雄の意志が強く感じられる

「大坂夏の陣図屏風」に描かれた大坂城◆慶長20年（1615）の大坂夏の陣における大坂城を描いたもの。絵画資料のためどこまで厳密に描き写しているか検討の余地はあるが、豊臣期の大坂城を知るうえで貴重な史料である　大阪城天守閣蔵

豊臣期大坂城遺構◆秀吉築城の大坂城は大坂の陣で焼失し、徳川時代にその上に盛り土をして改めて築城したため、豊臣期の遺構は地下に埋まっている。この石垣は昭和五十九年（一九八四）の発掘調査で発見された詰ノ丸の石垣である　大阪市中央区　画像提供：大阪市文化財協会

6 小牧《こまき》・長久手《ながくて》の戦いで信雄《のぶかつ》・家康と激突する

天正十二年（一五八四）三月六日に起きた、織田信雄による津川雄光・岡田重孝・浅井長時の殺害は、秀吉との断交を世に示す政治行為であった。信雄はこの殺害を、徳川家康に相談のうえ実行した。家康が応じたのには、信雄を支持した親類大名という立場の表明と、この頃徳川氏に任されていた東国情勢への対応に、主導者として関与し始めた秀吉への牽制の意味があった。家康は信雄が殺害を実行するとすぐに出陣し、三月十三日には尾張清須城に着き、信雄と対面した。

信雄・家康の敵対行為に対して、秀吉は三月十日に摂津国大坂を発ち、京都で諸勢を参集させたうえで信雄討伐のため伊勢・尾張両国へ進軍した。そして、ほどなくして秀吉方の先勢により、信雄の領国であった伊賀国は攻略される。また、秀吉支持の立場を示した美濃国の池田恒興・元助《もとすけ》父子と森長可《もりながよし》らは尾張国へ出陣し、三月十四日に犬山《いぬやま》城（愛知県犬山市）を攻略した。だが三月十七日、池田・森勢を羽黒《はぐろ》（同前）で破った家康は、信雄とともに小牧山城に入る。これに対して、尾張国へ進軍した秀吉は楽田《がくでん》城（愛知県犬山市）に陣取り、小牧山周辺に諸勢を配置して織田・徳川軍に対峙した。

織田・徳川軍との対峙が続くなか、四月六日に秀吉は事態の進展を図って甥の三好信《のぶ》吉《よし》（のちの羽柴秀次《ひでつぐ》）、池田恒興・元助父子、森長可、堀秀政《ほりひでまさ》ら二万四〇〇〇人ほどの軍勢を三河国岡崎《おかざき》（愛知県岡崎市）方面に進軍させた。四月八日、三好信吉らの軍勢は織田・

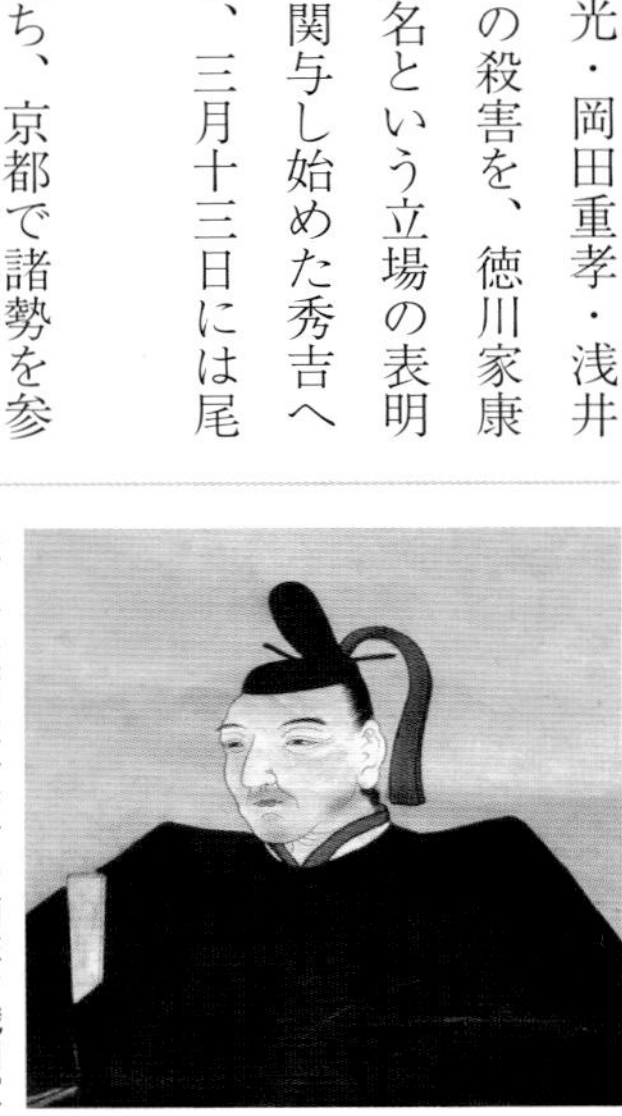

織田信雄画像◆秀吉の補佐で織田家当主となるも、やがて対立した。信雄は天下人から凋落した織田家という運命を背負いながら豊臣政権のなかで生き抜き、のちには徳川将軍家に仕え、寛永七年（一六四〇）四月晦日に波乱の生涯を閉じた　丹波市教育委員会蔵

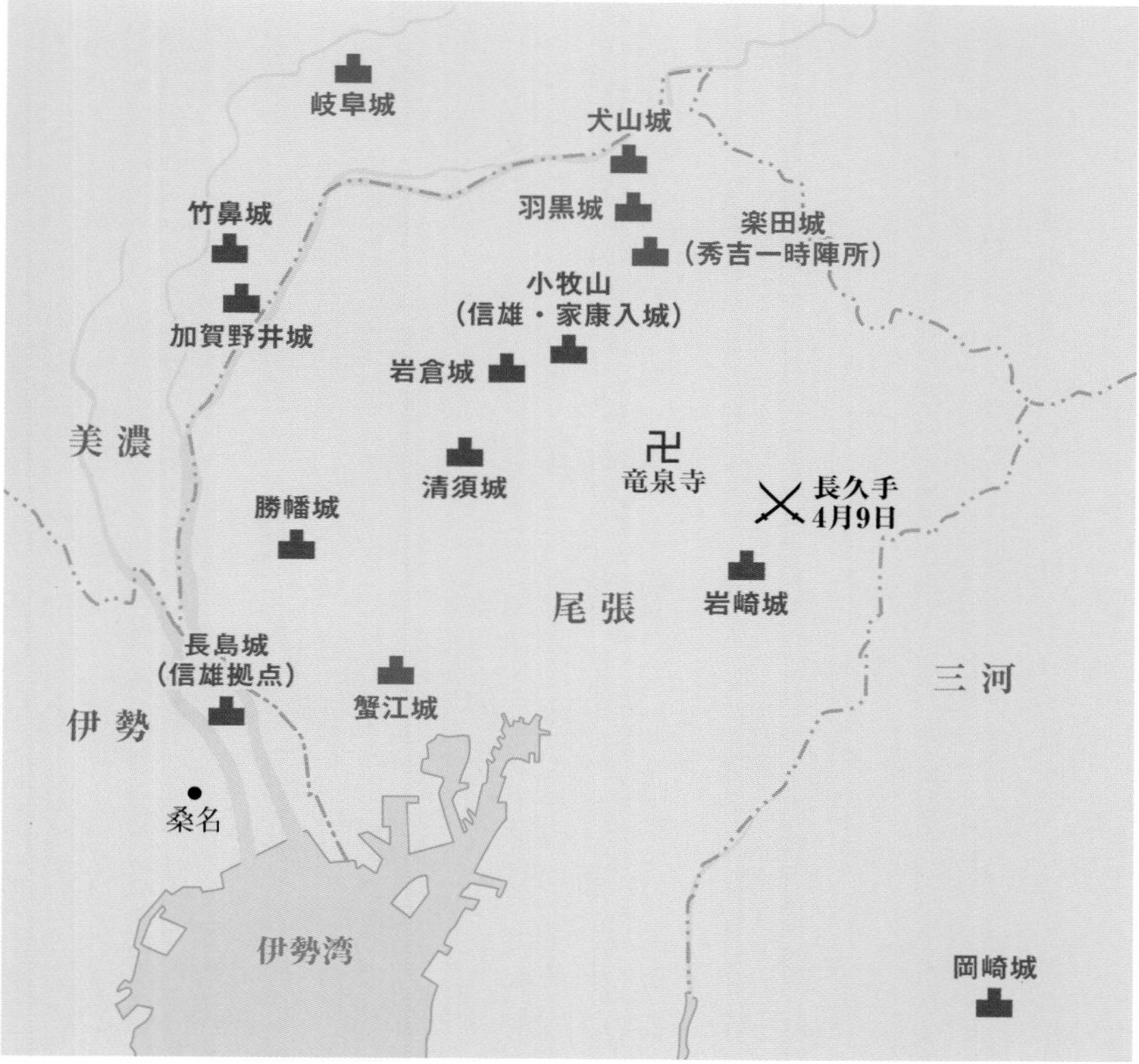

図20　小牧・長久手の戦い主要城郭位置図◆小牧・長久手の戦いは秀吉VS信雄・家康という構図にとどまらず、畿内や四国、北陸などでも関連して紛争が勃発していた。そのため秀吉は、対処のために滞陣中、何度か本拠の大坂に戻っている

犬山城跡遠景◆尾張国と美濃国の境に位置し、木曽川沿いに築城された城郭である。小牧・長久手の戦いで池田恒興が攻略するも、秀吉と信雄の講和後は信雄に返還された　愛知県犬山市

池田恒興画像◆はじめ信長に仕え、とくに摂津方面での戦争で功績をあげて重臣となる。信長死後の山崎の戦いで秀吉と連携して光秀を討伐し、それ以降は秀吉にとっては頼りになる味方であった　鳥取県立博物館蔵

徳川方の尾張岩崎《いわさき》城（愛知県日進市）を攻略した。この事態に家康は同日夜に小牧山城を出陣し、翌九日の午前中から正午にかけて岩崎周辺で三好信吉らの軍勢を追撃して破った。この「長久手の戦い」で、羽柴方の池田恒興・元助父子、森長可らが戦死した。敗報を聞いた秀吉はすぐに竜泉寺《りゅうせんじ》（名古屋市守山区）に向かうが、家康はすでに撤退していたので、秀吉は楽田城へ帰陣のうえ岐阜方面へ移る。

五月、羽柴軍は織田方の尾張加賀野井《かがのい》城（岐阜県羽島市）を攻略したうえ、織田方の将・不和広綱《ふわひろつな》が守る竹鼻《たけがはな》城（同前）を水攻めし、六月十日に開城させた。一方、家康は六月十二日に清須城に移り、このときは羽柴方であった滝川一益の蟹江《かにえ》城（愛知県蟹江町）を攻撃し、七月三日に一益を降伏させた。また、家康は同盟関係にある相模北条氏に援兵の派遣を求めた。だが北条氏は、秀吉に従う常陸《ひたち》佐竹《さたけ》氏をはじめとした北関東の大名や国衆と下野《しもつけ》国沼尻《ぬまじり》（栃木県栃木市）で対峙しつづけ、援軍の派遣は果たせずにいた。

こうした戦況のなか、八月二十六日、大坂へ帰っていた秀吉は再び尾張国に進軍する。羽柴軍の進攻に対して、家康は二十八日に岩倉《いわくら》城（愛知県岩倉市）に入る。両勢は尾張国

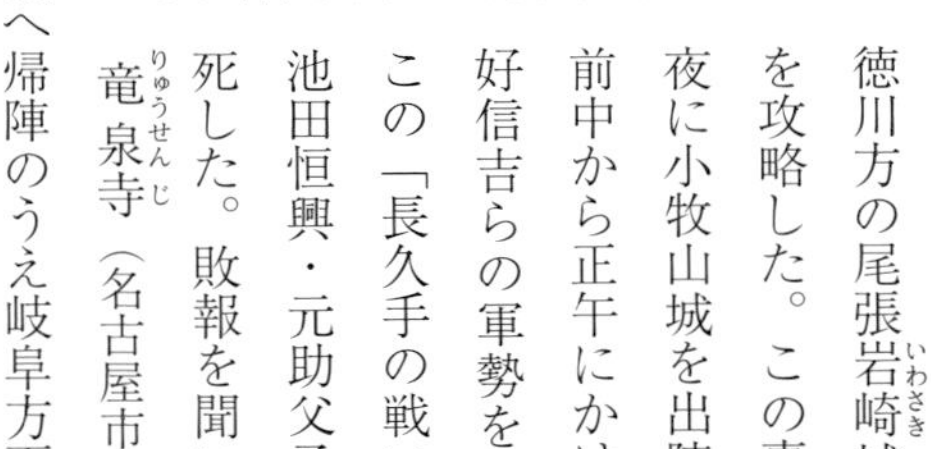

長久手古戦場の勝入塚◆池田恒興が戦死した場所と伝わる。塚名は恒興の入道名「勝入斎」にちなんだものである　愛知県長久手市

北部で戦いながら、九月には講和を試みたが交渉は決裂した。

その後、羽柴軍は十月下旬に信雄の領国・南伊勢の攻略を遂げ、十一月六日には信雄の居城・伊勢長島城の近辺にまで進軍した。不利な戦況に、信雄は秀吉の陣所へ自ら願い出て、十一月十二日に講和（実質的には信雄の降伏承認）がなされた。その際に信雄は、秀吉方の占領下にあった南伊勢と伊賀国を割譲し、人質として自身や叔父織田長益《ながます》（のち出家し有《う》楽斎《らくさい》を称す）の実子、重臣らの母・実子を差し出した。また、家康も信雄の降伏に応じて秀吉と講和し、二男の於義伊《おぎい》（のちの結城秀康《ゆうきひでやす》）を人質に差し出す。こうして、小牧・長久手の戦いは秀吉の勝利で幕を閉じた。

小牧・長久手の戦いは、開始当初の局地戦で家康が羽柴軍を破ったことから、秀吉のその後に大きな影響を与えた戦争と評価される。だが小牧・長久手の戦いとは、信長後継の天下人をめぐる織田家内部の対立が発展して起きた戦争であり、信雄の降伏によって、最終的に勝者となったのは秀吉であった。秀吉はこの勝利によって織田家当主の信雄との主従関係を逆転し、天下人の立場を固めていく。

小牧山城跡から長久手古戦場跡を望む◆矢印の部分が長久手古戦場跡である。小牧・長久手の戦いの結果、秀吉は天下人への足がかりを掴むことになった　愛知県小牧市

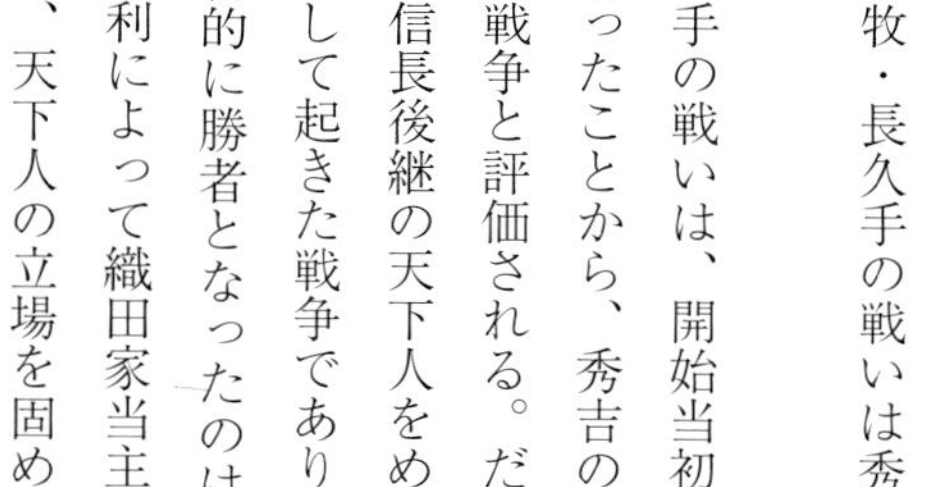

小牧山城跡の二重土塁の堀◆小牧山城に入った家康と信雄は城の麓に二重の土塁を築き、深い堀を掘るなど羽柴勢の攻撃に備えた　愛知県小牧市

7 関白《かんぱく》への就任と、四国・北陸の平定

秀吉は、小牧・長久手の戦い終結直後の天正十二年（一五八四）十一月二十八日、朝廷からも天下人の立場を認められ、従三位権大納言《じゅさんみごんだいなごん》となった。この立場は、官位でも正五《しょうご》位下左近衛中将《いのげさこんえのちゅうじょう》にあった主君の織田信雄を凌駕《りょうが》することになった。ここに、秀吉が名実ともに天下人として中央統治を本格的に行う状況が調ったのだ。

天正十三年二月二十二日には信雄が摂津大坂城の秀吉のもとへ出頭し、秀吉に臣従する姿勢をはっきりと示した。それを受け三月一日、秀吉は信雄を従三位権大納言（同年中に正三位《しょうさんみ》に昇進）に推挙する。そしてその直後の三月十日、秀吉は正二位内大臣《しょうにいないだいじん》となり、天皇の御所に参内《さんだい》を果たした。こうして、秀吉と信雄との主従関係は固められ、秀吉はかつての主家・織田家を配下としたことを世間に示したのであった。

このうえで秀吉は、小牧・長久手の戦いのときから敵対していた紀伊《きい》国（和歌山県）の宗教勢力の根来寺《ねごろじ》（同岩出市）や雑賀一揆、土佐国（高知県）の長宗我部氏、越中国の佐々成政への対応に取り掛かる。まず三月二十日、秀吉は先勢を遣わした後、翌二十一日には自らも出陣し、紀伊攻めを開始した。三月二十三日には根来寺を攻撃し放火、二十四日には雑賀（和歌山市）へ軍を進め、一揆の討伐を進めた。四月には秀吉軍の水攻めにより一揆方の紀伊太田城（和歌山市）が開城して紀伊国は平定され、有力宗教勢力の高野山金剛《こんごう》峯寺《ぶじ》（和歌山県高野町）も秀吉への服従を示すことになった。

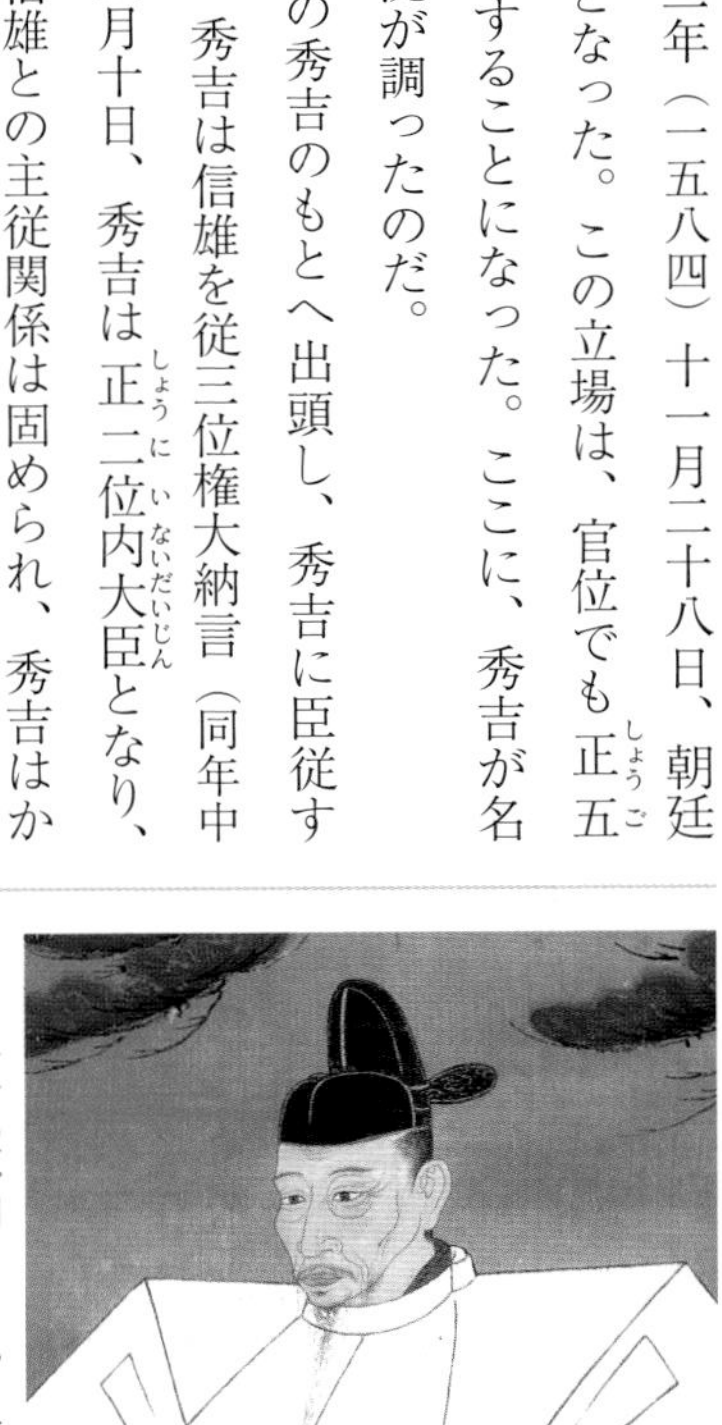

豊臣秀吉画像◆関白となった秀吉の姿を描く。官位を上昇させることによって、名実ともに天下人の立場を固めることに成功した　京都市東山区・高台寺蔵

紀伊国を平定した秀吉は、続いて四国への対応にあたる。この秀吉の姿勢に長宗我部元親《もとちか》は和議を願い出て、阿波・讃岐両国返上の意向のうえに人質を差し出し、臣従を示していた。しかし、この年正月に秀吉は安芸毛利氏と中国地方の領土配分（国分《くにわけ》）を確定し、毛利一族の小早川隆景の要望を受け伊予国を与える約束をしていた。このことから、元親には土佐一国しか領有を認めないことになった。

隆景の要望に応じた秀吉は、長宗我部氏に土佐一国のみの領有要求に従わせるため、六月に弟の秀長を四国へ出兵させる。四国出兵は秀吉自身は出陣せず、秀長を総大将として攻略が進められ、八月に長宗我部元親が降伏し、土佐一国のみの領有を許されることで四国は平定された。

この間、京都では摂関家《せっかんけ》の近衛信輔《このえのぶすけ》（のちの信尹《のぶただ》）と二条昭実《にじょうあきざね》との間で関白職の任官をめぐる争いが起き、秀吉に解決が求められる。この解決を図る過程で、秀吉は近衛前久《さきひさ》（信輔の父）を説得して猶子《ゆうし》となり、七月十一日に従一位《じゅいちい》関白に就任した。これにより、関白職という天皇に次ぐ公武（公家・武家）における最高位のステータスを獲得し、天下人としての立場を固め

総光寺由来并太田城水責図（部分）◆秀吉による太田城への水攻めの様子を描く。ルイス・フロイスの『日本史』によれば、太田城はまるで一つの町のようであり、雑賀の財宝・武器・兵員・食料などが豊富に集められていたという。雑賀一揆にとって最重要拠点であった　和歌山市・惣光寺蔵
画像提供：和歌山市立博物館

伝豊臣秀吉所用　唐冠形兜◆この兜を所蔵する護国八幡宮は、佐々成政との戦いの際に秀吉が本陣を構えた倶利伽羅峠の麓に鎮座する。兜は黒漆塗りで後部に装飾具を施した、この時代に流行した変わり兜の一種である　富山県小矢部市・護国八幡宮蔵　画像提供：富山市郷土博物館

た秀吉は、続いて敵対する佐々成政を討つべく、八月に越中国へ向けて出兵した。

八月下旬、秀吉勢の侵攻にあいついで敗北した成政は、秀吉方の一員として出陣していた織田信雄を通じて、秀吉に居城の越中富山城（富山市）を引き渡し降伏する。

この後、秀吉は前田利長《まえだとしなが》（利家《としいえ》の嫡男）に越中国を与え、金森長近《かなもりながちか》に飛驒国の処理を委ねるなど処理を行って、閏八月十七日に近江国坂本に入る。そして、同地で畿内周辺における諸将の国替えを行うと、閏八月二十四日に上洛した。こうして秀吉は畿内を羽柴家の占有とし、そのもとでの安泰（「天下静謐」）を成し遂げた。

さらに秀吉は、信長の国内諸勢力の統合事業を継承して、「天下静謐」の維持のため、強大な軍事力のともなった権勢によって国内各地の戦国大名や国衆間の抗争を取り締まって従えていく、「惣無事」による「天下一統《てんかいっとう》」（国内諸勢力の統合）を進めだす。

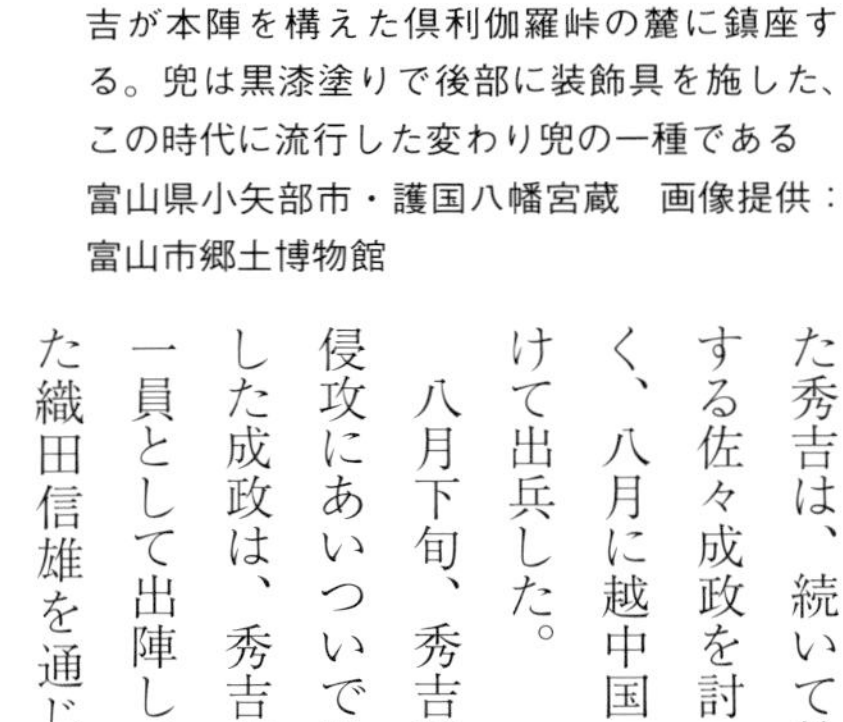

高野山惣図◆高野山は秀吉への服従後も独自の支配を認められた　当社蔵

8 くせ者の家康を従わせる

天下人の関白・秀吉が「天下一統」を進めていくにあたり早急に取り組むべき課題は、小牧・長久手の戦いでの講和後から、いまなお様子をうかがう態度を示し続けていた徳川家康への対応であった。その家康は天正十三年（一五八五）末、真田《さなだ》昌幸《まさゆき》をはじめとした信濃国《しなの》（長野県）の国衆のあいつぐ離反、重臣の石川康輝《いしかわやすてる》（数正《かずまさ》）の出奔といった領国内の動揺のうえに、このままでは秀吉襲来の時がせまるという危機下にあった。

秀吉・家康間の対立の緊張が増していたこうした状況のなか、同年十一月二十九日の夜半に地震が起きた（「天正地震」）。この地震が家康に救いの手を差し伸べることになった。地震の被害を受けて、秀吉が出陣を延期し、融和路線に切り替えたのだ。

秀吉の融和の意向を受け、家康との交渉を任された織田信雄は、天正十四年正月二十四日に三河岡崎城（愛知県岡崎市）に赴き、二十七日に同城で家康と会見して秀吉との和睦をまとめた。これを受けて二月に秀吉は家康を「赦免」（臣従を認可）し、五月には家康の要望を受け入れて妹の朝日姫を家康に嫁がせ、羽柴家の親類とした。

また、秀吉は家康の臣従に際して、離反した信濃国衆の真田昌幸・小笠原貞慶《おがさわらさだよし》・木曾義昌《きそよしまさ》を政治的・軍事的配

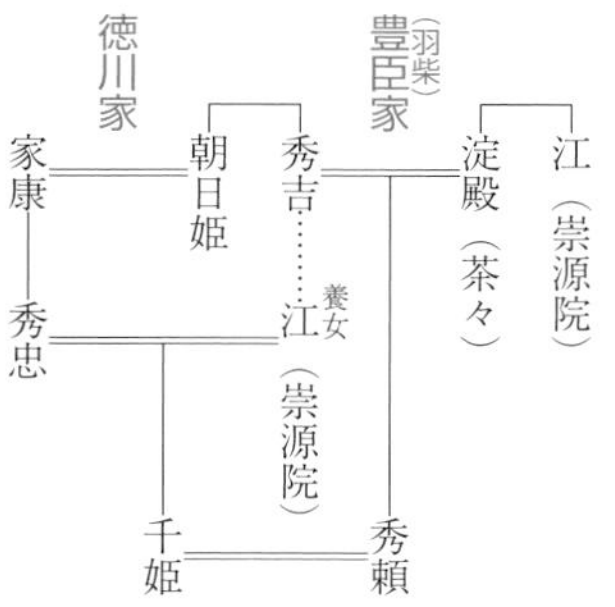

系図2　豊臣（羽柴）・徳川関係系図

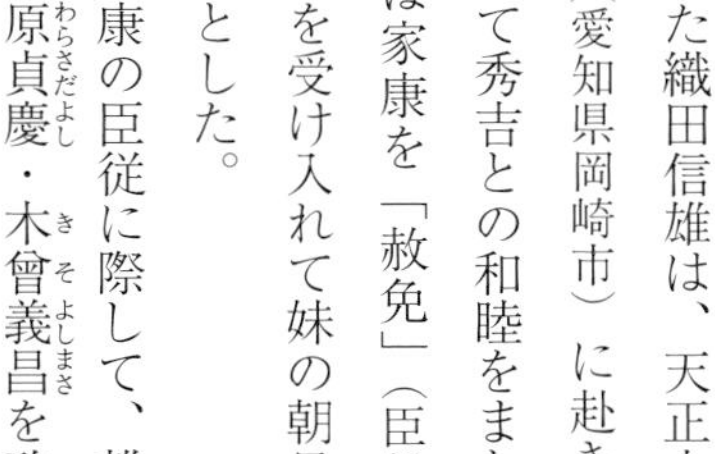
現在の岡崎城◆岡崎城は徳川家康の生誕地として知られ、天正十八年（一五九〇）に家康が関東に移るまで徳川氏が治めていた。家康の関東移封後は、秀吉の家臣・田中吉政が城主を務めた。現在の天守は昭和三十四年（一九五九）に復興されたものである　愛知県岡崎市　画像提供：岡崎市

徳川家康画像◆埼玉県行田市・忍東照宮蔵　画像提供：行田市郷土博物館

下の与力として従わせることにした。ところが、この秀吉の措置に昌幸は従わず、秀吉に人質も差し出さなかった。そこで、秀吉は家康に「真田成敗」を行うことを許し、七月に家康は「真田成敗」の準備を進める。だが八月に、秀吉に臣従を示していた上杉景勝の取り成しにより秀吉は真田氏を赦した。この結果、八月に秀吉の指示で、家康による「真田成敗」は中止された。

秀吉は家康に、十一月に正親町天皇の譲位式があるので、秀吉に家康が臣従をはっきりと示すよう一刻も早い上洛を求めた。

これを受けて九月二十六日、徳川氏は上洛を求める秀吉の使者・浅野《あさの》長吉《ながよし》（のちの長政《ながまさ》）たちを交えて岡崎城で話し合い、家康の上洛を決めた。家康は秀吉に上洛の要求に応じるにあたって、自身の身に危害を加えないよう保証を求めた。家康の求めを受け、秀吉は母の大政所《おおまんどころ》を人質に差し出すことにした。そして十月十八日、大政所は徳川方に迎えられ岡崎城に入った。

家康は大政所が人質に差し出されたことを確認して上洛し、十月二十六日には大坂に着

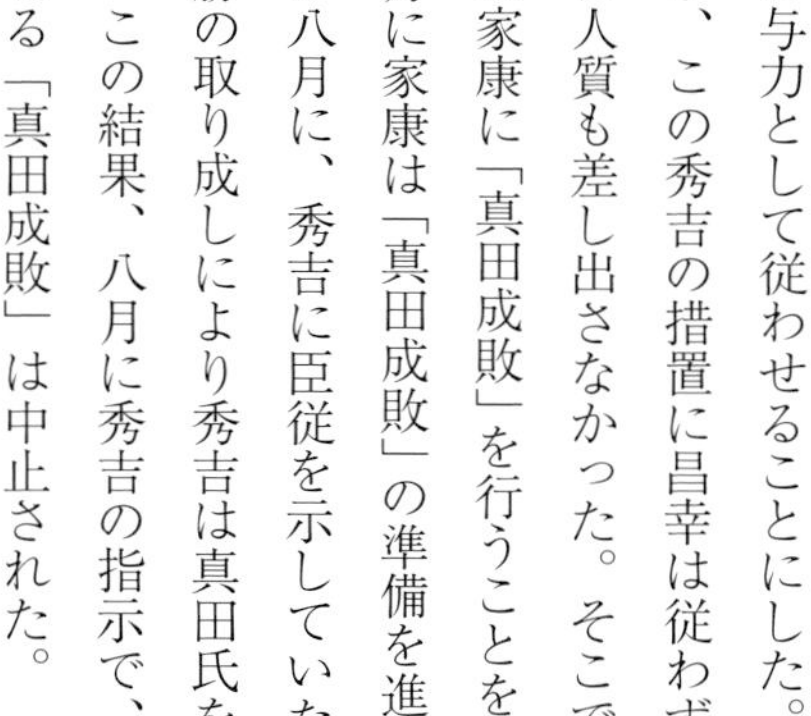

（天正十五年）二月二十四日付け徳川家康宛て豊臣秀吉直筆◆秀吉が家康に対して、「関東無事」について北条氏に伝えることや小笠原・真田両家の対処などについて指示しているものである。この頃の秀吉と家康の立場を示す貴重な文書である　美濃加茂市民ミュージアム蔵

き、秀吉の弟・秀長の屋敷を宿所とした。秀吉は着いたばかりの家康を歓迎し、その夜は宿所の秀長の屋敷を訪れて自らもてなした。翌二十七日には大坂城中で家康と正式に対面して臣従を誓わせた。ここに、徳川氏は秀吉に従う「豊臣大名《とよとみだいみょう》」となった。この後、十一月五日に秀吉は家康を従わせ参内し、家康を秀長と同位の正三位権中納言に叙任させた。そして十一月七日、正親町天皇の譲位式を催した後、翌八日に家康を帰国させた。

秀吉は、上洛を遂げた家康に改めて信濃国衆の真田・小笠原・木曾の三氏を政治的・軍事的配下の与力として認め、徳川領国の存立を保護した。そのうえで、秀吉が求める「関東・奥両国惣無事」（関東・奥羽《おうう》〔東北〕地方の統制と従属）に、徳川氏がこれまでの諸大名・国衆との通交や軍事力を駆使して尽力すること（奉公）を求めた。

ここに家康を従わせた秀吉は、自身が進める「天下一統」の実現を成し遂げるべく、「関東・奥両国惣無事」に本格的に取り組みはじめたのである。

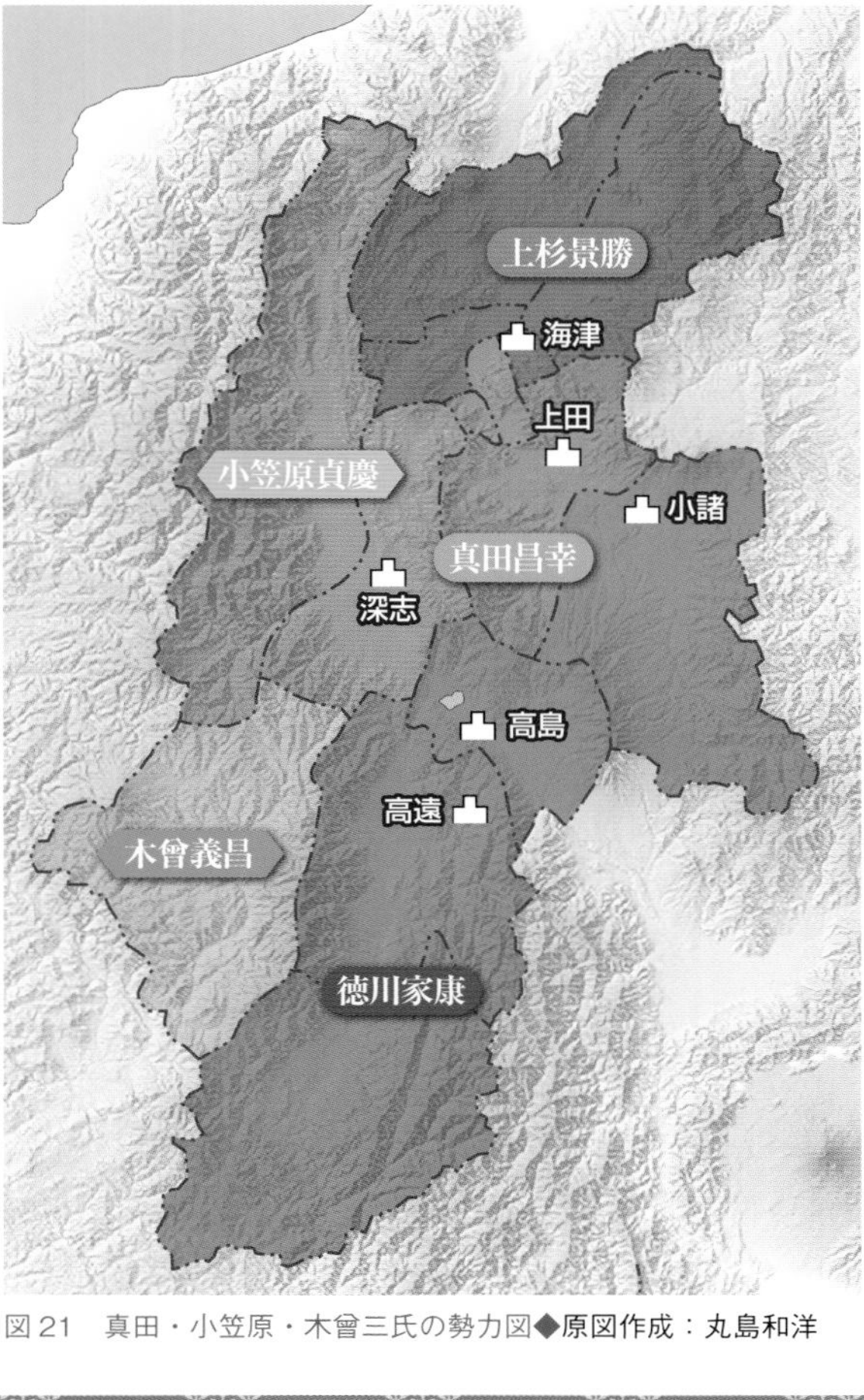

図21　真田・小笠原・木曾三氏の勢力図◆原図作成：丸島和洋

9「豊臣秀吉《とよとみひでよし》」となり、九州を平定する

天正十四年（一五八六）十一月二十五日、後陽成天皇《ごようぜいてんのう》が即位した。それにあわせて秀吉は太政大臣《だじょうだいじん》に任官し、関白職と兼官した。すでに前年九月九日付けで秀吉は朝廷に申請し、「豊臣《とよとみ》」改姓を許されていた。豊臣に改姓したのは、関白に任官した際に近衛前久の猶子となり藤原《ふじわら》姓になったが、それでは藤原一族の関白として活動しなければならなかったからである。そこで、天下人のステータスとしての関白職を羽柴家で独占すべく、朝廷に願い出て豊臣へ改姓したのであった。そしていま、秀吉は「豊臣秀吉」として太政大臣に任官したのだ。

なお、一般に秀吉は羽柴から豊臣へ改姓したとされる。しかし、これは誤りである。明治時代以前の人は、氏《うじ》と名字《みょうじ》という二つの苗字をもっており、豊臣は氏で羽柴は名字にあたる。秀吉は氏を藤原から豊臣に改めたのであって、名字は終生、弟の秀長や甥の秀次ら一族ともども羽柴を称していたようだ。武家は一般的に、織田信長（氏は平）や徳川家康（氏は源）のように、基本的に氏ではなく名字で呼ばれる。このため秀吉やその一族は、「羽柴秀吉」のように羽柴名字で記すのが正確だが、本書では秀吉やその一族を一般に知られている「豊臣秀吉」のように、豊臣として記述を進めていく。

さて、秀吉はこの後、喫緊で求められていた九州情勢への対応にあたる。本能寺の変が起きた頃、九州では豊後大友・薩摩島津・肥前龍造寺《ひぜんりゅうぞうじ》の三氏の勢力が鼎立《ていりつ》していた。

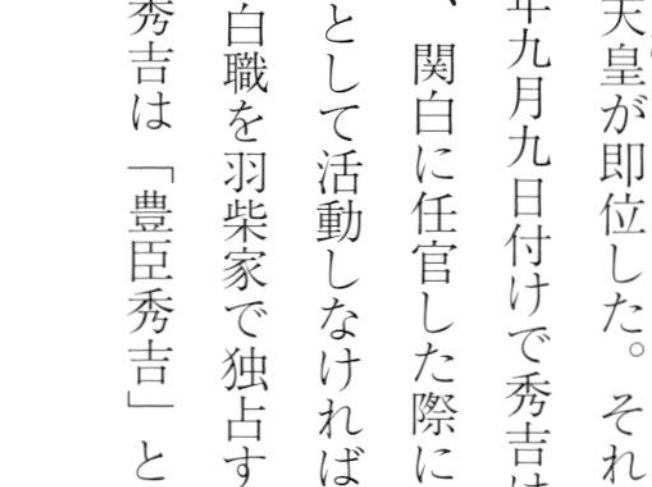

後陽成天皇画像◆天正十四年九月二十日の元服の際、冠を着ける加冠役を秀吉が務めた。また、秀吉の養女前子（近衛前久の娘）が後陽成天皇の女御（当時は正妻とほぼ同じ地位）になるなど、両者の関係は深かった　『歴代至寶帖』個人蔵

ところが、天正十二年三月に龍造寺隆信《たかのぶ》が戦死したうえ、信長の指示でなされた大友・島津両氏間の和平（「豊薩《ほうさつ》和平《わへい》」）が破れ、島津氏優勢のもとに情勢は進んでいた。

天正十三年十月、このような九州情勢に対して、秀吉は天下人として大友・島津両氏へ停戦を命じた。秀吉の停戦命令に大友氏はすぐに応じ、島津氏も翌天正十四年正月に使者をとりあえずは派遣した。そのうえで、秀吉は紛争解決の仲裁者という立場から領土裁定（国分）案を提示した。しかし裁定内容は、島津氏が優勢だった九州を豊臣氏・毛利氏・大友氏とともに領有するというものだった。この裁定案を受け入れてしまえば、島津氏は現在までに得た勢力を縮減させることになってしまう。それゆえ、島津氏は秀吉の裁定案に応じず、大友氏勢力との戦争を続行した。

これを受け、七月に秀吉は大友氏を救援するため島津氏勢力の「征伐」の意向を示し、仙石秀久《せんごくひでひさ》と長宗我部元親ら四国勢を先勢に、さらには毛利氏の軍勢にも出陣を命じる。ところが十二月十二日、仙石秀久・長宗我部元親らの軍勢は秀吉出陣まで戦闘は避けるようにという指示に背き、豊後国戸次川《へつぎがわ》（大分市）で島津軍と戦う事態となり、大敗してしまう。秀吉は仙石秀久を責任者として罰したうえで、自分の出兵前に各軍勢が勝手な行為に及ばぬよう改めて指示した。そのうえで天正十五年正月二十五日に宇喜多秀家、二月十日には弟の秀長らの軍勢を遣わし、三月一日には秀吉自身も九州へ向けて出陣した。

三月二十八日、豊前国小倉《こくら》（福岡県北九州市）に着いた秀吉は、四月になるとまず敵対の意を示した筑前《ちくぜん》国（福岡県西部）の国衆《くにしゅう》・秋月《あきづき》氏の攻略を始める。秀吉の軍勢による攻

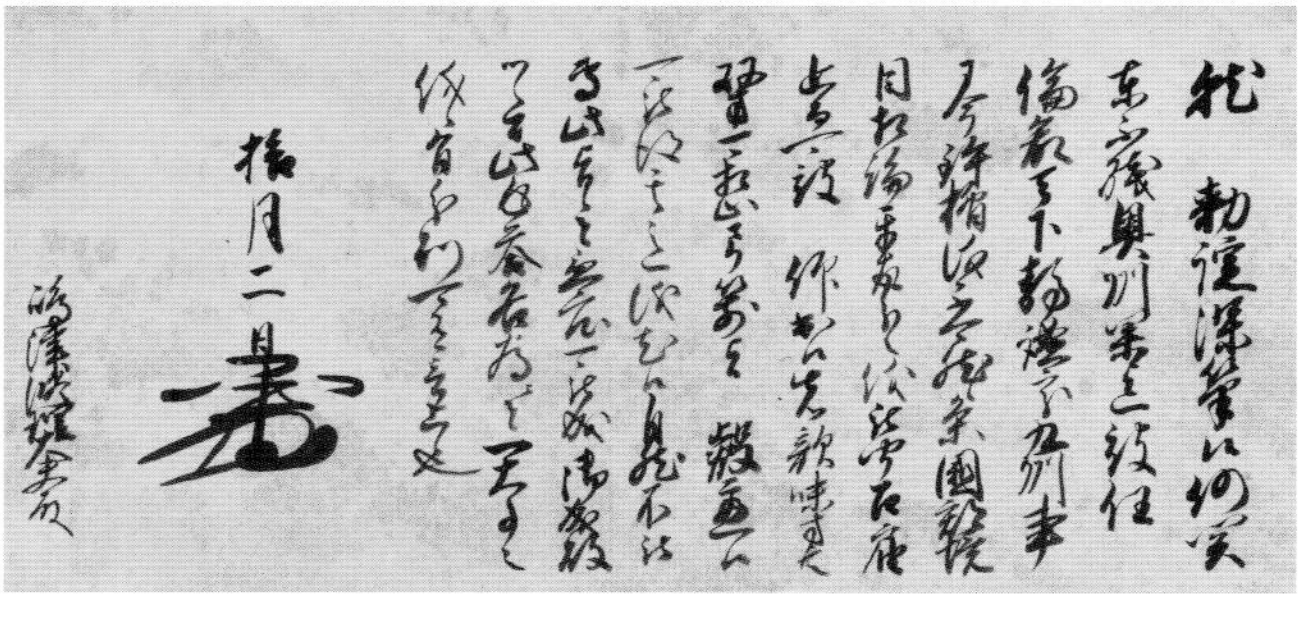

（天正十三年）十月二日付け羽柴秀吉直書◆島津家当主の義久に宛て、九州で続く領土紛争を秀吉が裁定するので、まずは島津・大友双方の争いをやめるよう命じている　東京大学史料編纂所蔵島津家文書

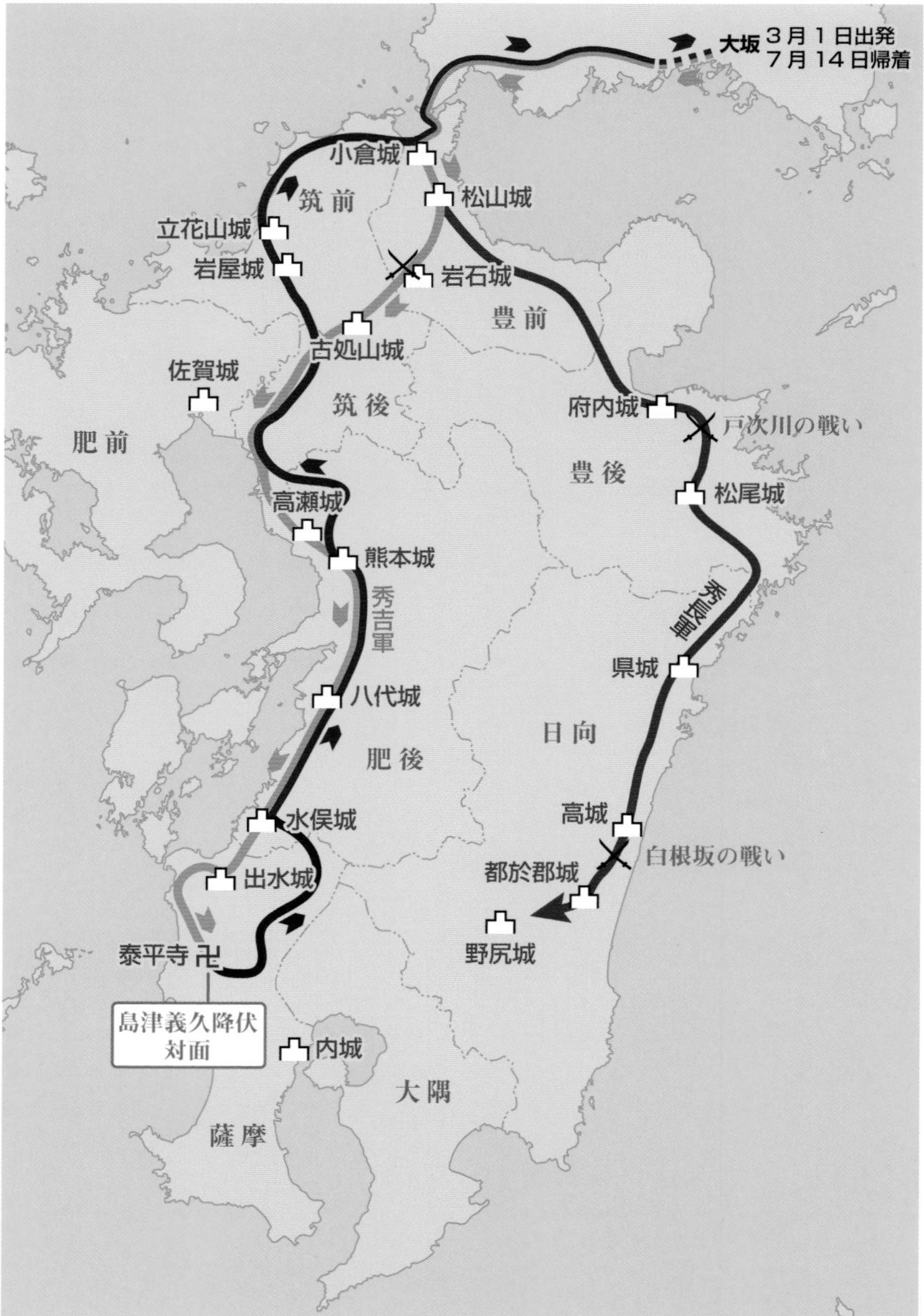

図22　当時の九州勢力図と秀吉の進軍経路◆『秀吉が八代にやってきた』（八代市立博物館未来の森ミュージアム、2013年）掲載の図をもとに作成

撃を受け、秋月種実《たねざね》は降伏、その後は肥後国《ひご》（熊本県）の島津氏勢力を鎮めたうえで薩摩方面に進軍した。一方、豊後方面からは秀長らの軍勢が日向《ひゅうが》国（宮崎県）へと侵攻した。

二〇万人にもおよぶ豊臣軍の二方面からの攻勢に、四月二十二日、島津家重臣の伊集院忠棟《いじゅういんただむね》は秀長の陣所へ使者として赴き、島津氏の降伏を願い出る。五月三日、薩摩国川内《せんだい》（鹿児島県川内市）の泰平寺《たいへいじ》に着陣した秀吉は、八日に出家姿で降伏を示した島津義久《よしひさ》に対面して赦免した。

島津氏勢力の従属を見届けて、六月七日に筑前国博多《はかた》（福岡市博多区）に入った秀吉は、しばらく滞在して今後の九州統治のための処理を行った後、七月十四日に摂津大坂城に帰った。この九州平定によって、西国の諸大名・国衆はいずれも天下人秀吉に従う豊臣大名・小名《しょうみょう》となり、ここに西日本の統合が果たされたのである。

華文刺縫陣羽織◆秀吉の九州出兵の際に、秋月攻略の恩賞として当時の大隈町が秀吉自身から賜ったとされる。恩賞が個人宛てではなく、「町」という点が珍しい。全体の模様の特徴からインド西端のイスラム圏で製作された可能性が高く、南蛮貿易によってもたらされたものを秀吉の好みに応じて仕上げたといわれている　上町区・五日町区・三日町区蔵　画像提供：嘉麻市教育委員会

コラム

訴訟社会を進展させた“刀狩り”

刀狩りは、秀吉が民衆（百姓）から刀・弓・鑓・鉄砲などの武器を取り上げた政策として一般には知られる。そのため、太閤検地《たいこうけんち》とともに支配する者と支配される者とが分けられ、身分確定や武士の城下町集住を促した政策といわれている。

ところが、実際のところ秀吉の時代はおろか江戸時代でも、農村は治安維持や害獣駆除のため武器を所持し続けていた。また、百姓であっても祝い事や外出などの際、帯刀していたことがわかっている。

では、刀狩りはどのような政策だったのだろうか。改めてその意図するところを探っていくと、どうやら武器の没収ではなく武器を使った実力行使の規制にこそ重点があったようだ。この時代、人びとは自らの名誉や権利を侵された際、相手に同等の損害を与える報復を行った。しかもそれは、当事者と関わりを持つ集団のもとで日常的に所持している武器を使用して行われた。この紛争のなかで多くの人命が失われたため、その横行は社会問題化していた。

そこで、戦国大名は領国安全の務めから問題解決に取り組んでいく。さらに武器使用による実力行使の凍結を求めた「喧嘩《けんか》停《ちょう》止《じ》」というルールのもとで、統制を進めていったのが秀吉であった。

刀狩りは、この「喧嘩停止」との関連で行われた政策だった。これによって、武器を用いた紛争は禁じられ、日常的な帯刀は限られた身分標識となり、争いごとは裁判で解決する訴訟社会が進展していく。（柴）

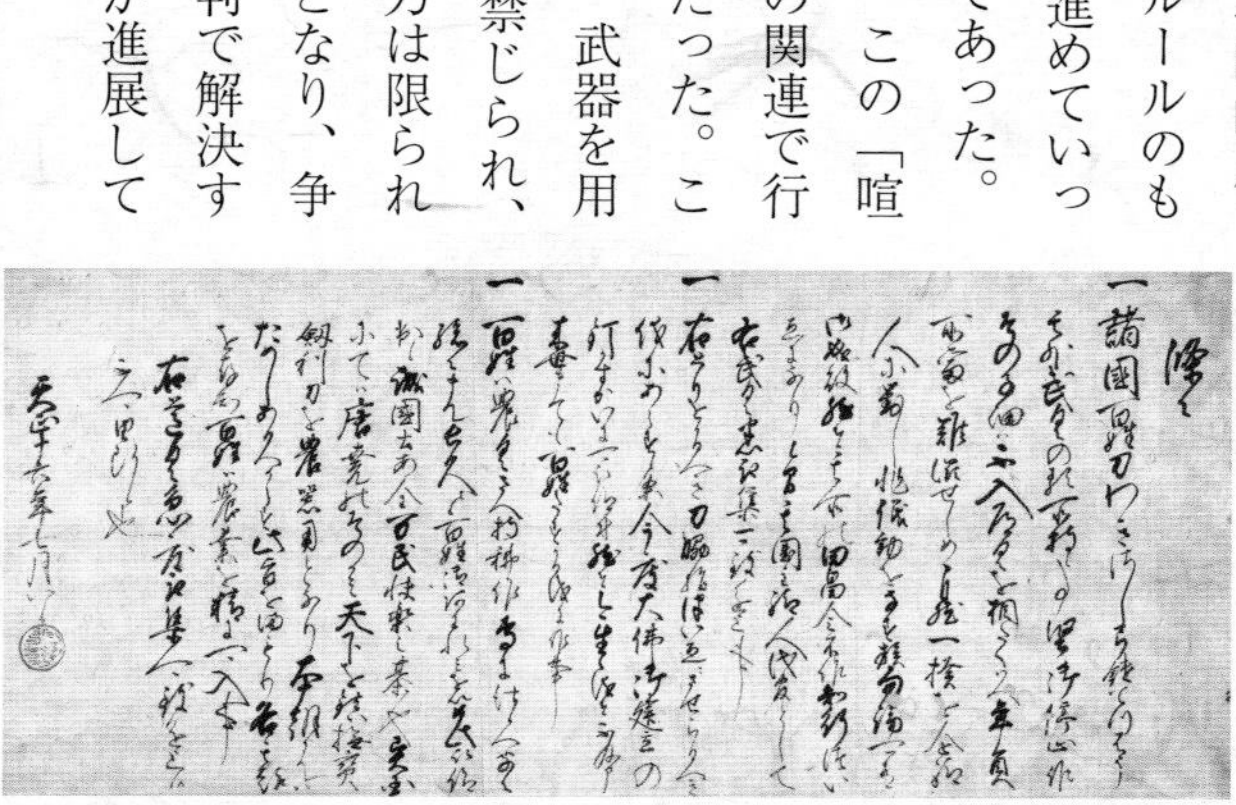

豊臣秀吉刀狩条目（部分）◆刀狩りは「国土安全・万民快楽」のもととなる政策だと主張する　大阪城天守閣蔵

第四章　全国統一、そして朝鮮出兵へ

黄金の茶室（原寸大推定復元模型）◆秀吉を象徴するものの一つが「黄金」である。「黄金」は権力や富の象徴であった　大阪城天守閣蔵

1 聚楽第行幸《じゅらくていぎょうこう》を実現、比類《ひるい》なき君主となる

天正十五年（一五八七）五月に九州を平定し、西国を勢力下とした秀吉だったが、七月に畿内に戻ってほどなく、肥後国で大名・佐々成政の施政をめぐり、これと対立した領主と民衆が「一揆」として結束し蜂起した。一揆の蜂起は肥後国にとどまらず、周辺にも広がっていき、九州の統治を動揺させた。

この事態に秀吉は、安芸毛利氏と筑前小早川隆景・肥前龍造寺氏・筑後立花《たちばな》氏ら九州の諸大名・小名に命じて一揆の鎮圧を進めた結果、十二月には肥後国一揆の鎮圧を遂げる。鎮圧後には、浅野長吉・黒田孝高・加藤清正・小西行長らを「上使《じょうし》」（秀吉の意向伝達・執行者）として遣わし、戦後処理を行った。そして翌天正十六年閏五月十四日、摂津国尼崎に幽閉されていた佐々成政を肥後国一揆勃発の責任により自刃させることで、解決とした。

肥後国一揆の対応にあたる一方で、秀吉が進めていたのが後陽成天皇を京都の聚楽第《じゅらくてい》に迎える「聚楽第行幸《ぎょうこう》」だった。聚楽第とは、かつて平安京《へいあんきょう》の大内裏《だいだいり》があった京都内野《うちの》（京都市上京区）に設けられた天下人の関白秀吉の政庁である。天正十四年二月に建造が始まり、その完成を受け、翌天正十五年九月十三日に秀吉は大政所や北政所らとともに入った。そして秀吉は、この政庁・聚楽第に後陽成天皇の行幸をたまわるという一大セレモニーを通じて、天皇と、それを庇護し執政を掌《つかさど》る天下人豊臣氏（羽柴家）との関係を世に改め

佐々成政画像◆成政は信長に仕えていたときから名将の呼び声が高かった武将であり、秀吉もそれを認めて重用し、肥後国を与えたといわれている。肖像画を所蔵する法園寺は成政の菩提を弔った寺院で、成政の墓所もある　兵庫県尼崎市・法園寺蔵
画像提供：尼崎市教育委員会

て確認させ、秀吉の時代を認識させようと図ったのだ。

聚楽第行幸は、天正十六年四月十四日から五日間にわたり行われた。まず、天皇御所へ秀吉が迎えに行き、鳳輦《ほうれん》に乗る後陽成天皇とその側で輿に乗る女房・摂関家や近臣らの前後を、公家と高い官位にある織田信雄・徳川家康・豊臣秀長・豊臣秀次・宇喜多秀家が行列を組み、聚楽第に向かって行進した。その後に秀吉自身も、増田長盛《ましたながもり》や石田三成《いしだみつなり》らの直《じき》臣《しん》や前田利家《まえだとしいえ》・池田照政《いけだてるまさ》（のち輝政《てるまさ》）たちを随従させて行進した。秀吉の行進が始まったときには、後陽成天皇はすでに聚楽第に到着していたといわれる、公武大人数で行われた大行進だったようだ。

翌日、秀吉は京都で徴収した銀貨《ぎんか》・銭貨《せんか》五五三〇両を聚楽第で天皇に進上し、また、公家や門跡《もんぜき》寺院の住持には近江国高島郡《たかしま》（滋賀県高島市）内で八〇〇〇石の所領を配分して与え、朝廷への忠勤を求めた。さらに、織田信雄・徳川家康ら大名たちには後陽成天皇の前で秀吉への忠誠を誓約させた。このとき彼らが書いた起請文《きしょうもん》（誓約書）に注目すると、織田信雄が「平信雄」、徳川家康が「源家康」、長宗我部元親が「秦《はた》元親」と署名しているのがみられる。

一方、宇喜多秀家・前田利家・大友吉統《よしむね》（義統）・池田照政・丹羽長重《ながしげ》（長秀の後継）・長岡（細川）忠興・蒲生氏郷《がもううじさと》たちは「豊臣」姓でみられる。織田氏が平姓、徳川氏が源姓などを名乗ることを許されたのは、こうした他姓を従えた豊臣姓の優越性を示そうとする秀吉の意図によるのだろう。なお、この行幸以後、秀吉に従属した諸大名・小名には羽柴名字・

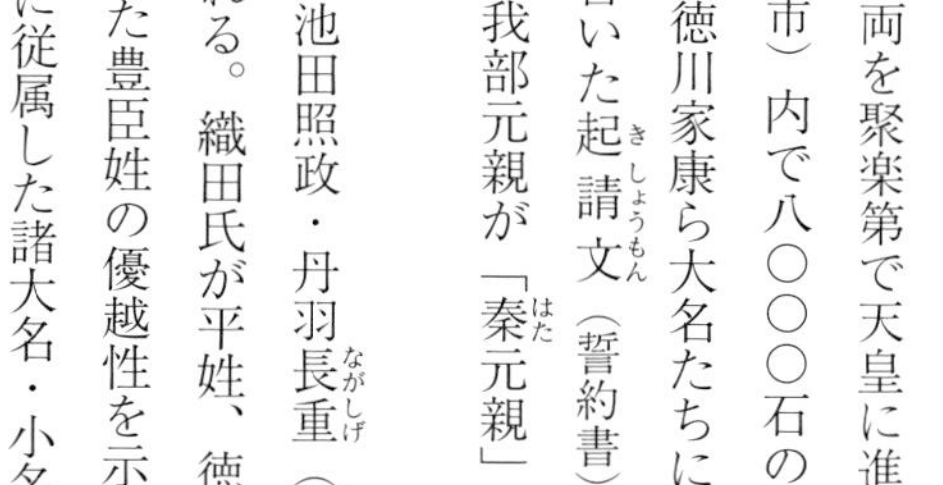

聚楽行幸記（部分）◆「聚楽第行幸」を詳しく記したもので、行幸そのものの記事だけではなく、豊臣政権の構成や政策、当時の貴族の風俗・生活なども知ることができる。掲げた箇所は秀吉への忠誠を誓った起請文の部分である　国立公文書館蔵

豊臣姓の授与が進められ、彼らは秀吉のもとで羽柴名字・豊臣姓を名乗るようになっていく。

また、この行幸の際には、「清《せい》華成《がなり》」を遂げた秀吉の弟秀長・甥秀次、旧主の織田信雄、親類の徳川家康（妹朝日姫の婿）、宇喜多秀家（養女豪姫《ごうひめ》の婿）が行事を通じて、その立場を確認された。清華とは摂関家に次ぐ太政大臣を極官《ごっかん》とする公家の家格で、前記の諸氏のほか、行幸後に越後上杉氏と安芸毛利氏、のちに加賀前田・筑前小早川両氏が加わる。

このように、秀吉は官位や公家の家格を用いて、従一位関白太政大臣にある自身の下に諸大名・小名を序列化して配し、国内を統《す》べ

聚楽第行幸図屏風（部分）◆写真上は後陽成天皇が乗る鳳輦が聚楽第に到着した場面を描く。写真下は行列を待ち構える聚楽第内部の人びとを描く。建物の外側で画像右側に描かれているのは食物を運ぶ振売の商人である。本図は江戸時代に狩野派の絵師が描いたものだろうと考えられている
堺市博物館蔵

て運営する「豊臣政権《とよとみせいけん》」を展開していった。

そして、聚楽第行幸という一大セレモニーは、この豊臣政権の存在を世間に示し、その主宰者が秀吉であることを改めて認識させる機会となったのだった。

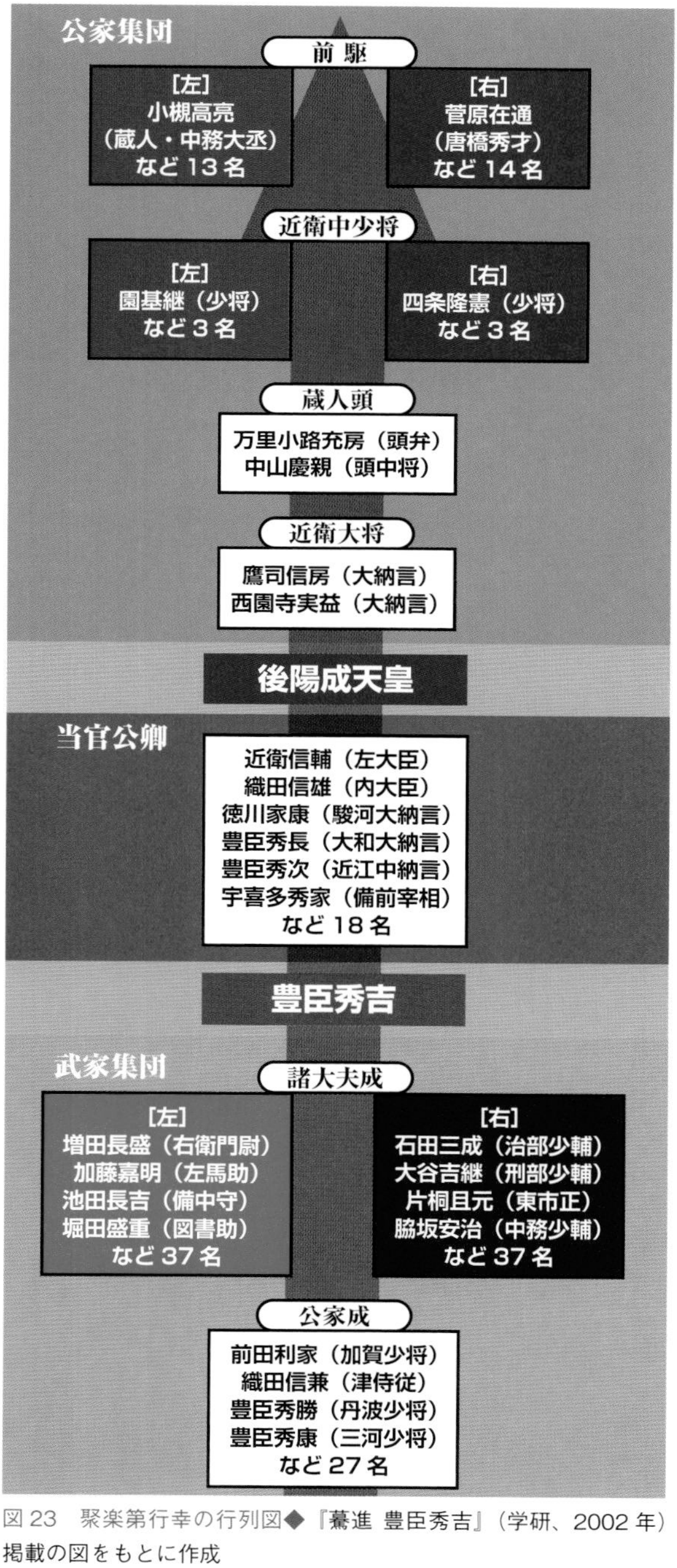

図 23　聚楽第行幸の行列図◆『驀進 豊臣秀吉』（学研、2002 年）掲載の図をもとに作成

2 京都を改造し、一大都市とする

聚楽第行幸にかかわり、年代の前後はあるが、ここで秀吉の「京都改造」について触れておこう。京都は天下人にとって、中央統治の主宰者として、朝廷や寺社を庇護し安泰の維持に努めなければならない首都であった。そこで、天下人秀吉は聚楽第の建設以降、京都の街並みにも手をいれていく。主に、町割《まちわり》の見直し、武家町・公家町・寺院町の形成、御土居《おどい》の築造の三点である。

一点目の町割りの見直し以前の京都は平安京以来、一辺が一町（約一二〇メートル）の正方形の町割で、いわゆる碁盤目《ごばんめ》状の町割であった。しかし、正方形の町割だと道路に面して家屋敷を建てた場合、正方形の真ん中部分が空き地になってしまう状態となる。そこで秀吉は、東西半町×南北一町という長方形の町割に改めた。新たな町割によって土地の有効活用をはかり、この町割は現代につながるものとなっている。

二点目は、武家・公家・寺院それぞれの屋敷の築造や移転である。武家町は聚楽第周辺に建てられた大名屋敷のことである。秀吉は諸大名・小名に女中衆（妻女ら）の在京を命じ、京都の屋敷に住まわせた。天正十七年（一五八九）には内裏の修築（築造）が行われ、その周辺に公家が住む屋敷が置かれた。寺院町は寺院を移転し、一定地区に集中させて形成された。寺院町が形成された理由は諸説あるが、宗教統制の一環ではないかともいわれている。

現在の三条大橋と擬宝珠◆「京都改造」の時期に秀吉が架けた三条大橋の擬宝珠銘によると、日本における石柱のはじまりであり、後代まで行き来する人の救済をするとある。当時の記録によれば、秀吉が出陣時に渡るまでは誰も渡ってはいけないともあり、三条大橋は来たる相模北条氏攻めに向かうデモンストレーションの場として利用されたとも考えられている　京都市東山区

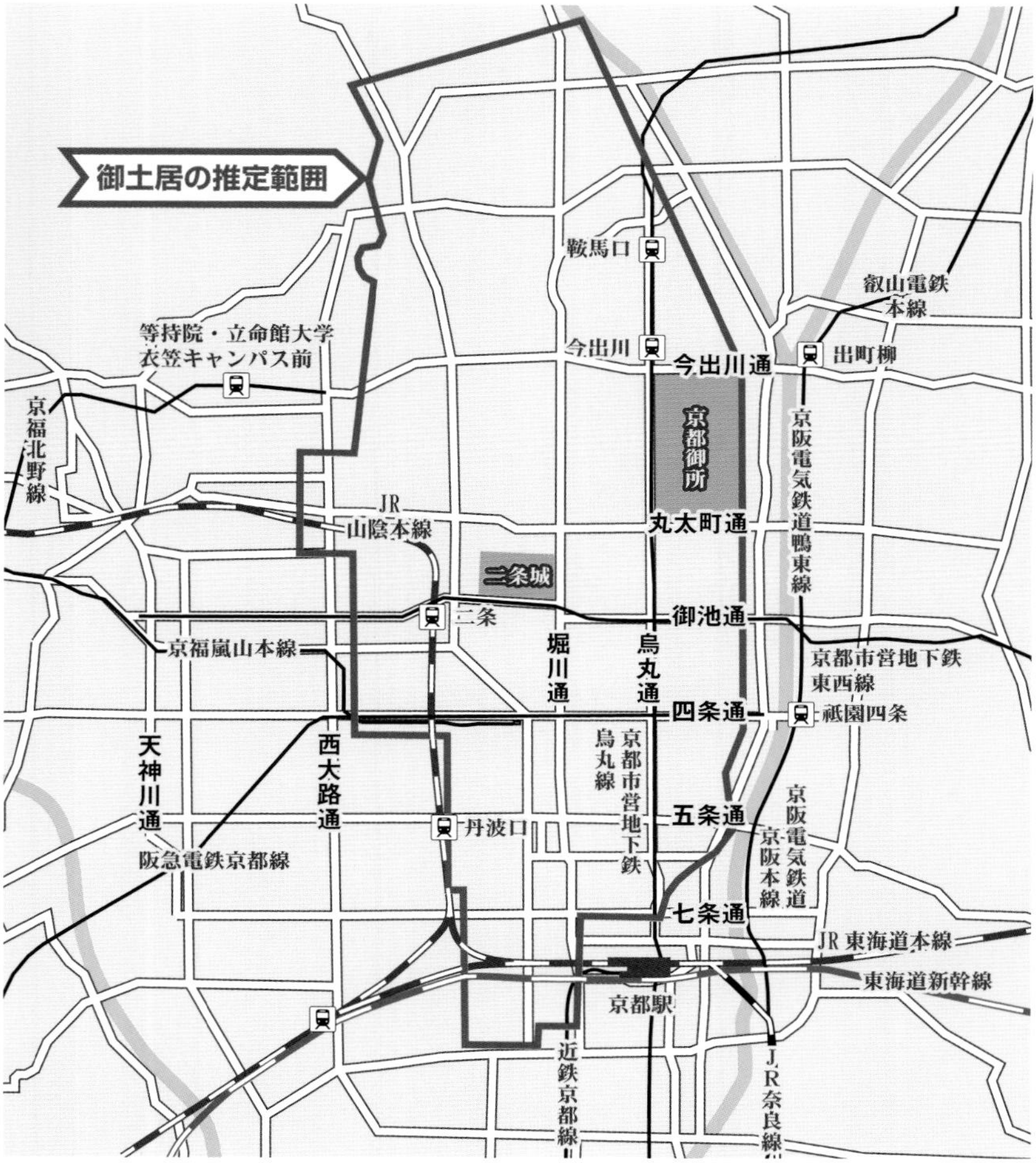

図24　御土居の推定範囲図◆『中村武生とあるく洛中洛外』（京都新聞出版センター、2010年）掲載の図などを参照して作成

大宮御土居◆いくつかか現存する御土居のなかでも保存状態が良く、どれくらいの規模だったのかがよくわかる　京都市北区

三点目の御土居は、東は鴨川《かもがわ》、西は紙屋川《かみやがわ》、南は九条通《くじょうどおり》、北は鷹峯《たかがみね》・紫竹《しちく》をおおよその範囲とする全長二二・五キロメートルにおよぶ土塁のことで、土塁の外側には土塁を築くために掘られた堀があることから、御土居堀とも呼ばれる。御土居は天正十九年閏正月に工事が開始され、翌二月には大方できあがるという急ピッチで進められたものであった。そのため、諸大名・小名や京都の寺社などには人足の供出が求められ、多くの労働力が投入されたようだ。御土居の築造目的は、外敵の侵入を防ぐ軍事的な意味があるという説もあるが、鴨川など河川の氾濫による洪水から市街地を守るという目的もあったといわれている。

「京都改造」は、町や人がときに混乱するほど大規模かつ短期間で行われた。だが、改造後には秀吉は、洛中の町々に地子銭《じしせん》（町人に賦課された土地の租税）を免除したり、洛中洛外で検地を行うなど繁栄に努めた。

このように秀吉は、聚楽第の建造と行幸を皮切りに京都の改造を行い、天下人秀吉のもとでの「平和」（安泰）を謳歌《おうか》させた。そのうえで、まだ成し遂げていない国内諸勢力の統合＝「天下一統」の実現により一層取り組んでいったのだ。

鷹峯御土居◆御土居は外敵の襲来に備える防塁と鴨川の氾濫から街を守る堤防という役割を担うため築造された。この鷹峯の御土居は全体のうち北西隅にあたる　京都市北区

3 関東最大の大名、北条《ほうじょう》氏と対峙する

聚楽第行幸が終わり、天下人秀吉が次に取り組むべき最優先の課題は、「天下一統」を実現させるために「関東・奥両国惣無事」を成し遂げることだった。だが、このとき関東最大の大名であった相模北条氏は、秀吉が徳川家康を通じて要求した、小牧・長久手の戦い以来の敵対を解消して秀吉に臣従することに応じようとしなかった。

北条氏が示した不臣従の姿勢に対して、天正十六年（一五八八）五月二十一日、家康は北条氏政《うじまさ》・氏直《うじなお》父子へ起請文を遣わした。そこでは、秀吉に臣従を示して「兄弟衆《きょうだいしゅう》」を上洛させるよう促し、応じないのであれば当主の氏直に嫁いだ娘の督姫《とくひめ》を返してもらい、北条氏との同盟を破棄するという「最後通告」が行われた。北条氏にとって徳川氏との同盟関係が絶たれてしまえば、孤立して秀吉の襲来に備えなければならないという危機的事態に追いやられる。そこで閏五月、北条氏は態度を改め、秀吉に従うことにした。

北条氏は八月に氏直の叔父・氏規《うじのり》を上洛させて、同月二十二日に京都聚楽第で諸大名や公家が列するなか、秀吉へ臣従の意を示した。ここに、北条氏は豊臣政権に従う大名となったのである。これを受け、秀吉はすでに臣従の意を示していた常陸佐竹氏ら北関東の大名や国衆にも、上洛の指示と各勢力範囲の確定を行うことを伝え、関東は豊臣政権の「惣無事」のもとに置かれる状況となっていく。

こうしたなかで政治的解決が求められたのが、北条氏と信濃真田氏との間で係争となっ

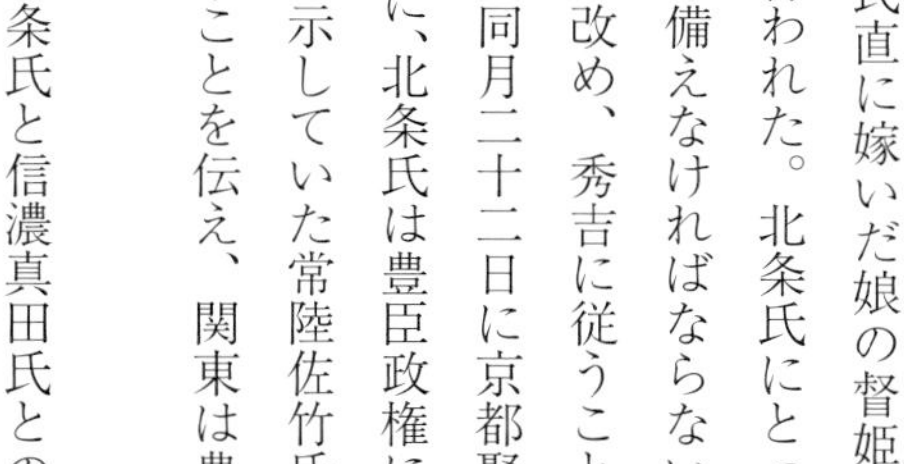

『絵本太閤記』に描かれた秀吉と北条氏規対面の場面◆氏規は北条方の外交渉窓口となり、秀吉や家康との外交で活躍した。氏規は秀吉との対面を通じ、最後まで開戦を避けるよう氏政に進言した人物でもあった　当社蔵

北条氏政
├氏親（氏政兄・早世）
├氏照
├氏規――氏盛
├氏邦
├三郎（上杉景虎）
├氏忠
├氏光
├早川殿
├浄光院殿
└桂林院殿

氏政――氏直（母黄梅院殿）
　　　＝督姫（のち、池田輝政室）――徳川家康
氏直――摩尼珠院殿
　　├池田利隆室
　　└氏盛（実北条氏規男）

系図３　北条・徳川関係系図

ていた上野《こうずけ》国沼田《ぬまた》・吾妻《あがつま》両領（群馬県沼田市ほか北部地域）の領有問題だった。沼田・吾妻両領は甲斐武田氏のときから真田氏の支配する地域であった。しかし、天正十年十月に徳川・北条両氏が和睦し、その際に結ばれた領土配分の取り決め（国分《くにわけ》）の交渉で、北条氏に割譲されることが取り決められたのを発端に係争問題となっていた。なぜなら、真田氏にとっては徳川・北条両氏の勝手な領土割譲の取り決めであり、とうてい受け入れがたかったからだ。

　このため、真田昌幸は北条氏と交戦の意向を示すとともに、当時従属していた徳川氏から離反した結果起きたのが、天正十三年閏八月の第一次上田合戦だった。家康はこの戦いに敗れ、そのうえ領国の動揺や秀吉の襲来がさしせまるという危機的な状況に追い込まれ、その事態解決のため秀吉に従う道を選んだ。これによって、徳川氏は秀吉の政治的・軍事的保護を得た豊臣大名となり、さらには秀吉の差配で真田氏を徳川麾下の与力小名とした。そして天正十六年八月に北条氏が秀吉に従うことになり、「関東・奥両国惣無事」の達成に向けて、沼田・吾妻両領の領有問題の政治的解決が取り図られたのである。

岩櫃山からの眺望◆吾妻領のなかでも重要な真田氏の拠点であった岩櫃城はこの山の中腹にあった。真田氏と北条氏の関係を落ち着かせることは秀吉にとって懸案事項になっていた　群馬県東吾妻町

秀吉は解決のために、翌天正十七年二月に北条氏の使者として派遣された板部《いたべ》岡江雪斎《おかこうせつさい》から徳川氏との国分交渉の内容と経緯を聴聞したうえで、北条家の最高主導者である北条氏政の上洛・出仕という条件と引き替えに裁定を下した。その内容は、沼田・吾妻両領のうち三分の二にあたる地域と沼田城を北条氏の領有とし、三分の一を真田氏に残すというもので、沼田城が属する上野国利根《とね》郡（沼田領）の過半を北条氏、そのほか吾妻郡（吾妻領）を含めて真田氏の領土と定めた。さらに秀吉は家康に、真田氏へ割譲分の代替地《だいたいち》を渡すよう指示した。家康はこれを受け、真田氏には信濃国伊那《いな》郡（長野県南部）で代替地を与えた。

そして七月、秀吉の裁定を実施するため、家臣の津《つ》田盛月《だもりあき》・富田《とみた》一白《いっぱく》の両人を上使として沼田に派遣し、二十一日に沼田城は北条氏に渡された。こうして沼田・吾妻両領の領有問題は解決し、あとは年内の北条氏政の上洛・出仕が待たれるのみとなった。

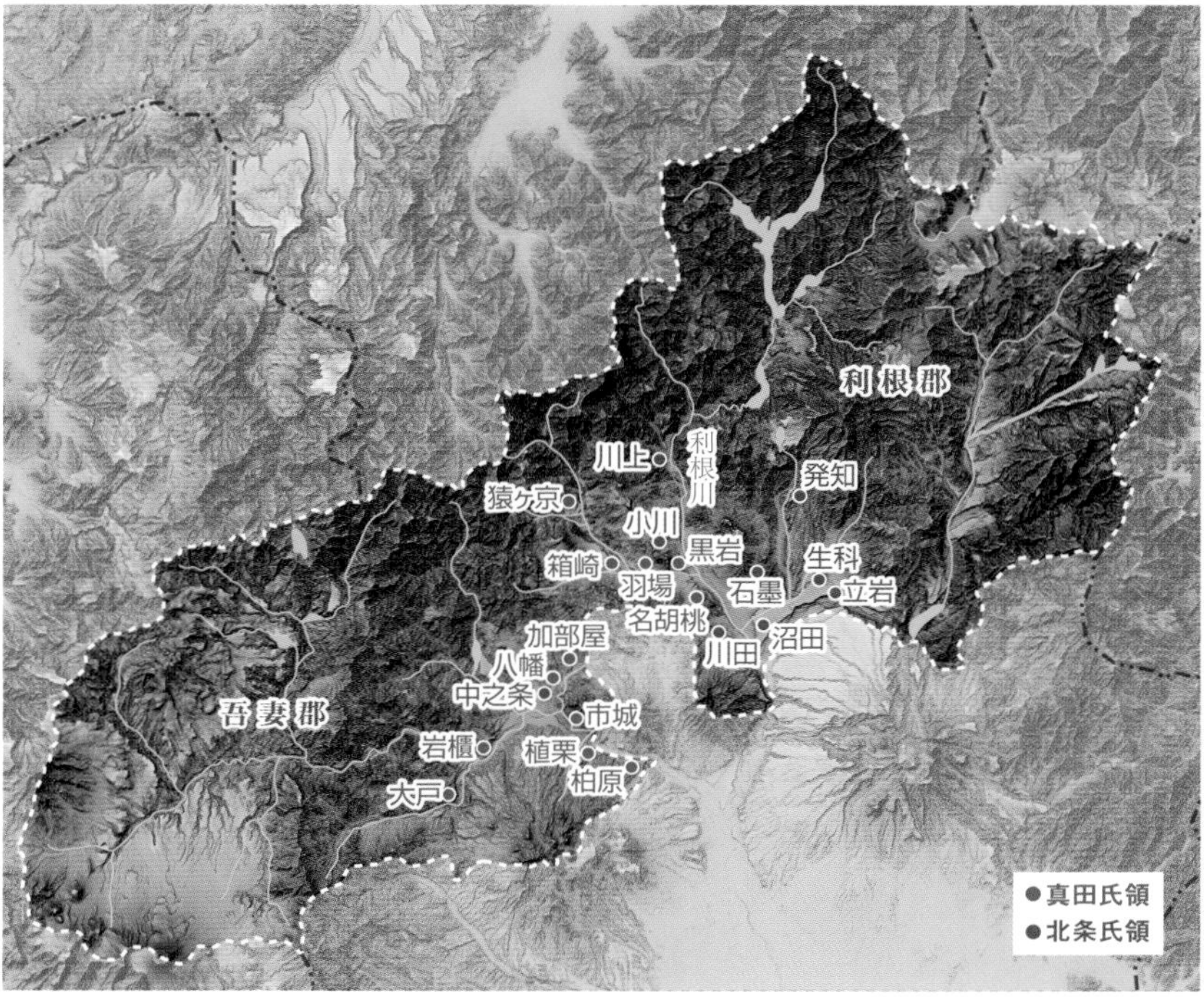

図25　上野国沼田・吾妻両領の分割図◆原図作成：丸島和洋

4 大軍勢の小田原攻めで、北条氏が滅ぶ

天正十七年（一五八九）七月、秀吉は懸案であった上野国沼田・吾妻両領の領有問題を解決し、年内の北条氏政の上洛・出仕を待つばかりであった。ところが十一月三日、相模北条家の家臣で上野沼田城の城将を務めていた猪俣邦憲《いのまたくにのり》が、沼田領内で信濃真田氏に残されていた上野名胡桃《なぐるみ》城（群馬県みなかみ町）を奪い取ってしまった。

秀吉は氏政の上洛・出仕を待ちかねていたところに名胡桃城奪取を聞き、北条氏とのこれまでの経緯をふまえて、十一月二十四日に「征伐《せいばつ》」の意向を示した。そして秀吉は、北条氏に「征伐」の意向を伝えると同時に、名胡桃城奪取についての弁明と一刻も早く氏政を上洛・出仕させるよう「最後通告」を行った。これに対して北条氏は秀吉に弁解を続け、姻戚関係にある徳川家康には秀吉への取り成しを頼むばかりだった。北条氏のこの態度を受けて十二月、秀吉は北条氏への軍事討伐を決める。こうして事態は、北条氏との戦争＝「小田原合戦」へと向かうこととなる。

秀吉は小田原合戦に際し、諸大名・小名に所領の石高《こくだか》（米の容量で表した基準値）一〇〇石につき五人の割合で軍勢を出すよう命じ、家康を先陣として一九万人余におよぶ水陸の豊臣軍を編制し、出陣を命じた。家康が先陣となったのは、秀吉が進めている「関東・奥両国惣無事」に支障が生じた場合、真っ先に軍事的解決に努めることが豊臣政権下の徳川氏の役割として求められたからであった。秀吉のこの指示を受け、家康は翌天正十八年二

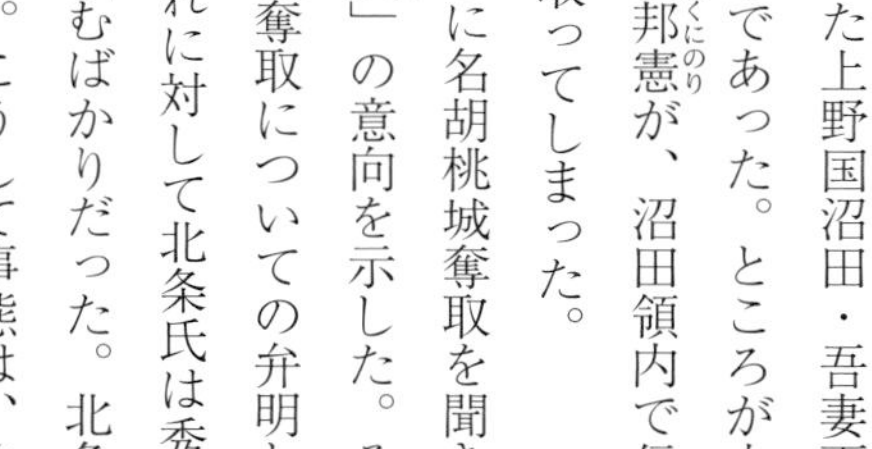

小田原城跡の小峯御鐘ノ台大堀切東堀◆北条氏は秀吉の襲来に備えて小田原城と城下を囲う周囲約九キロメートルに及ぶ大規模な空堀と土塁を築いた。惣構と呼ばれ、遺構もよく残る。小峯御鐘ノ台大堀切東堀はもっともよく遺構が残り、堀の幅二〇～三〇メートル、深さは土塁の頂上から約一二メートルと大規模なものである　神奈川県小田原市

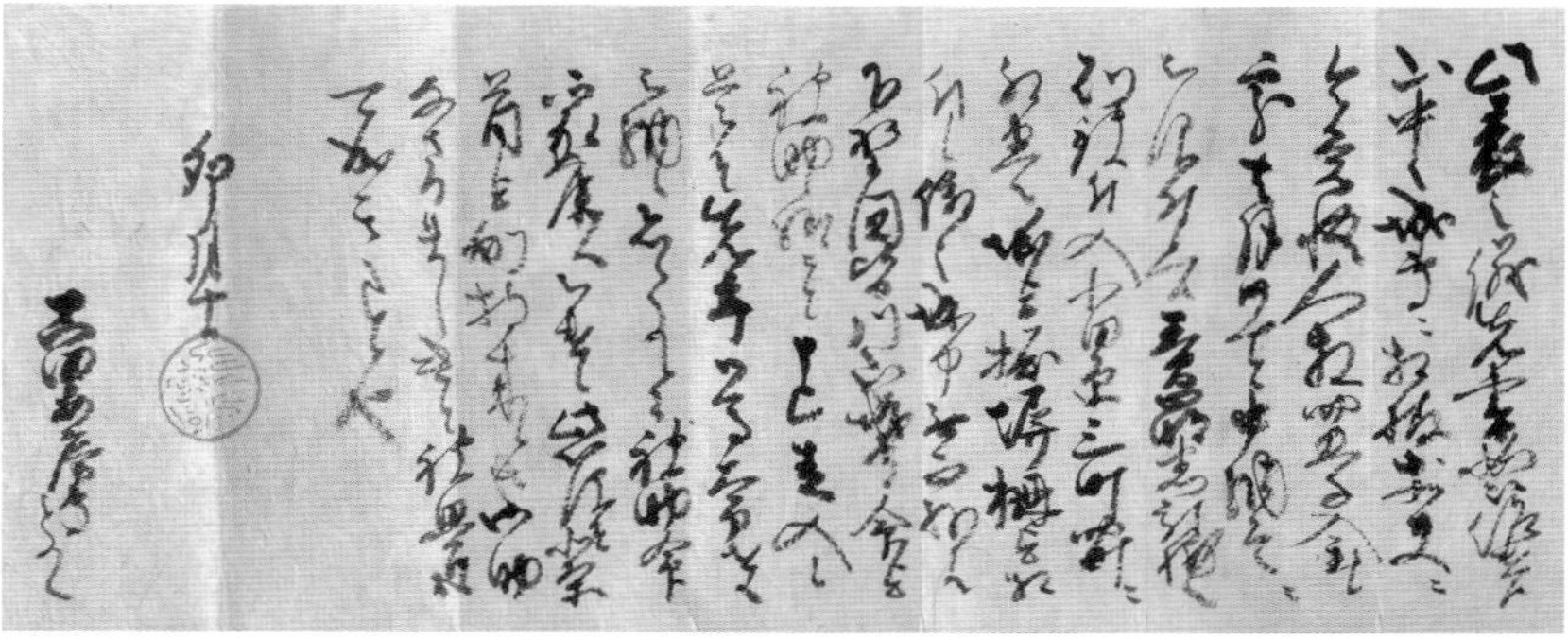

（天正18年）4月10日付け豊臣秀吉書状◆秀吉が真田昌幸に対して、伊豆山中城を落としたことや小田原に着陣したことなどを伝える。また、投降してきた下野国衆の皆川広照を助命して家康に預けたが、今後は北条の首を刎ねて持ってきても許さないと強い決意も述べる　真田宝物館蔵

月十日に出陣する。また、居城の駿河駿府《すんぷ》城（静岡市葵区）ほか東海道上の領国内の諸城を後続の豊臣軍に明け渡し、北条領国へ進軍した。

秀吉襲来がさしせまる事態に、北条氏は前年十二月から領国内の防備を固めていった。そして居城の相模小田原城（神奈川県小田原市）に、従属国衆を含む諸軍勢を結集させ、豊臣軍との決戦に備えた。

三月一日、京都を出発した秀吉は十九日に駿府城に入る。同月二十七日、秀吉は駿河国沼津《ぬまづ》（静岡県沼津市）へ進軍し、二十九日には豊臣秀次を大将に、北条方の要衝・伊豆山中《いずやまなか》城（静岡県三島市）を攻め落とした。その後、豊臣軍は小田原へ進軍し、四月には小田原城を大軍勢で水陸から包囲する。

一方、東山道《とうさんどう》方面からは上杉景勝や前田利家が率いる三万五〇〇〇人の北陸・信濃勢が上野国の北条方諸城を攻略して武蔵《むさし》国（東京都・埼玉県）

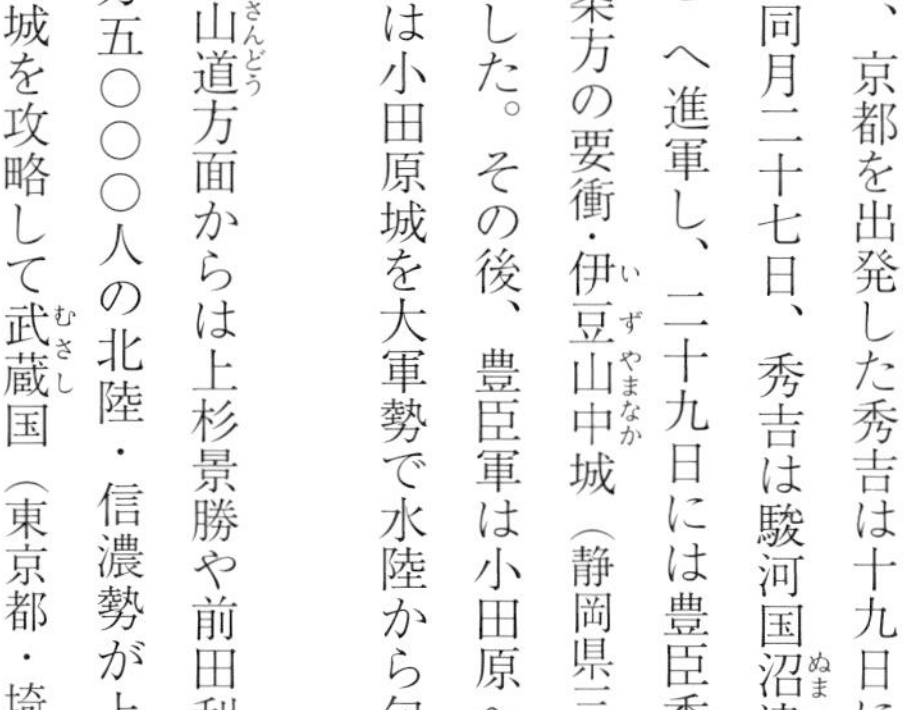

逆井城跡の復元櫓◆逆井城は北条氏の支城で、北関東攻めの拠点であった。豊臣勢の攻撃によって北条方の城はつぎつぎに落とされていった。逆井城では櫓等が復元され、戦国時代の雰囲気を感じることができる　茨城県坂東市

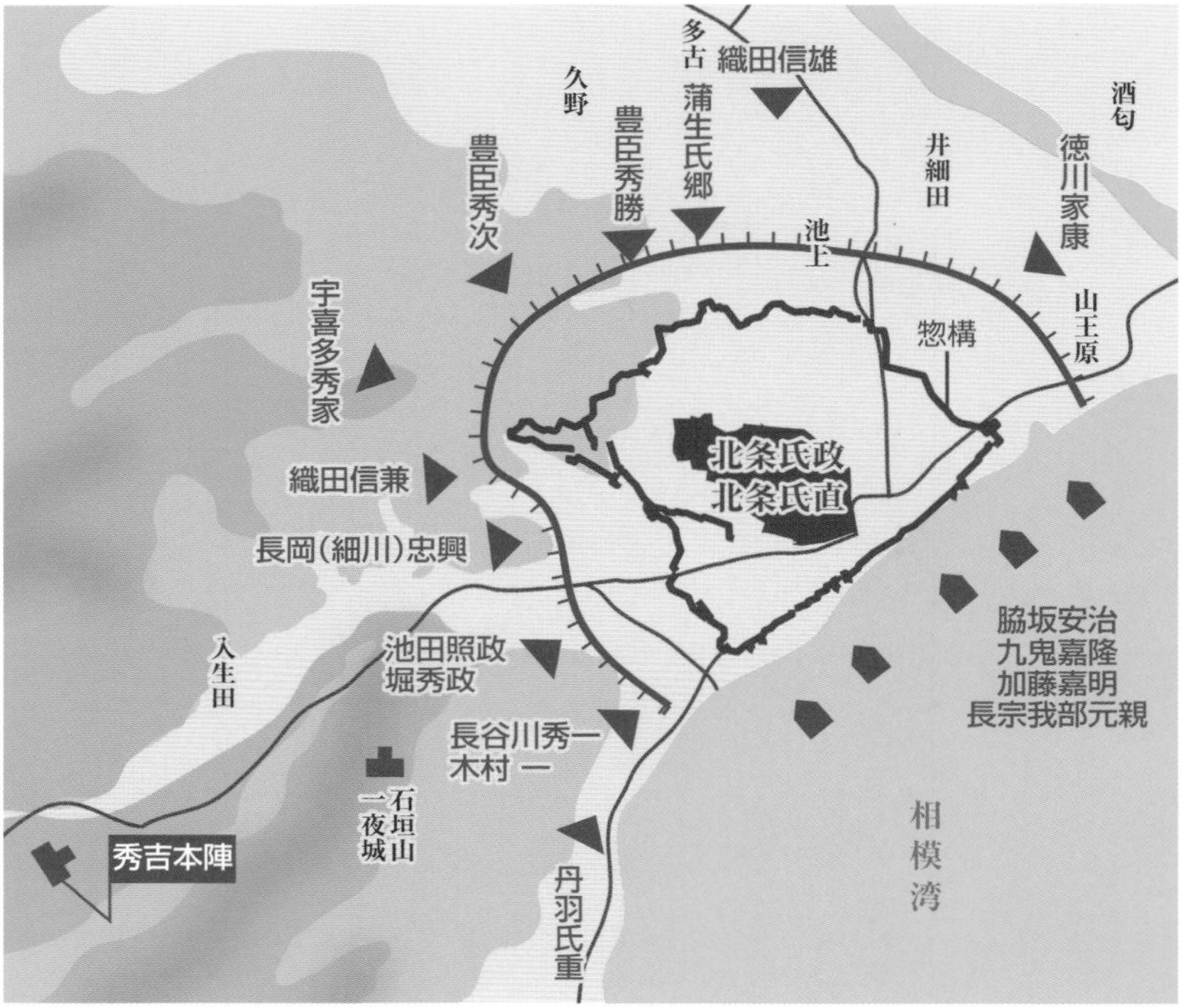

図26　秀吉軍による小田原城攻囲図◆各地から動員された名だたる武将が大軍勢でもって小田原城を包囲した。北条方の支城はことごとく豊臣軍に落とされ、このとき北条氏は籠城するしかない状況にあった。劣勢に立たされた北条方には厭戦気分も広がり、城内からの逃亡者も少なくなかったようである。また、6月16日には北条家宿老・松田憲秀の長男笠原政晴の豊臣方への内通が露見するなど、寝返りなども生じていたらしい　『太閤秀吉と豊臣一族 天下人と謎に包まれた一族の真相』（新人物往来社、2008年）掲載の図などを参照して作成

石垣山城本丸跡の石垣◆石垣山城は小田原城まで約三キロメートルの場所にあり、最高地点の天守台の標高が二六一・五メートルで眼下に小田原城とその城下を望むことができる。小田原攻めの指揮をとるには絶好の場所に立地した　神奈川県小田原市

へと進撃していた。また、四月末から浅野長吉・木村一《きむらいち》の両人を大将に、徳川家重臣の本《ほん》多忠勝《だただかつ》たちを率いた軍勢が武蔵国南部、下総《しもうさ》・上総《かずさ》両国（千葉県）の平定に遣わされ、北条方諸城の攻略を進めていった。さらに、秀吉に臣従を示していた北関東の佐竹・結城・宇都宮《うつのみや》の諸氏と安房里見《あわさとみ》氏が豊臣軍の攻勢に応じて北条領国に進撃した。このため、北条氏勢力は各方面からの攻撃によって劣勢に立たされ、五月二十二日には武蔵岩付《いわつき》城（さいたま市岩槻区）、六月十四日には武蔵鉢形《はちがた》城（埼玉県寄居町）、同月二十三日には武蔵八王子《はちおうじ》城（東京都八王子市）という要城が落城した。また同月、武蔵忍《おし》城（埼玉県行田市）には、石田三成を大将として佐竹・結城・宇都宮の諸氏らを率いた軍勢によって水攻めの包囲が進められていた。

こうしたなか、秀吉は六月二十六日に築かれた相模石垣山《いしがきやま》城（神奈川県小田原市）へ入り、小田原城内の北条軍への圧迫を強めていく。豊臣陣営優勢の情勢を目のあたりにして、七月五日、ついに北条家当主の氏直は豊臣軍のもとに駆け込み、投降した。翌七月六日、小田原城は開城し、十一日には戦争の責任を取らされて北条氏政とその弟の氏照《うじてる》たちが切腹した。なお、氏直は家康の娘婿であることから助命され、叔父の氏規らとともに高野山に赴き蟄居することとなった。この後、包囲中されていた忍城なども開城し、北条領国は平定された。

こうして小田原合戦は終結し、関東に覇を唱えた有力大名の北条氏はここに滅亡したのである。

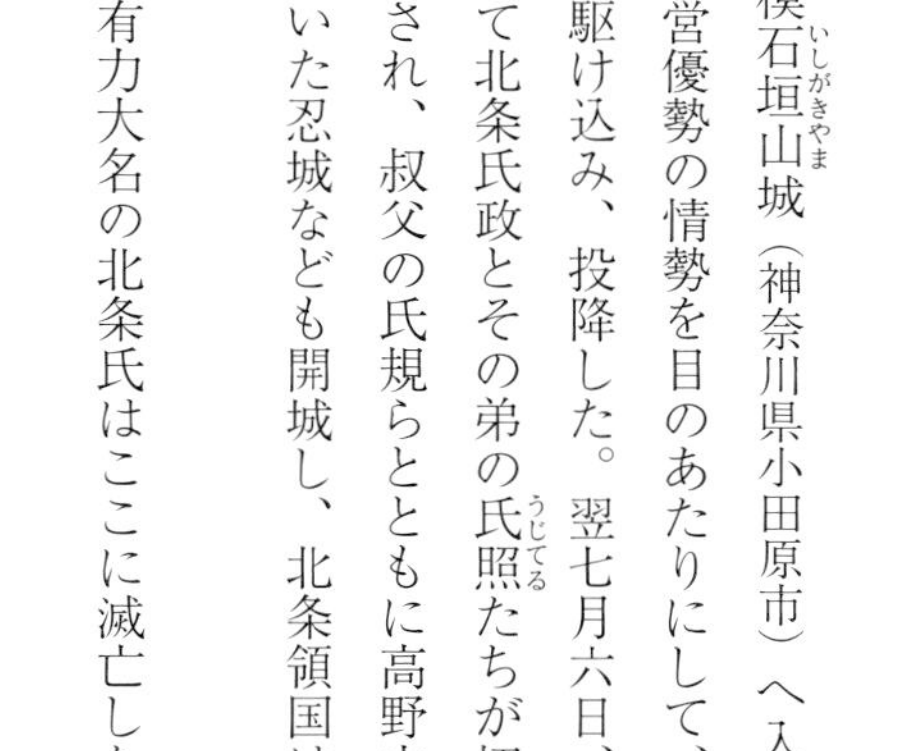

北条氏政・氏照の墓◆関東で最大勢力を誇った北条氏も秀吉の大軍の前に手も足も、出なかった。氏政と氏照は合戦の責任をとって切腹。五代一〇〇年にわたった北条氏の治世はここに終わった　神奈川県小田原市

5 関東・奥羽を治め、「天下一統《てんかいっとう》」を実現

天正十八年（一五九〇）七月、秀吉は徳川家康を関東に移封《いほう》した。家康は豊臣政権による「関東・奥両国惣無事」達成のため、外交・軍事で活躍を求められる立場にあり、小田原合戦のときも先陣を務めた。そして合戦後、徳川氏は豊臣政権のもとで関東地方の安定と奥羽地方への押さえとしての役割を担うべく、関東へ移封されたのだった。

また、合戦中は奥羽地方で「関東・奥両国惣無事」に従わず、陸奥蘆名《むつあしな》氏を討つなどの活動をしていた伊達政宗《だてまさむね》が秀吉の要求に従い、小田原に参陣して秀吉への臣従の意を示した。けれども、まだ奥羽地方の帰属は不安定な情勢にあった。

そこで、小田原合戦を終えた秀吉は「関東・奥両国惣無事」の総仕上げに向けて、下野国宇都宮（栃木県宇都宮）、さらには陸奥国会津《あいづ》（福島県会津若松市）に入り、関東・奥羽の諸大名と国衆の臣従を確認したうえで、今後の統治のための整備を進めていった（関東・奥羽仕置《しおき》）。こうして秀吉は「関東・奥両国惣無事」を達成し、ここに念願の国内諸勢力の統合としての「天下一統」を実現させた。

関東・奥羽仕置を終えて九月一日、秀吉は京都に戻った。だが、奥羽地方では豊臣政権の仕置事業に反発する者たちがいた。十月十六日、奥羽仕置で改易《かいえき》となった陸奥大崎《おおさき》・葛《か》西《さい》両氏の旧臣と百姓たちが、陸奥国の旧大崎・葛西領（宮城県北部・岩手県南部）に配置された秀吉直臣の木村吉清《よしきよ》に対して一揆を起こしたのである（大崎・葛西一揆）。その鎮圧の

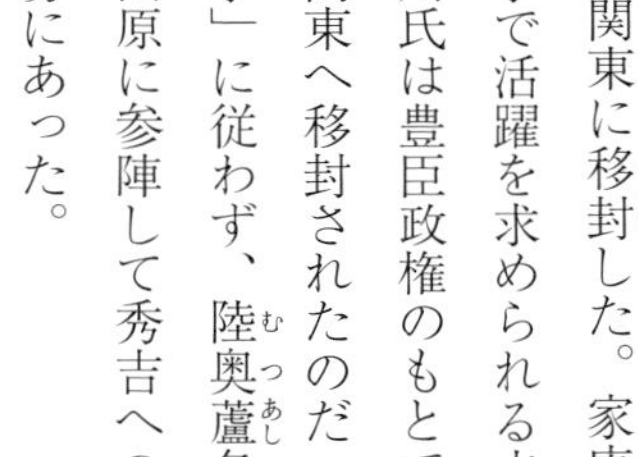

伊達政宗画像◆奥羽の戦国大名で、のちに仙台藩の初代藩主となる。秀吉が相模北条氏と戦う際、奥羽地方で屈指の勢力を持っていた政宗の動向は大きな問題とされた　東京大学史料編纂所蔵模写

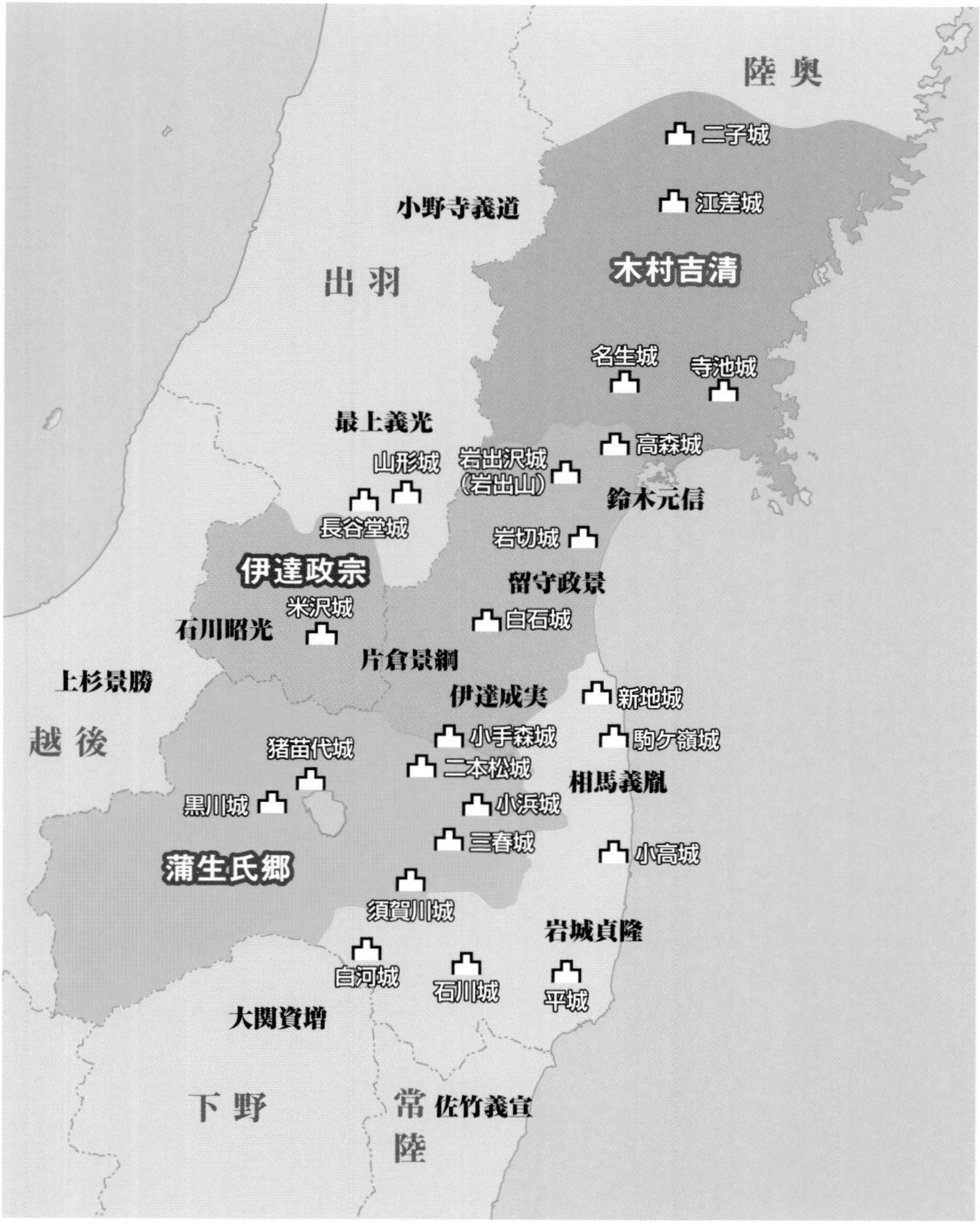

図27　天正18年段階の奥羽勢力図◆奥羽で最大の勢力を誇った伊達政宗だが、秀吉へ臣従の意を示し、改めて秀吉から領地を与えられた結果、以前に比べて大幅に領土が削られることになってしまった

図28　九戸城包囲の図◆『二戸市史』第1巻 先史・古代・中世（二戸市、2000年）掲載の図をもとに作成

ため、伊達政宗や会津に配置された蒲生氏郷が出陣した。ところが、政宗と氏郷との不和から両者の関係は悪化していき、十一月二十四日には氏郷が秀吉へ「政宗別心」と、政宗の謀反疑惑を報告するまでになってしまう。

緊迫した状況を受け、十二月に秀吉は大崎・葛西一揆を含む問題を解決するため、甥の豊臣秀次を総大将に、関東の徳川・結城・佐竹の諸氏のほか甲斐・信濃・駿河・遠江各国に配置した諸大名に出陣を命じる。

ところが翌天正十九年正月、政宗と氏郷の間で和解がなり、嫌疑が晴れたことで出陣は取り止められ、秀吉は今回の事態を引き起こした政宗に上洛を命じた。政宗は秀吉の指示に従い、正月三十日に出羽国米沢《よねざわ》（山形県米沢市）を発ち、尾張国清須で鷹狩りに来ていた秀吉の引見を受けた後、京都に入った。二月、秀吉は政宗に木村吉清が改易となった旧大崎・葛西領への移封の処分を下す。政宗はこの秀吉の処分に従い、まずは大崎・葛西一揆の鎮圧に努めた。

また天正十九年三月、陸奥国では南部家一族の九戸《くのへ》政実《まささね》たちが一揆を起こし、南部《なんぶ》信直《のぶなお》

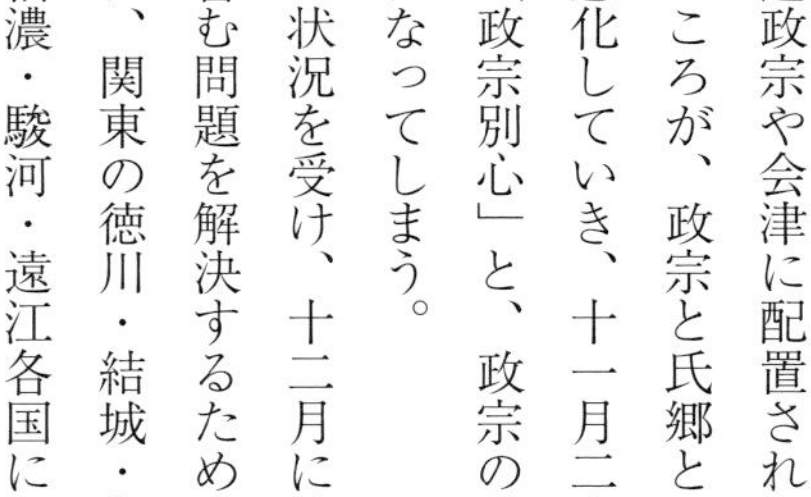

蒲生氏郷画像◆はじめ信長に仕え、本能寺の変後は秀吉に従い各地の合戦で活躍した。天正十八年の奥羽仕置にともない、会津黒川城（福島県会津若松市）に入った。大崎・葛西一揆を平定した翌年の文禄の役で体調を崩し、文禄四年（一五九五）二月七日、京都伏見で病死する　東京大学史料編纂所蔵模写

に反旗を翻した（九戸一揆）。信直は事態鎮圧のため豊臣政権の援軍を求めた。これを受け秀吉は六月二十日、秀次を総大将に、徳川家康・上杉景勝・佐竹義宣《よしのぶ》・蒲生氏郷・伊達政宗に出陣を命じた。

八月七日、陸奥国二本松《にほんまつ》（福島県二本松市）に着陣した秀次と家康は、秀吉の指示を受け、政宗によって一揆が鎮圧された旧大崎・葛西領における伊達・蒲生両氏の所領配分（「郡割《ぐんわり》」）を行う。そのうえで、家康は政宗の陸奥国岩手沢《いわてさわ》（宮城県大崎市）への入部《にゅうぶ》につき、居城の岩出山《いわでやま》城（宮城県大崎市）などの普請《ふしん》をはじめ、伊達領国の統治整備にあたった。一方、九戸一揆は蒲生氏郷、堀尾吉晴《ほりおよしはる》、徳川家重臣の井伊直政《いいなおまさ》たち豊臣軍の攻撃で九月四日に平定された。また、出羽《でわ》国で起こった一揆も越後上杉景勝たちの軍勢によって、五月に最終的な平定を終えていた。

こうして、東日本も敵対勢力の平定を経て、豊臣政権による「天下一統」の国内体制に組み込まれ、活動することを求められていくのである。

鯰尾兜◆南部信直の息子・利直が蒲生氏郷の養妹を妻に迎えたときに引出物として贈られた兜である。燕尾形という変わり兜で、氏郷と東北諸氏とのつながりを伝える一品である
岩手県立博物館蔵

図 29 「天下一統」後の全国における大名・小名の配置図

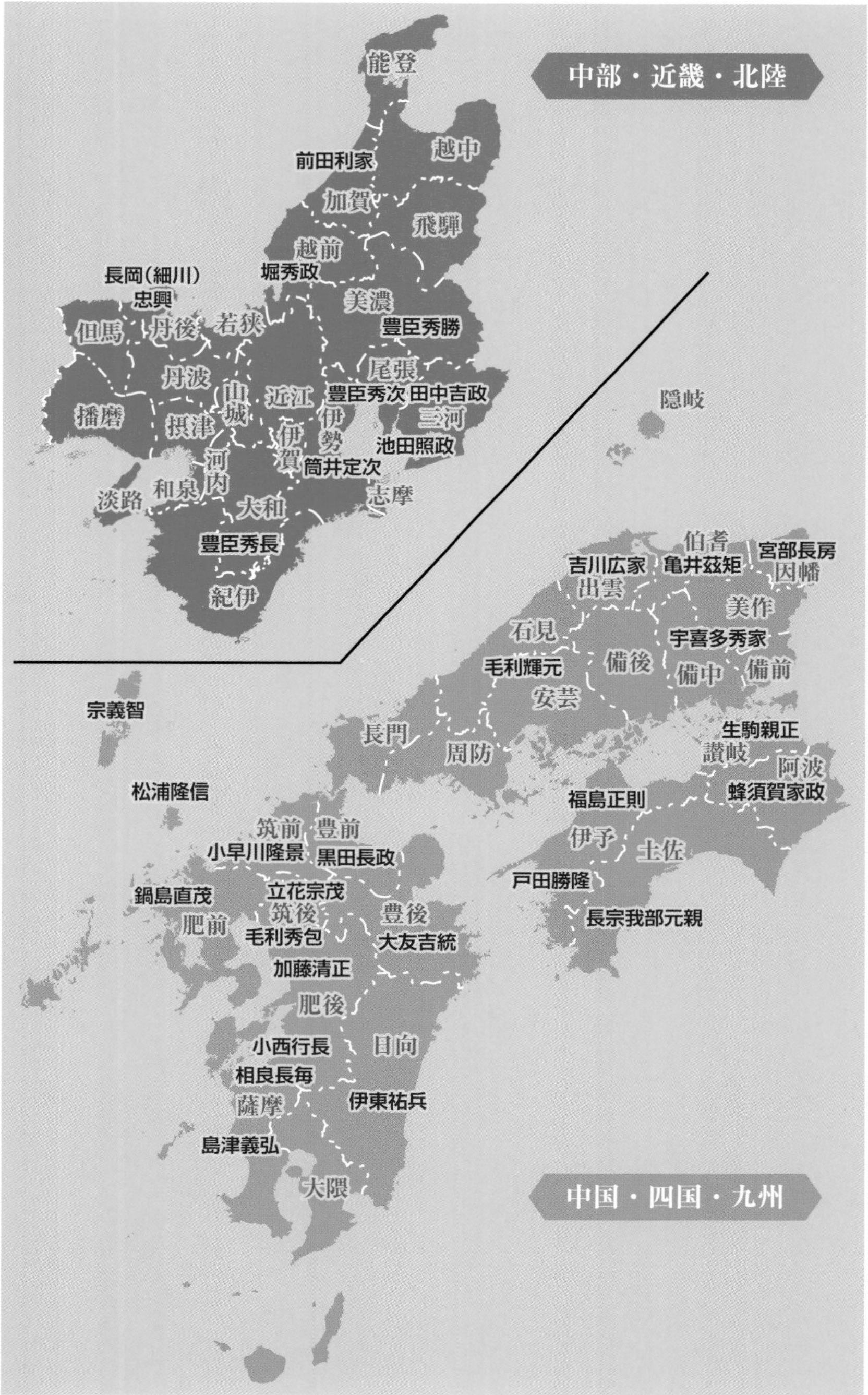
中部・近畿・北陸
能登
越中
前田利家
加賀
飛騨
越前
堀秀政
長岡(細川)
忠興
美濃
豊臣秀勝
但馬
丹後
若狭
丹波
尾張
山城
近江
豊臣秀次
田中吉政
三河
播磨
摂津
伊勢
伊賀
池田照政
河内
筒井定次
淡路
和泉
大和
志摩
豊臣秀長
紀伊
隠岐
伯耆
宮部長房
吉川広家
亀井茲矩
因幡
出雲
美作
石見
宇喜多秀家
毛利輝元
備後
備中
備前
安芸
宗義智
長門
周防
生駒親正
讃岐
阿波
松浦隆信
福島正則
蜂須賀家政
筑前
豊前
伊予
土佐
小早川隆景
黒田長政
戸田勝隆
鍋島直茂
立花宗茂
筑後
豊後
肥前
毛利秀包
大友吉統
長宗我部元親
加藤清正
肥後
小西行長
日向
相良長毎
薩摩
伊東祐兵
島津義弘
大隅
中国・四国・九州

6 太閤《たいこう》となって「唐入《からい》り」実行へ

「天下一統」の実現を成し遂げた秀吉は、次は豊臣政権のもとで統合された日本国の存在を、変動する東アジアの国際社会（東アジア世界）に認めさせていくことに取り掛かった。天下一統が国内で成し遂げられたいま、当時の日本があった東アジア世界に、豊臣政権が日本国を統治することの承認を求めたのだ。秀吉は、東アジア世界の承認獲得を、自身の名声を後世に残す事業と強く認識していた。

そのため秀吉は、織田家に代わって天下人になり、「天下一統」事業に着手したときから東アジア世界を意識して活動してきた。そして、天正十五年（一五八七）五月の九州平定後から、秀吉は東アジア諸国との外交を本格的に開始していく。外交方針は、東アジア世界の中心（「中華《ちゅうか》」）を治める大国の明《みん》（中国大陸の王朝）に通交を求め、そのほかの朝鮮《ちょうせん》や琉球《りゅうきゅう》などの諸国や南蛮勢力《なんばんせいりょく》（ポルトガル領の国々）には、日本への国王の出頭や入貢《にゅうこう》を要求し、応じない場合は「誅罰《ちゅうばつ》」（征討《せいとう》）を宣告するというものだった。この秀吉の東アジア外交は、明国を尊重し、ほかの東アジア諸国や南蛮勢力を蔑視《べっし》する国際認識のもとで、自身の偉業＝「天下一統」の達成を果たし、豊臣政権によって統治される日本国の公認をせまるものであった。

ところが、当時すでに明を中心に東アジア世界を規定してきた国際体制（冊封《さくほう》体制）は揺らぎつつあり、ポルトガル人たちの進出など、貿易利潤を求めて国際秩序の再編が進ん

『絵本太閤記』に描かれた「唐入り」を議論する場面◆唐入りは、秀吉が実行した戦争のなかでもっとも大規模なものであった。「唐入り」実行後はその後の方針をめぐり、豊臣政権も内部対立を起こすことになる　当社蔵

でいた。この事態に明の国内にも動揺が生じていたが、依然として中華に君臨する存在との認識をもっていた明の皇帝は、秀吉の「偉業」を認めることなく、彼が求めてきた通交に応じなかった。

明の対応に秀吉は、明に代わり中華を押さえ、東アジア世界秩序の立て直しとそのもとでの自身の偉業公認を果たすため、「唐入《からい》り」（明国への侵攻）の実行を掲げていった。それはまた、「天下一統」によって国内の「平和」（安泰）がなったなか、その維持のために働き場所を失い、活躍の機会を求めていた兵士たちの要望に応え、戦争の火種を国外に放っていく事業としても実行されていった。

こうしたなか、秀吉から朝鮮の参洛強要を指示されていた対馬《つしま》（長崎県対馬市）の宗《そう》氏は、朝鮮との交渉の末、秀吉の「天下一統」の達成を祝福する通信使《つうしんし》を派遣させた。天正十八年十一月、朝鮮からの通信使に京都聚楽第で謁見した秀吉は、朝鮮が従属を示したととらえ、朝鮮に「唐入り」にあたっての先導（征明嚮導《せいみんきょうどう》）を命じた。朝鮮との断交を恐れた宗氏は、秀吉の「征明嚮導」の要求を、朝鮮に明国への侵攻のための道を借りるという「仮途入明《かどうにゅうみん》」要求に替えて折衝した。だが、朝鮮は要求を拒絶し、秀吉が明国を征服しようとしている計画を明へ伝えてしまう。

天正十九年八月、嫡男の鶴松《つるまつ》を亡くした秀吉は、豊臣氏（羽柴家）が自

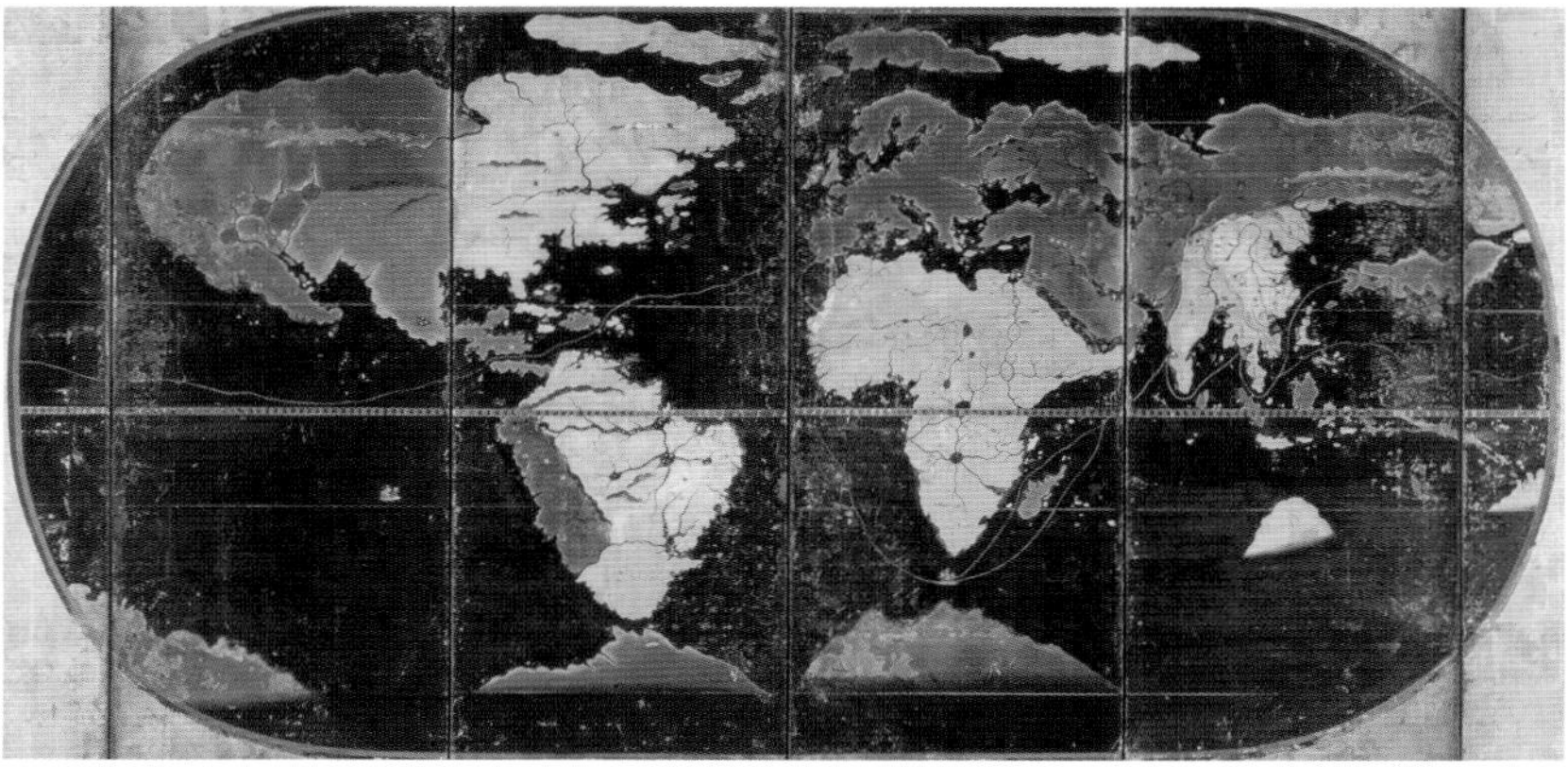

世界図◆右端に描かれているのが日本で、肥前名護屋から朝鮮への航路や朝鮮東北部の情報が記されていることから秀吉の朝鮮出兵後のものといわれる。戦国時代末期に描かれたと考えられており、同時代の絵図として貴重である　福井県立若狭歴史博物館蔵

豊臣秀吉画像◆「唐入り」頃の秀吉の姿を描いたと伝わる。手には軍配と羅針盤を持つ。秀吉の足元には虎が描かれているが、秀吉は「唐入り」に際して諸大名に対し、自身の強壮薬とするため虎の捕獲とその肉の日本への送付を命じていた　個人蔵

身の後も天下に君臨しつづけ、国内の諸勢力を従え統治を主導していくことを盤石《ばんじゃく》とするために、後継者の甥・秀次に家督と豊臣氏（羽柴家）が天下人であることの称号としていた関白職を譲る意向を示した。そのうえで翌天正二十年三月の「唐入り」実行を明言し、黒田長政《くろだながまさ》・小西行長《こにしゆきなが》・加藤清正ら九州諸大名に肥前国名護屋《なごや》（佐賀県唐津市）に拠点の築城を命じた。

天正十九年十二月、秀吉は秀次に豊臣氏（羽柴家）の家督と関白職を譲り、前関白としての「太閤《たいこう》」を称した。そして秀吉は、その後も国内の最高主導者として「唐入り」の準備を進めていったのである。

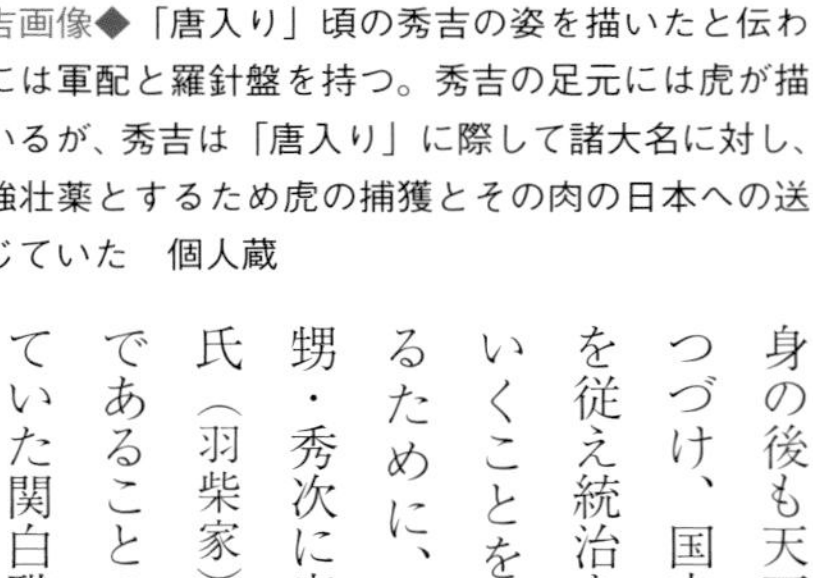

肥前名護屋城大手口の石積み◆名護屋城は「唐入り」の拠点となり、周辺には動員された大名の陣屋が配置された。朝鮮出兵以後は廃城となり、建物は唐津城に移築されたともいわれている　佐賀県唐津市

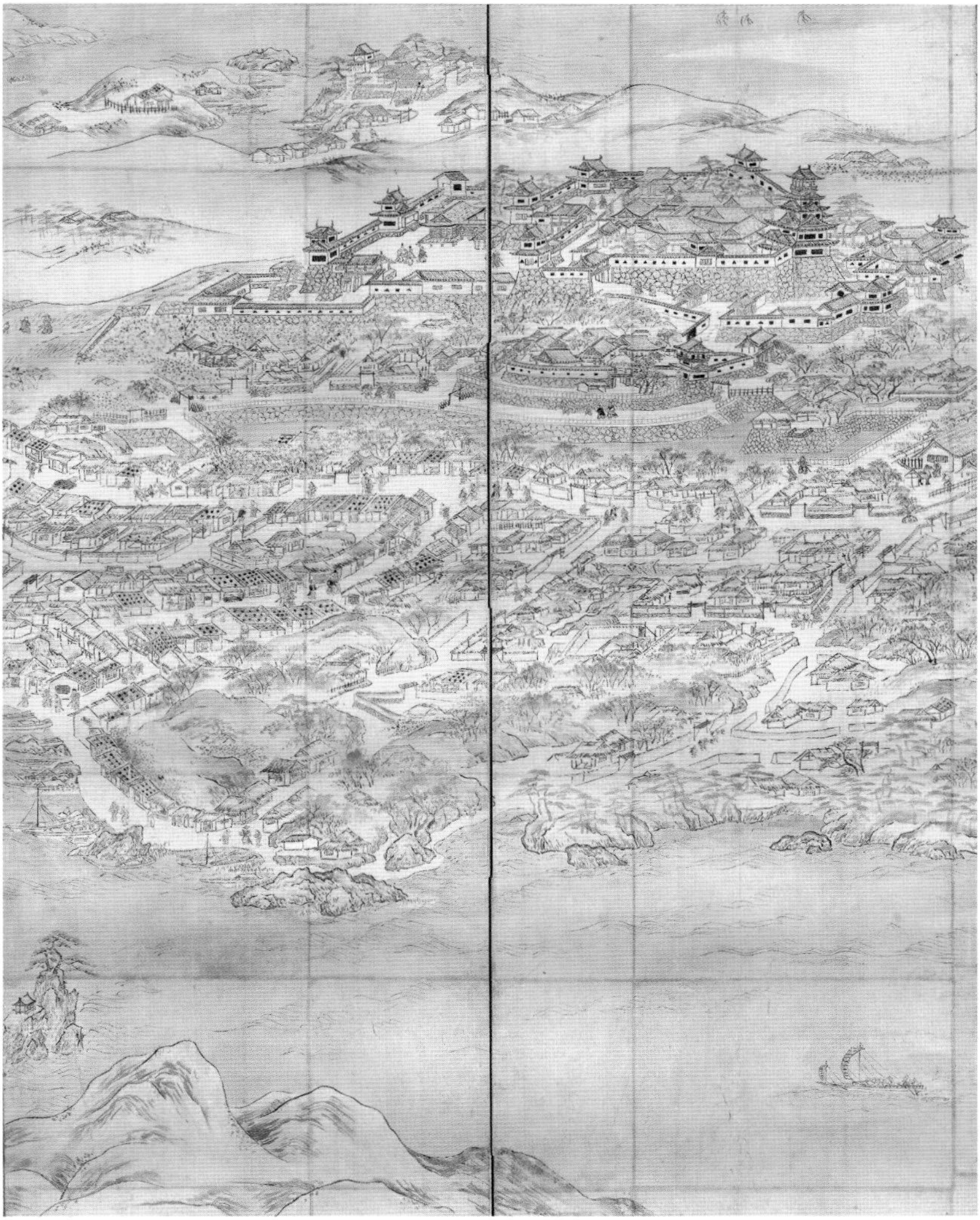

肥前名護屋城図屏風（部分）◆「唐入り」の拠点として築城された名護屋城には城下町も築かれ一大都市になった。本図は文禄２年（1593）頃の様子を描いたものとされ、城郭施設・人びと・町並みなどが詳しく描かれている　佐賀県立名護屋城博物館蔵　佐賀県重要文化財

7 朝鮮での戦争が勃発する

天正二十年（一五九二。十二月八日に「文禄《ぶんろく》」に改元）正月、秀吉は「唐入り」実行にあたり、渡海《とかい》の軍勢編制を明示した。小西行長と対馬の宗義智《よしとし》を朝鮮へ「征明嚮導」（宗氏らによって「仮途入明」にすり替え）に応じるか否かの確認のために派遣したが、返答を待たずに三月十三日に九州・四国・中国諸勢に渡海を命じた。そして同月二十六日、秀吉自身も「唐入り」実行の拠点である肥前国名護屋へ向かう。

四月、朝鮮半島に上陸した日本勢は、「唐入り」の協力を拒絶した朝鮮への攻撃に入った。こうして、朝鮮半島を戦場とする文禄の役・壬辰倭乱《じんしんわらん》は始まった。日本軍は進撃を続け、五月三日には朝鮮国の首都・漢城《ハンソン》を陥落させた。

同月十八日、首都陥落の情報を受けた秀吉は、「唐入り」達成後の東アジア世界の統治構想を描いた「三国国割構想《さんごくくにわりこうそう》」を発表した。そこには、後陽成天皇を明国の首都北京《ペキン》へ移し、豊臣秀次を「大唐関白《だいとうかんぱく》」として政務にあたらせること、日本国では良仁《かたひと》親王か智仁《としひと》親王を帝位につけ、秀次の弟・秀保《ひでやす》か宇喜多秀家を関白とすること、朝鮮国には秀次の弟・秀勝《ひでかつ》を据えることが書かれている。そして秀吉自身は、東アジア世界の交易拠点だった寧波《ニンポー》に居所を定めることになっていた。秀吉は「唐入り」達成後の東アジア世界に天皇を君臨させて、豊臣氏（羽柴家）の一族が統治を主導していくという、日本国内の統治のあり方をそのまま適用させたうえ、自身もそのもとで最高主導者として活動するという構想を抱い

清水山城一の丸の石垣◆清水山城は「唐入り」に際し、名護屋城と朝鮮半島の釜山を結ぶ輸送・連絡の中継拠点として秀吉の命令で対馬に築かれた城である。一の丸からは九州・壱岐からやってくる船を監視することができた　長崎県対馬市　画像提供：一般社団法人対馬観光物産協会

ていたのだ。

こうして、「唐入り」達成後の東アジア世界の統治構想を示した秀吉と石田三成ら側近は、いよいよ朝鮮に渡海しようと動きだす。これに対して六月に、親類の徳川家康と前田利家の両人は、秀吉の身に予期せぬことが起きた場合を懸念し、渡海を止めさせようとした。結果、秀吉の渡海は翌年三月まで延期されることになった。

この後も日本軍は朝鮮半島全域の攻略を進めるが、やがて李舜臣《イスンシン》が率いる朝鮮水軍による日本水軍の撃破、朝鮮義兵の決起、明の大軍派遣によって、次第に日本軍は苦境に立たされていった。こうしたなか、母大政所の危篤（七月二十二日に死去）の報に、秀吉は家康と利家に名護屋城の留守居を任せ、八月一日に摂津大坂城へ帰る。

十一月一日、名護屋城に戻った秀吉は来春渡海の意欲を示した。だが、朝鮮で日本軍が苦境にあったことは変わらず、長期化しつつあった戦況に兵たちは徐々に戦意を喪失していった。秀吉自身の渡海も再び延期になってしまう。

そうしたなかで明との講和交渉が進められ、文禄二年四月十七日に日本軍は漢城から撤退する。五月、明国の使節（この使節は、講和交渉の進展を求める日明両国の折衝担当者によって仕立てられたもの

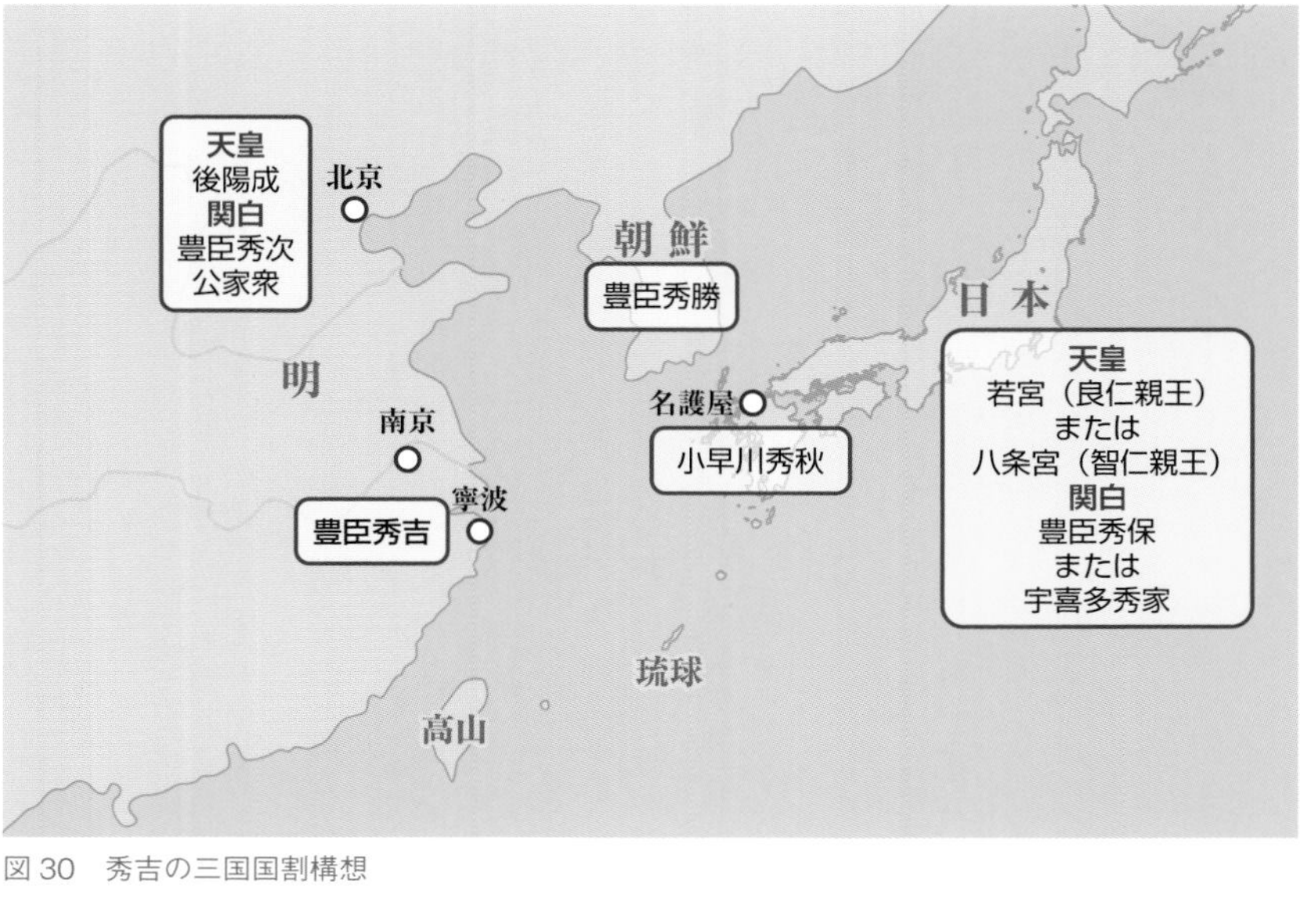

図30　秀吉の三国国割構想

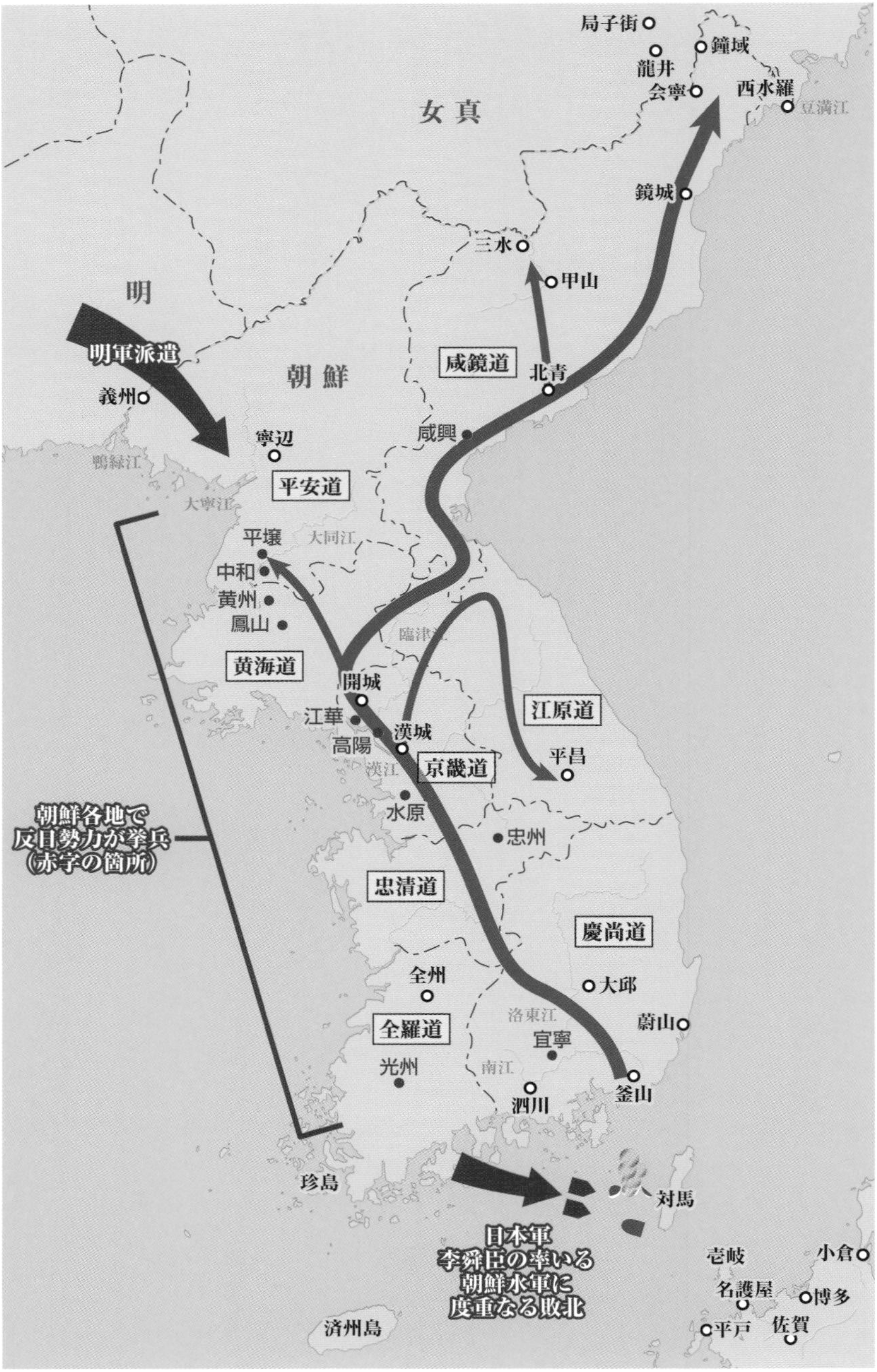
局子街
鐘域
龍井
会寧
西水羅
豆満江
女真
鏡城
三水
甲山
明
明軍派遣
咸鏡道
北青
朝鮮
義州
咸興
寧辺
鴨緑江
平安道
大寧江
平壌
大同江
中和
黄州
鳳山
臨津江
黄海道
開城
江原道
江華
高陽
漢城
平昌
漢江
京畿道
朝鮮各地で
反日勢力が挙兵
(赤字の箇所)
水原
忠州
忠清道
慶尚道
全州
大邱
洛東江
蔚山
全羅道
宜寧
光州
南江
釜山
泗川
珍島
対馬
日本軍
李舜臣の率いる
朝鮮水軍に
度重なる敗北
壱岐
小倉
名護屋
博多
済州島
平戸
佐賀

図 31　文禄の役関係図

三原の太刀◆真田昌幸が朝鮮へ出兵したことに対する恩賞として秀吉から拝領したものと伝わる。諸大名はこのようなかたちで秀吉から恩賞を受け取っていたのだろう　真田宝物館蔵

で、明の皇帝から遣わされた正式の使節ではない）を名護屋城に迎えた秀吉は、六月二十八日に使節へ明との和平につき、七ヵ条の要求を提示した。内容は、明皇女《こうじょ》の天皇后妃《てんのうこうひ》化《か》、断絶していた日明貿易の再開、誓紙の交換、朝鮮半島南部の割譲、朝鮮国王子・大臣の人質差し出し、朝鮮国重臣の誓紙提出など、いずれも「唐入り」事業の功績を世に示すことを目的としたものだった。秀吉は講和交渉に際し、実際の朝鮮半島における戦局とは異なり「勝者」として臨み、要求を行った。だが、この要求では和議はまとまらないので、日明両国の折衝担当者は調整（偽作）のうえで、講和交渉を進めていく。

一方、秀吉はこの講和交渉を受け戦闘を収束させつつも、朝鮮半島南部を確保すべく、九州諸大名を中心とした在陣諸将に城（いわゆる「倭城《わじょう》」）を築かせて守衛番を務めさせた。

こうしたなか八月三日、大坂城で淀殿《よどどの》（浅井長政の娘、茶々《ちゃちゃ》）との間に後継男子（拾《ひろい》、のちの豊臣秀頼《ひでより》）が誕生する。この報を受けた秀吉は大坂城へ帰り、以後は名護屋城に戻ることなく、畿内に居続けた。

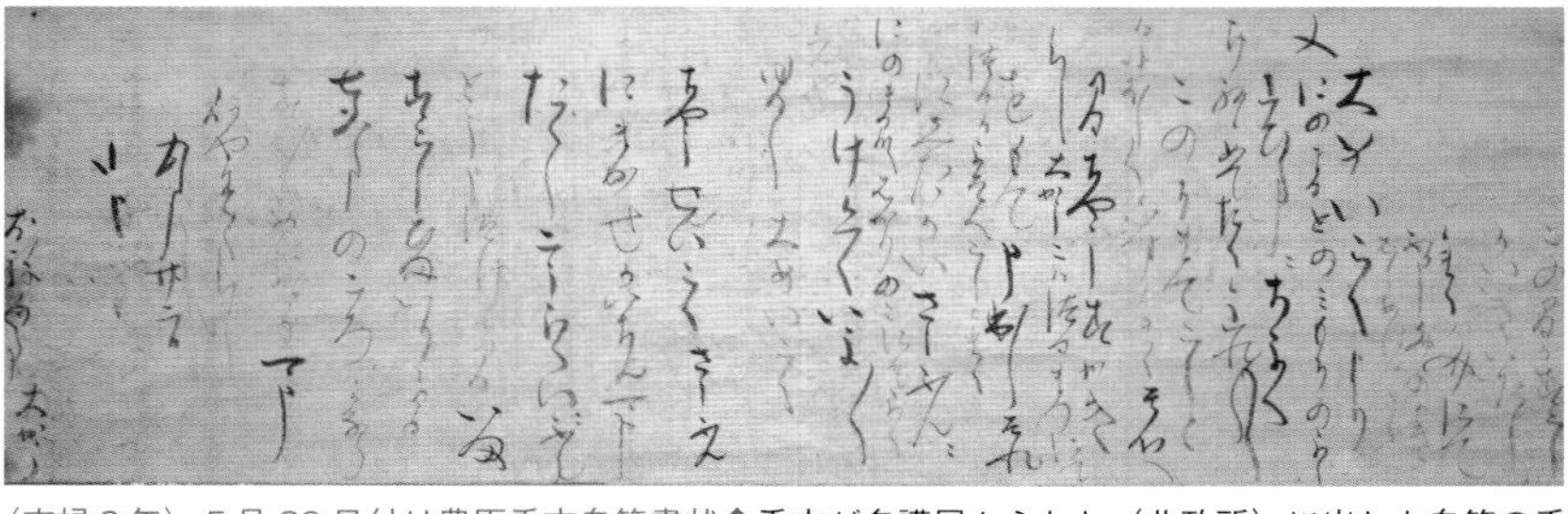

（文禄２年）５月 22 日付け豊臣秀吉自筆書状◆秀吉が名護屋からねね（北政所）に出した自筆の手紙である。明の使節が名護屋に来て講和の条件を提示したことや自身が朝鮮半島に倭城の建設を命じていることなどが書かれている。また、風邪をひいたことや淀殿の懐妊についてねねへ配慮していることなど日常的な話題も記す　佐賀県立名護屋城博物館蔵　佐賀県重要文化財

8 秀次《ひでつぐ》事件が発生、緊張が走る

明との講和交渉の途中で畿内に戻った秀吉は、文禄三年（一五九四）正月、前々年七月に造られた山城国伏見《ふしみ》（京都市伏見区）の隠居所を新たな政庁とするため築城を命じた。この築城工事は徳川家康ほか東国の諸大名・小名に課せられた。以後、伏見城は豊臣政権の所在地となり、諸大名・小名は伏見に滞在し活動していく。

一方、秀吉の後継男子として拾（のちの秀頼）が誕生したことは、豊臣氏（羽柴家）の当主にあった秀次にも影響を与えた。秀次は豊臣氏（羽柴家）の当主で関白の座にあっても、天下人としての実権は依然として太閤の秀吉が握りつづけていた。このため、秀次の活動は朝廷との交渉や秀吉の活動を支えることに限られ、豊臣政権の政務は秀吉のもとで運営されていた。

そうしたなか、畿内に戻った直後の文禄二年（一五九三）九月、秀吉は日本国を五つに分け、そのうちの四つを秀次に与え、一つを自身の手元に残すという、拾のことを考えた国内分割案を持ちだしている。また十月一日には、秀吉は拾と秀次の娘との婚約を決める。このように、秀吉は秀次を立てながら、拾の将来を見据えた対応を取り始めた。ただし、以後も太閤秀吉と関白秀次の関係には際だったことは起きず、維持されていた。

ところが文禄四年（一五九五）七月三日、突然両者の関係は悪化する。関係悪化に至った直接の原因はわからないが、どうやら前月に医師・曲直瀬玄朔《まなせげんさく》が後陽成天皇よりも秀次

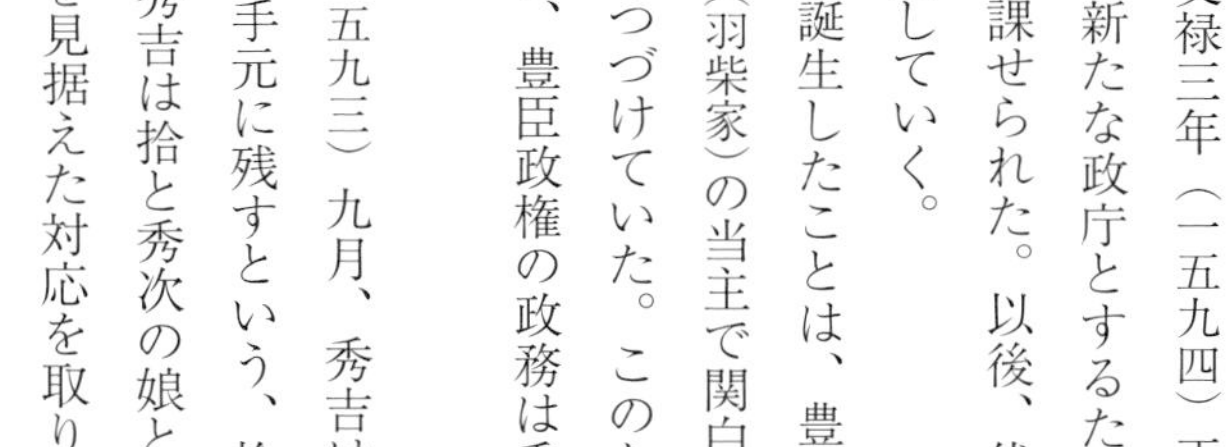

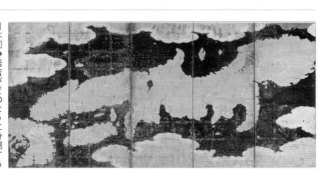

日本図◆秀吉がどのように分割するかはわかっていないが、秀次・拾両方のことを考えた行く末を構想した　福井県立若狭歴史博物館蔵

の診察を優先した「天脈拝診怠業《てんみゃくはいしんたいぎょう》」と関わりがあるようだ。この事態に秀次は、秀吉への反意がないことを記した起請文を提出した。これで事態は鎮まったかにみえた。

だが七月八日、秀次は謀反の嫌疑を懸けられ、その弁明に伏見城の秀吉のもとへ赴いたところ、とても許しを得られないと判断した秀次

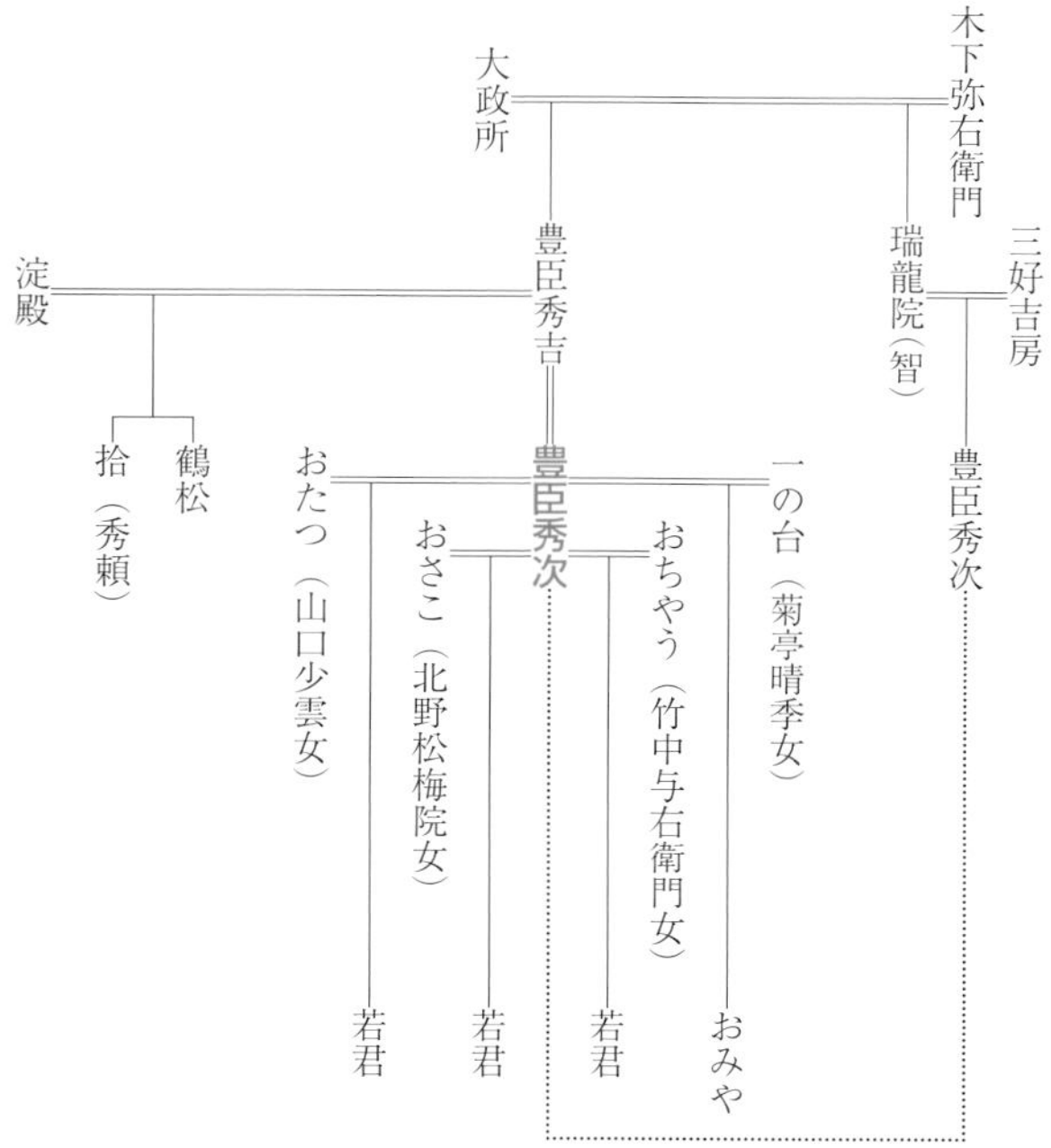

系図４　秀吉・秀次・拾（秀頼）関係系図

『瑞泉寺縁起』◆高野山へ向かう秀次と供の者を描く。駕籠に乗っているのが秀次である。当時の記録によれば、謀反の疑いがあるという噂を聞いた秀吉は機嫌が悪くなったという　京都市中京区・慈舟山 瑞泉寺蔵

は、その夜半に元結《もとゆい》を切り、五、六人の供を連れて高野山へ出奔してしまう。出奔を知った秀吉は、七月十日、諸大名へ秀次を高野山に追放したと公式に発表し、十二日には高野山の住僧たちに秀次の監視を命じた。そのうえで、側近の石田三成・増田長盛から、拾への忠誠と秀吉が定めた法や決まり（「法度《はっと》・置目《おきめ》」）を遵守することを起請文の提出で誓約させた後、諸大名にも同様の起請文の提出を求めた。

ところが七月十五日、秀吉の怒りが解けないと悟った秀次が、自身の無実を世間に示すために切腹するという思わぬ事態が起きてしまった。秀次の自刃を受け、秀吉は帰国していた諸大名に上洛を促し、起請文の提出を急がせた。さらに秀吉は八月二日、秀次の妻子たちを京都三条河原《さんじょうがわら》で処刑した。これによって秀吉は、秀次の切腹による無実の主張を受け入れず、この事件は豊臣政権への謀反だと世間に表明したのだ。

そして八月三日付けで、徳川家康・宇喜多秀家・上杉景勝・前田利家・毛利輝元・小早川隆景の有力大名の連名で「御掟《おんおきて》」と「御掟追《つい》加《か》」という掟書を出させ、大名・公家・寺社が豊臣政権のもとでそれぞれあるべきあり方を定めた。そこでは、諸大名間の私的な婚姻や同盟が禁じられ、争いごとが起きた場合、豊臣政権のもとで解決するこ

『瑞泉寺縁起』◆秀次が切腹する場面を描く。側近の雀部重政が介錯を務めた。秀次の首は京都三条河原に運ばれた。そして、秀次の妻子らの遺骸を埋めた場所に築かれた塚の上に秀次の首を納めた石櫃が置かれた　京都市中京区・慈舟山 瑞泉寺蔵

と、公家や寺社はそれぞれの本来の務めを果たし政権に奉公することなどが求められた。秀吉は掟書を家康ら有力大名に認めさせることで、彼らが自分を支える存在であることを世間に示し、秀次事件を解決したのだった。

だが、この事件の結果、秀吉の後継はまだ幼い拾となったが、天下人豊臣氏（羽柴家）の家督称号であった関白職は幼少では就任できないという決まりがあり、拾に天下人の地位を継承させるには時を必要とした。そのため、その間の体制固めが、明との講和とともに課題になっていく。

豊臣秀次および五士像◆中央の秀次から時計回りに東福寺の僧・玄隆西堂、小姓・山本主殿、側近・雀部淡路守重政、小姓・山田三十郎、小姓・不破万作が描かれている。秀次の切腹にともない、彼らも殉死した　京都市中京区・慈舟山 瑞泉寺蔵

現在の鴨川◆四条通から三条大橋の方面を望む。三条河原は処刑の場であったり、処刑された人物の首を晒す場でもあった　京都市東山区

9 講和交渉決裂！再び朝鮮へ出兵

秀次事件が起きた文禄四年（一五九五）、明との講和交渉はいまだ続いていた。前年に明との折衝にあたっていた小西行長たちは、秀吉からの講和条件の要求を、明皇帝による「日本国王」の任命にすり替えたうえで、秀吉が明に降伏の意を示した「関白降表《かんぱくこうひょう》」を偽作して遣わした。これを受けて、明は日本へ使節を派遣することにした。

その頃、秀吉は進展しない講和交渉のなかで、朝鮮半島への再出兵計画を示し出していた。だが、明国使節が派遣されるとの報告を得た秀吉は計画を撤回し、文禄四年五月十二日に改めて講和条件を提示した。内容は、①明皇帝の求めにより朝鮮を許すので、朝鮮国王子を人質に差し出させたうえ、日本が管轄する朝鮮半島の南部を王子に与えること、②それを受け、朝鮮半島の南岸に設けた一五城のうち一〇城を破却するつもりであること、③明皇帝の求めで朝鮮との和平に応じるのだから、明国使節が皇帝の詔書を携え日本に来たうえで、日明両国間の貿易を実施すること、であった。文禄二年六月時の七ヵ条の要求に比べると譲歩がみられる。だが、「唐入り」事業の功績として朝鮮王子を人質に差し出すことや朝鮮半島南部の割譲は、依然として講和の条件に入っていた。

秀吉は秀次事件を解決した後、明国使節を迎えるための準備を進めていった。そして明国使節も文禄五年閏七月に朝鮮国釜山《プサン》を出発し、日本国へ向かった。こうしたなか、閏七月十二日から十三日にかけての深夜、畿内でマグニチュード八に近い規模の大地震が起き

「大地震清正登城之図」◆当時、石田三成の讒言で秀吉の怒りを買って閉門中だった加藤清正が地震の際にいの一番に駆けつけた場面を描く。史実では清正は別の場所にいたとされるが、この逸話は人気を博し、歌舞伎や落語で「地震加藤」という題材にもなった『絵本太閤記』当社蔵

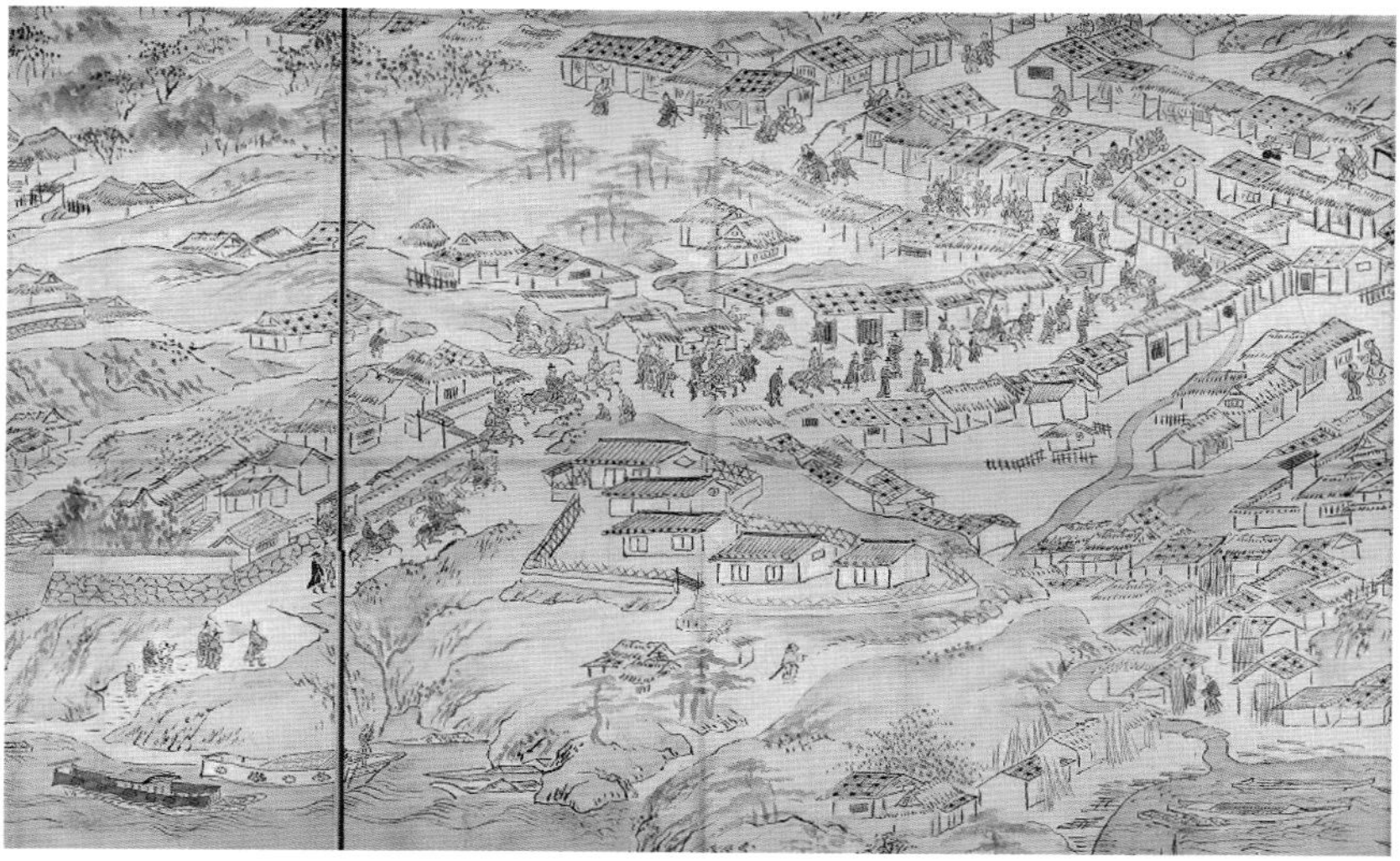

「肥前名護屋城図屛風」に描かれた明国使節◆文禄２年に名護屋城に来た明国使節とおぼしき一行である。明国との交渉はなかなか進まず、秀吉の条件と明国の条件は折り合うことは難しかった　佐賀県立名護屋城博物館蔵　佐賀県重要文化財

（「文禄地震」）、多くの死者が出た。また、多くの建物が倒壊し、秀吉のいた山城伏見城でも天守をはじめ建造物が大破した。秀吉はすぐに山城国伏見山（京都市伏見区）に移転を決定し、新たな伏見城の築城に取り掛かった。

その一方で、秀吉は明国使節を迎える場所を摂津大坂城に変更して、九月一日に同城で使節と対面した。この場で秀吉は「日本国王」の任官を受け、列席した徳川家康を筆頭に前田利家・宇喜多秀家・上杉景勝・毛利輝元ら諸大名にも明国の官職が授与された。

だが翌九月二日、明国使節が朝鮮半島からの日本軍の完全撤退を求め、また朝鮮国王子が差し出さ

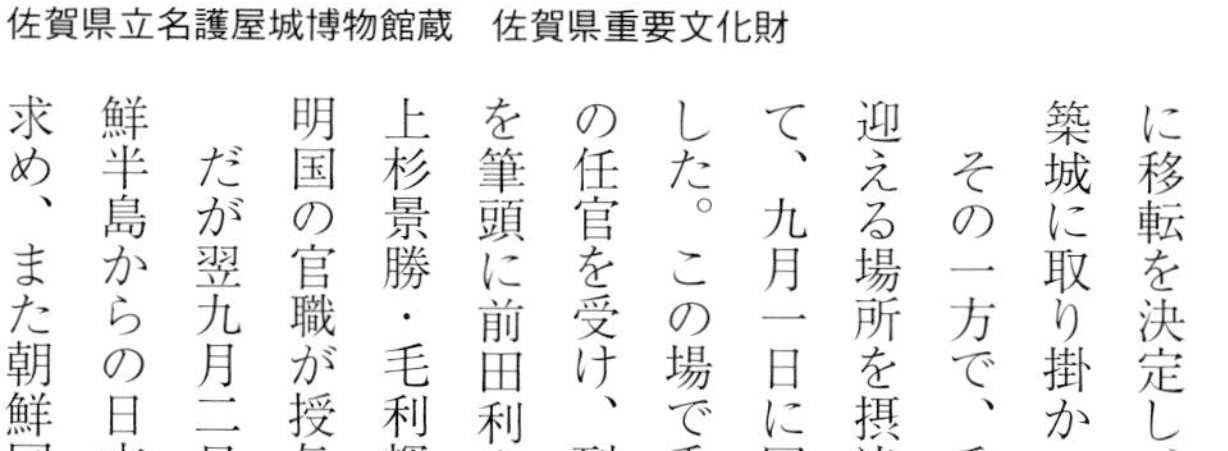

（文禄五年）九月七日付け豊臣秀吉朱印状◆島津義弘に対して、朝鮮国王子が差し出されなかったことを受け、城々の普請と在番を命じている。交渉の決裂によって、秀吉は再出兵の準備を進めていた　東京大学史料編纂所蔵島津家文書

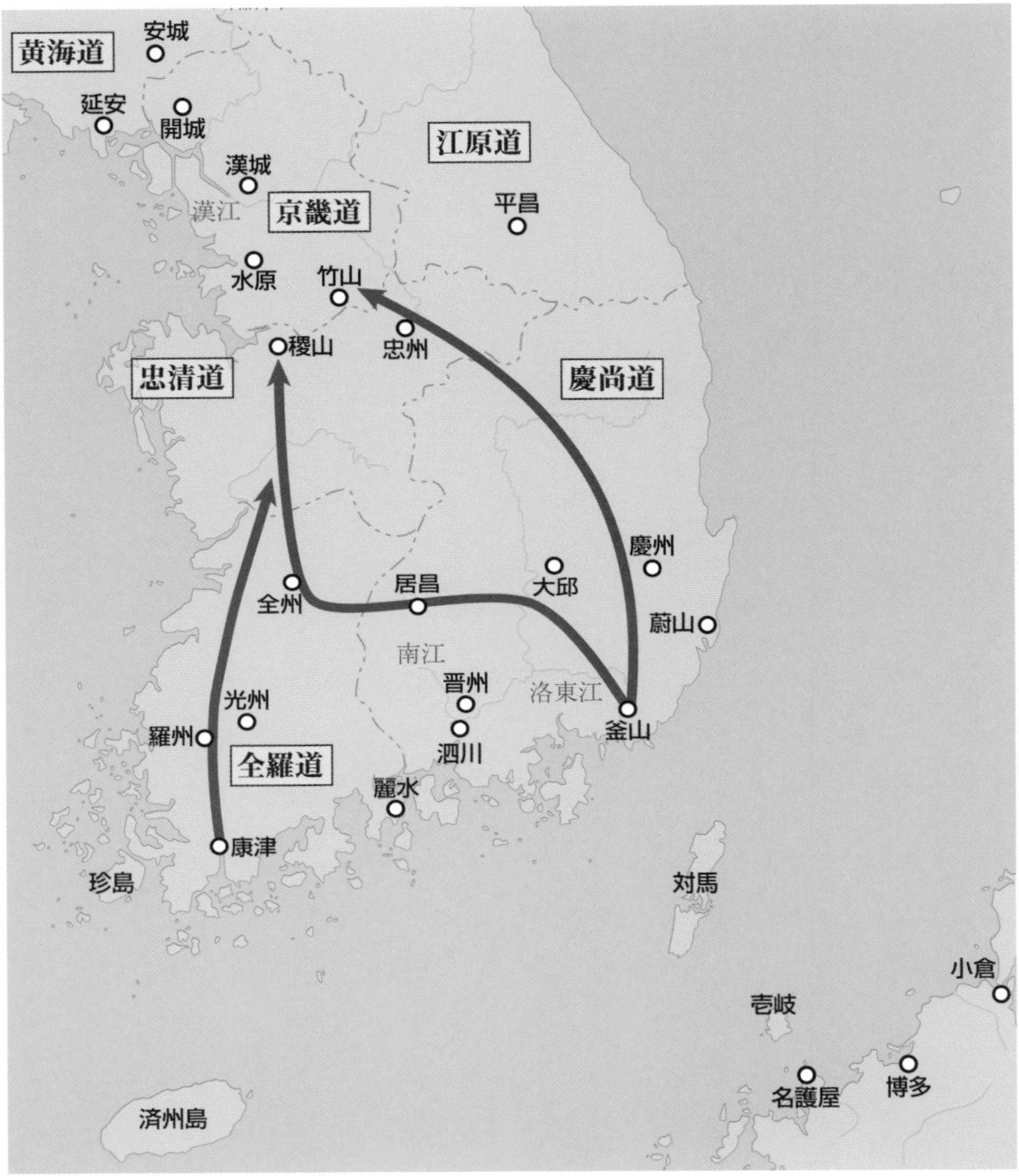

図 32　慶長の役の関係図

蔚山の城兵飢渇の図◆蔚山城での攻防では籠城ということもあり、日本軍の兵糧不足は過酷をきわめ、餓死の発生や疫病の流行につながってしまった　『絵本太閤記』当社蔵

れなかったことに、秀吉は激怒する。それは、秀吉が求めていた「唐入り」事業の功績を否定することを意味したからである。

結果、講和交渉は決裂した。そして慶長《けいちょう》二年（一五九七）二月、秀吉は一門衆の小早川秀秋《ひであき》を総大将に日本軍の朝鮮国への再出兵を命じた。こうして慶長の役・丁酉倭乱《ていゆうわらん》が始まる。

これは、朝鮮半島南部の確保を目的とした戦争であった。戦闘は六月から開始され、日本軍は朝鮮半島南部の確保を進めていったが、やがて明・朝鮮両国の軍勢による反攻に苦戦を強いられることになった。戦闘では、日本軍の戦功の証として朝鮮人の耳・鼻切りが行われた。切り取られた耳・鼻は秀吉のもとへ届けられ、秀吉は九月二十八日に京都大仏（方広寺《ほうこうじ》）の近辺に耳塚（鼻塚）を築き、供養した。

十一月、加藤清正は慶尚道蔚山《キョンサンドウルサン》で城郭普請を進める。しかし、普請真っ只中の十二月、明・朝鮮両国の軍勢は蔚山城を攻め囲む。この事態に、籠城中の城兵は極寒と兵糧・水不足に苛《さいな》まれ投降する者も出たが、慶長三年正月四日、日本軍諸勢の救援によって明・朝鮮両国の軍勢を撤退させた。

この一戦後、日本勢のなかでは戦線を縮小することも検討されたが、報告を受けた秀吉は「曲事《くせごと》」（言語道断《ごんごどうだん》）として許さなかった。また、秀吉が遣わした軍目付《いくさめつけ》（戦陣の監視役）や諸将の間に対立もあり、朝鮮での長期にわたる戦局は混迷を深めていく。

耳塚（鼻塚）◆秀吉の軍勢は朝鮮軍の鼻や耳をそぎ、塩漬けにして日本へ持ち帰った。鼻や耳はこの地に埋められ供養された。戦場のおぞましさを今に伝えている　京都市東山区

10 サン・フェリペ号事件が起こる

文禄五年（一五九六。十月二十七日に「慶長」に改元）八月、フィリピンのマニラを発ち、メキシコへ向かうはずであったスペイン船サン・フェリペ号が土佐国に漂着した。同船にはキリスト教フランシスコ会ほかの宣教師も乗船していた。

日本には天文十八年（一五四九）七月にキリスト教イエズス会宣教師のフランシスコ・ザビエルが来日して以来、イエズス会の宣教活動により、ときに妨害を受けながらも、国内各地にキリスト教の信仰は広まっていった。しかし、宣教師は入信に際し、強制改宗のうえに信者を扇動して寺社を破壊させ、さらには国外への人身売買にも関与していた。

これが問題となり、天正十五年（一五八七）六月、薩摩島津氏らを従え、筑前国博多で今後の九州統治のための処理を行っていた秀吉に対応が求められた。それまで秀吉は、イエズス会の宣教活動を容認する対応を示していた。ところが、この宣教活動の問題から、秀吉は同月十八日に信仰はその者の意思によるとして、強制改宗および人身売買や牛馬を食すことなどを禁じ、日本のイエズス会を統轄する副管区長のポルトガル人ガスパル・コエリョに宣教活動における問題について詰問した。

秀吉の詰問に、ガスパル・コエリョは問題を否定する回答をした。このやりとりを受け、秀吉は翌六月十九日、日本は神国であり、「きりしたん国」より邪法《じゃほう》を授けられるのは不法としたうえで、強制改宗・寺社破壊を扇動する宣教師を追放すると命令した（伴天連《ばてれん》追

放令）。しかし一方で、商売のための来船を奨励し、「きりしたん国」からの来航者であっても、国内の宗派を攻撃しなければ構わないとした。宣教活動と貿易を切り離して、ポルトガル勢力の来航を奨めたわけである。だが、宣教活動と貿易は一体であり、イエズス会の活動はその後も続けられていった。

こうしたなかで、国内には新たにスペイン勢力が進出し、キリスト教フランシスコ会が畿内でも宣教活動を活発に行っていった。この状況が秀吉の耳に入り、危惧していたときにサン・フェリペ号が土佐国に漂着したのだ。

その後、土佐国の大名・長宗我部氏の指図によって浦戸《うらど》湊《みなと》（高知市）に移されたサン・フェリペ号乗組員からの修

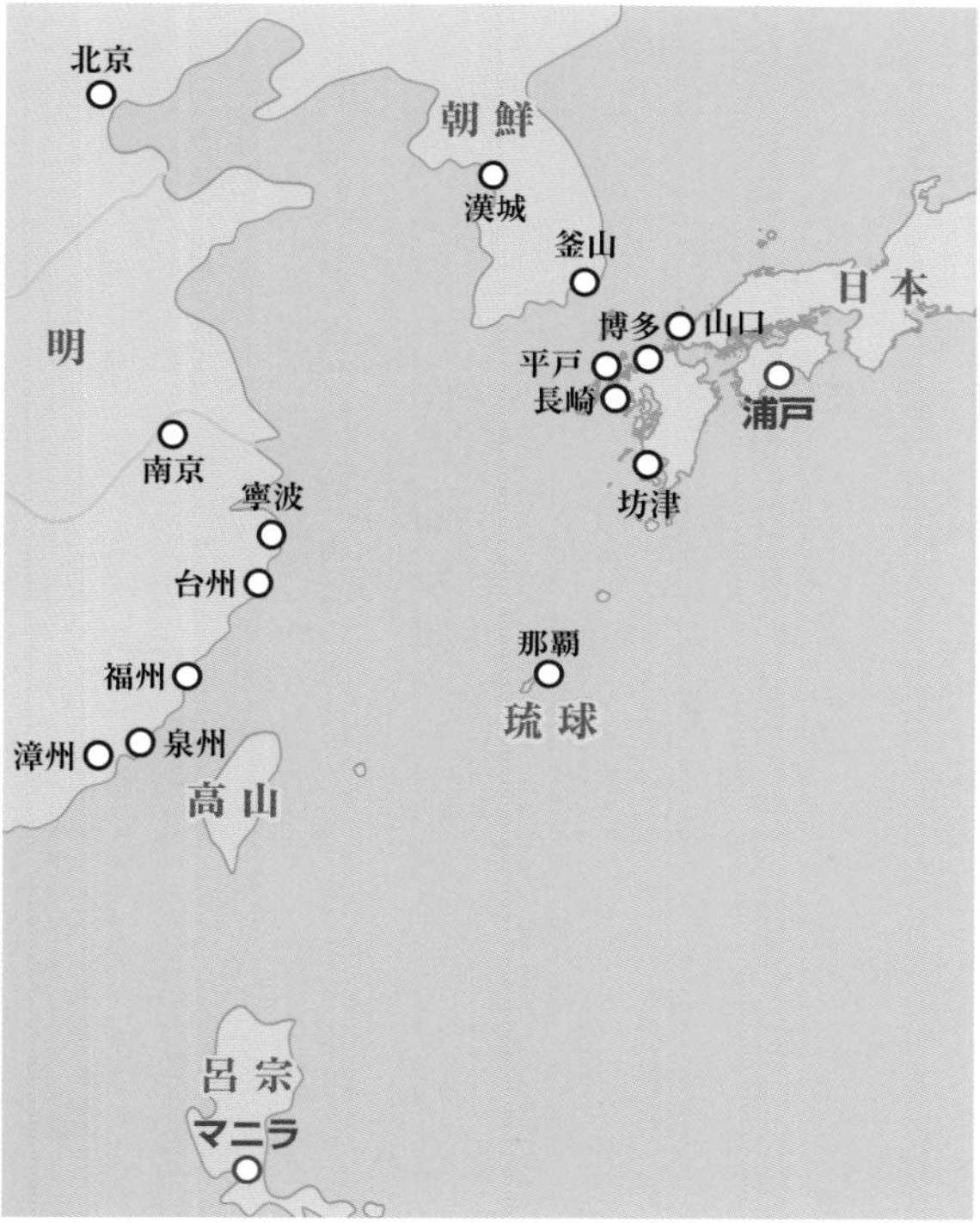

図33　当時のアジア周辺図

（右ページ）南蛮屏風（部分）◆戦国時代の日本では、スペイン・ポルトガル人との交易や宣教師によるキリスト教の布教が広まっていた　堺市博物館蔵

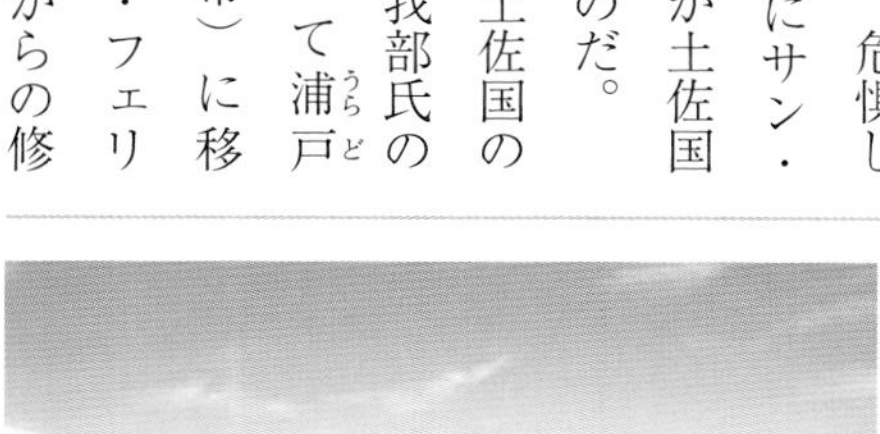

現在の浦戸湾◆浦戸は古代から湊として史料にみられはじめ、中世では商船の寄港地や水軍の拠点など水運の要衝として栄えた　高知市

聖フィリッポ教会◆殉教した二十六聖人の一人、メキシコ人フランシスコ会修道士聖フィリッポ・デ・ヘススに捧げられた教会である　画像提供：長崎観光連盟
【付記】写真掲載については長崎大司教区の許可をいただいています。

繕許可の申請に、秀吉は側近の増田長盛を派遣した。浦戸に着いた長盛は乗組員を拘留し、船内を調査して、積荷と乗組員の所持していた金銭を没収してしまう。

この処置に不満をもった乗船員が、取り調べ中にスペインが宣教活動とともに征服事業を進めていると吐露してしまったとされることや、イエズス会士によるフランシスコ会への讒言《ざんげん》もあって、秀吉はキリスト教の宣教活動の活発化により危機感を募らせていった。結果、ついに畿内で活動するフランシスコ会士と教徒ら二四人を捕縛させた。そして十一月、彼らの耳を削いで京都や大坂で引き回しにしてから肥前国長崎（長崎市）に拘引《こういん》し、道中で追加した二人を加えた二六人を十二月十九日に処刑した。

この事件に、スペイン国のフィリピン総督《そうとく》は抗議する。それに対して秀吉は、日本での宣教活動は征服事業と一体であり許すことができず、通交したいのであれば日本国内での宣教活動を行わないよう反発した。

こうして国内でのキリスト教の宣教活動は、禁止へと一歩ずつ進んでいったのである。

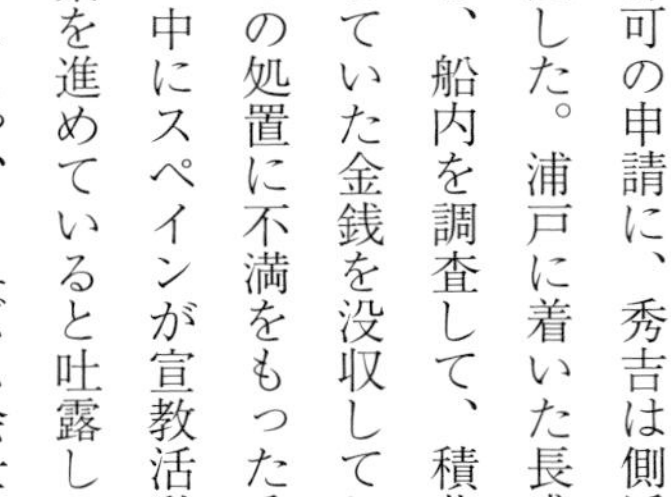

増田長盛画像◆秀吉の側近くに仕え、検地や蔵入地（直轄地）の管理などを担った。長盛のサン・フェリペ号乗組員への対応がフランシスコ会士と教徒の処刑のきっかけになってしまった　「肖像集」　国立国会図書館デジタルコレクション

11 浪速《なにわ》のことも夢のまた夢

朝鮮半島での戦争の一方で、秀吉は慶長二年（一五九七）九月、前年に「秀頼」と改名していた嫡男の拾（以下、秀頼）を禁裏《きんり》（天皇御所）で元服させるため、秀頼とともに新たに築いた京都新城から参内したうえ、秀頼を従四位下左近衛権中将《じゅしいのげさこんえのごんのちゅうじょう》に叙任させた。さらに翌慶長三年四月二十三日には、秀頼は数え六歳にして従二位権中納言《じゅにいごんちゅうなごん》に昇進した。この頃の秀吉は、後継の秀頼の立場を固めることに勤しんでいたのだ。

だが、同年三月十五日に山城醍醐寺《だいごじ》（京都市伏見区）で大規模な花見の宴を催して以来、病を得ていた秀吉は、六月には重篤《じゅうとく》の身となった。ここに豊臣政権は、朝鮮半島での戦局混迷に加え、天下人秀吉の重篤と後継秀頼の幼少という緊急事態に陥る。死期を悟った秀吉は、七月に諸大名・小名に改めて秀頼への忠誠を誓った起請文を提出させた。八月には病床の秀吉は、秀頼が成人するまでの間、豊臣政権を軍事・外交と秩序面で支える立場にあった有力大名を政権中枢に参加させ、政権実務を担当していた側近と共同で政治運営にあたることを求めた。いわゆる「五大老《ごたいろう》」・「五奉行《ごぶぎょう》」の設置である。

五大老・五奉行の呼称は江戸時代に付けられたものであり、同時代の呼称は定まったものがない（ここでは便宜上、五大老・五奉行を使用）。実態も、緊急時を乗り越えるために政権運営に携わることになった有力者・実務者の集団で

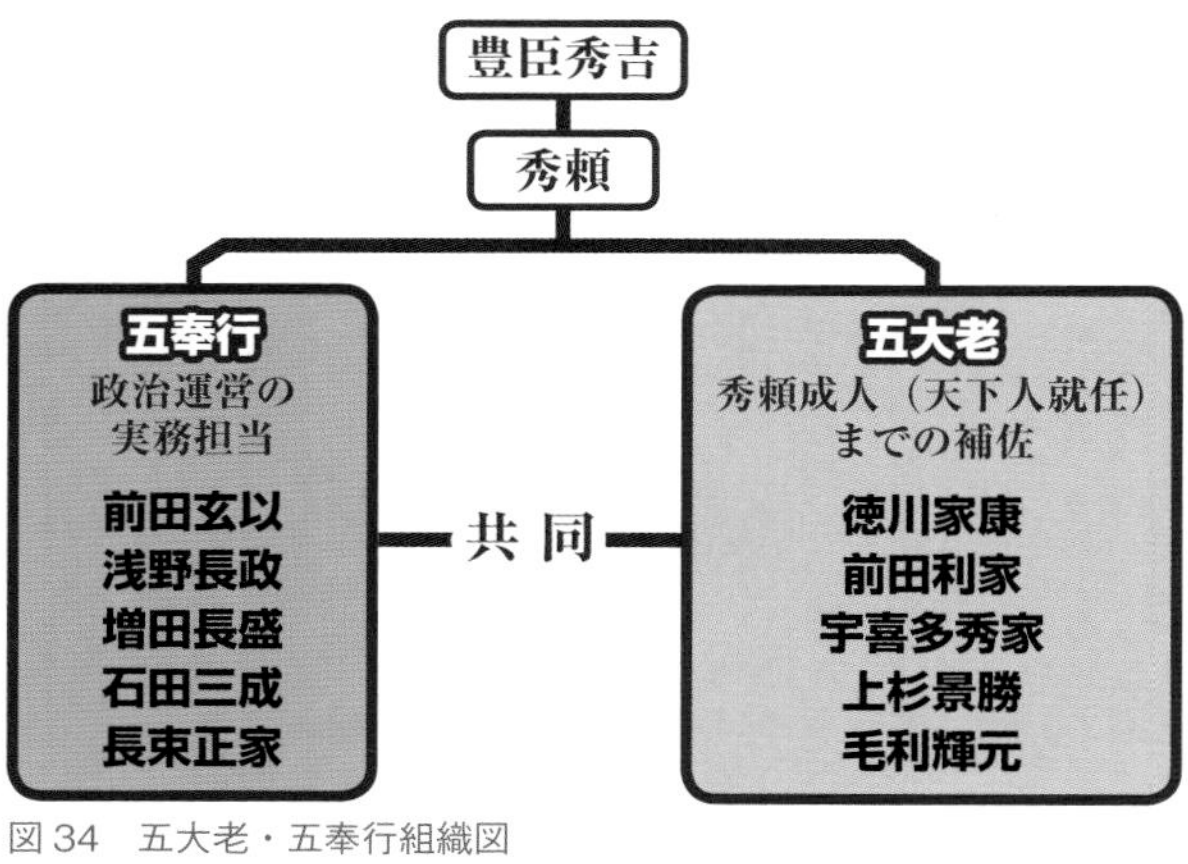

図34　五大老・五奉行組織図

あった。五大老・五奉行に配置されたのは、それぞれ次の人物たちである。

五大老…徳川家康・前田利家・宇喜多秀家・上杉景勝・毛利輝元

五奉行…前《まえ》田《だ》玄以《げんい》・浅野長政・増田長盛・石田三成・長束《なつか》正家《まさいえ》

このうち五大老は、あくまでも秀頼の成人=天下人就任までの政治運営の補佐役として、五奉行によって進められる政治運営に支障がないよう臨み、判断は秀吉の定めた通り（「太閤様御置目《たいこうさまおんおきめ》」）に行うことを求められた。ただし、家康と利家は豊臣氏（羽柴家）の親類という立場から、それぞれ伏見・大坂に滞在し、五奉行から相談を求められた際には他の大老とは異なり助言を行った。

一方の五奉行は、もともと秀吉の側近として、政策の執行、蔵入地《くらいりち》（直轄地）の経営、

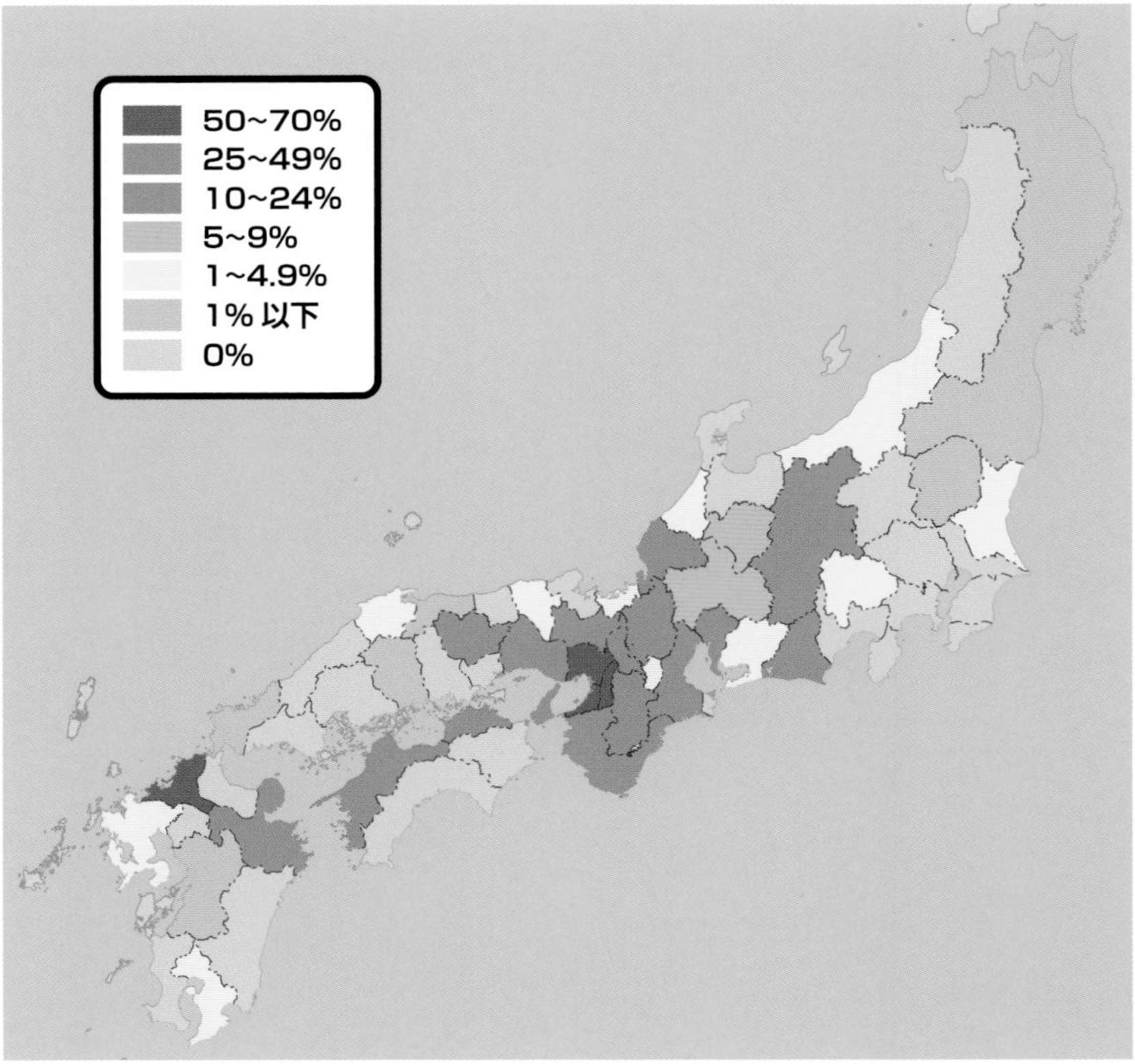

図 35　慶長３年段階における豊臣政権の蔵入地率◆豊臣政権の蔵入地は全国にわたっていた　朝尾直弘「豊臣政権論」（『将軍権力の創出』岩波書店、1994 年）掲載の図をもとに作成

訴訟処理、諸大名・小名への指示や後見、都市行政などの実務に活動してきた。そして以後も政権の政治運営を任され、彼らの談合のもとに実務は進められていった。

このように、秀吉は自身の死後の混乱を予期して、実務担当の五奉行に以後も政権の政治運営を任せたうえ、五大老の承認のもとに運営での決定事項を「権威」づけさせた。これにより、秀頼の成人＝天下人就任までの期間の運営を乗り切ろうとしたのだ。

八月十八日、秀吉は伏見城で後継秀頼の行末を頼みながら、六十二歳の波乱に満ちた生涯を閉じた。朝鮮出兵・後継秀頼の幼少という情勢のなか、混乱を避けるため秀吉の死は秘匿《ひとく》された（公表は同年冬）。そして豊臣政権は五大老・五奉行のもと、朝鮮半島からの軍勢撤退の処理などの政治運営が進められていった。しかし、早くも徳川家康と五奉行との間で対立がみられだし、やがて他の大老や出兵から帰国した諸大名・小名をも巻き込んでの政争が起きていくことになる。

紙本著色醍醐花見図屏風（部分）◆花見は近親者、女房衆、諸大名とその奥方が招かれた大規模なものだった。しかし、この頃の秀吉は老いを感じさせる風貌である。近くには北政所も寄り添う　国立歴史民俗博物館蔵

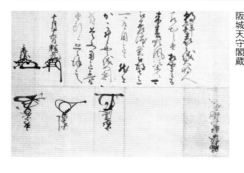

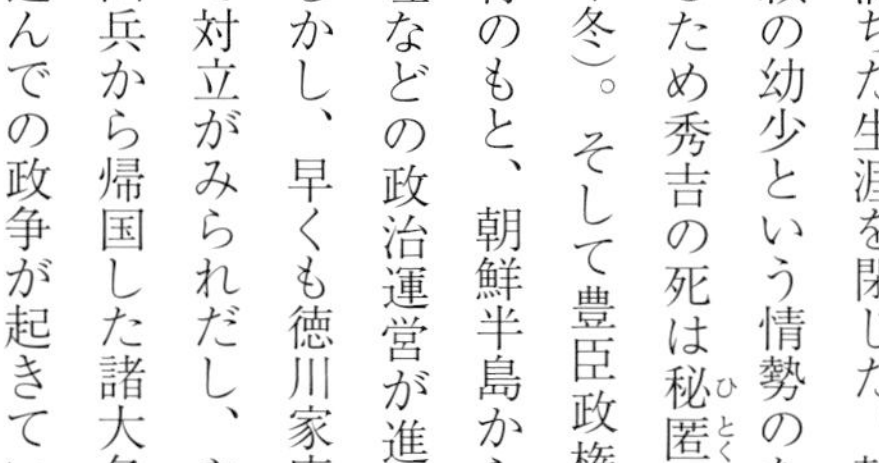
（慶長三年）十月十六日付け豊臣氏五大老連署状◆朝鮮出兵からの撤退にあたり、五大老が水軍の将である脇坂安治に救援軍派遣のための船の準備を命じており、秀吉死後の政治運営を行っていたことがわかる　大阪城天守閣蔵

コラム

集大成となった太閤検地

太閤検地とは、土地一反あたりの面積を三〇〇歩とした基準のもとで地域の土地事情を確認し、課税賦課基準を定めた調査である。調査によって把握された田畠の面積に現状に応じた基準値となる石盛《こくもり》（上田《じょうでん》はおよそ一石五斗）を掛けて、年貢賦課額を石高（米の容量に基づいた基準）で算出し、京枡《きょうます》を計測基準に年貢を納入させた。この結果、田畠を耕作し領主に年貢を納める百姓が中間マージンを取る土豪《どごう》との隷属関係から解放され、独自の経営を行うようになっていったと、それまでとは時代を画する政策として太閤検地は評価されてきた。

だが、検地自体は荘園制のもとで実施された検注《けんちゅう》の系譜を引き、すでに戦国大名の領国でも地域側の申告（指出《さしだし》）を受けて、役人を現地に赴かせる丈量《じょうりょう》検地が行われていた。太閤検地はこうした前代の事業を発展させ、それぞれの地域の現状にあわせて課税賦課基準を定めた政策であった。また、太閤検地の結果、百姓と土豪との関係がなくなったわけではなく、その後も百姓は土豪の援助のもとで活動している。

さらに、豊臣政権下の大名・小名の領国では、太閤検地とは異なる銭に基づいた貫高《かんだか》などを基準とした独自の検地が行われていた。これは、大名や小名による独自の基準で検地が実施されたとしても、豊臣政権の統一的知行・賦課基準体系とした石高制に応じた換算さえしっかりとできていればよかったことによる。

こうした政権内部の天下人秀吉と大名・小名との関係を踏まえ、太閤検地は行われていたのであった。（柴）

枡◆五奉行の増田長盛と浅野長政の花押が据えられた枡。枡にはこの写しを国中に渡すように記されており、度量衡の統一を図っていたようだ　芥田家蔵　画像提供：兵庫県立歴史博物館　撮影：東京大学史料編纂所

第五章　秀吉を支えた一族と家臣

賤ヶ岳合戦図屛風（右隻・部分）◆俗に「賤ヶ岳七本槍」と呼ばれた秀吉子飼いの武将たちの活躍を描く　馬の博物館蔵

1 「正室」北政所《きたのまんどころ》と「側室」淀殿《よどどの》

豊臣秀吉は生涯に多くの妻を持った。北政所《きたのまんどころ》（ねね、高台院）と淀殿《よどどの》もその一人である。多くの妻のなかで二人が注目されることが多いのは、北政所は秀吉の最初の妻で、淀殿は秀吉の実子を産んだからだろう。「淀殿」の呼称は、淀殿が山城淀城へ移ったことによるもので、彼女自身は生涯「茶々《ちゃちゃ》」と称している。また北政所は本来、関白の妻を指す用語である。

北政所の生年は、天文十年（一五四一）・同十七年・同十八年などの諸説があり定かではない。永禄四年（一五六一）、前田利家夫婦の仲介で秀吉と結婚したとされる。利家夫婦とは家族ぐるみの付き合いで、彼らの娘を養女や側室としている。織田信長も認める良妻であり、北政所へ宛てた手紙のなかで、信長は「あなたほどの妻を秀吉が得ることは今後なく、はげねずみ（秀吉）が不平を言っているようだが、とんでもない話だ」とまで述べている。

天正元年（一五七三）、近江浅井氏の旧領が秀吉に与えられると、北政所も長浜城へ移っている。天正十五年に従二位、翌年従一位に叙任されるなど、秀吉の妻のなかで北政所は常に別格の扱いであった。秀吉が相模国小田原や肥前国名護屋へ遠征した際には、人質である諸大名の妻子を監督する役割も務め、公私にわたって秀吉を支えた。そうした働きを秀吉も認めており、北政所に対して正式な領《りょう》知《ち》宛行状《あてがいじょう》まで与えている。

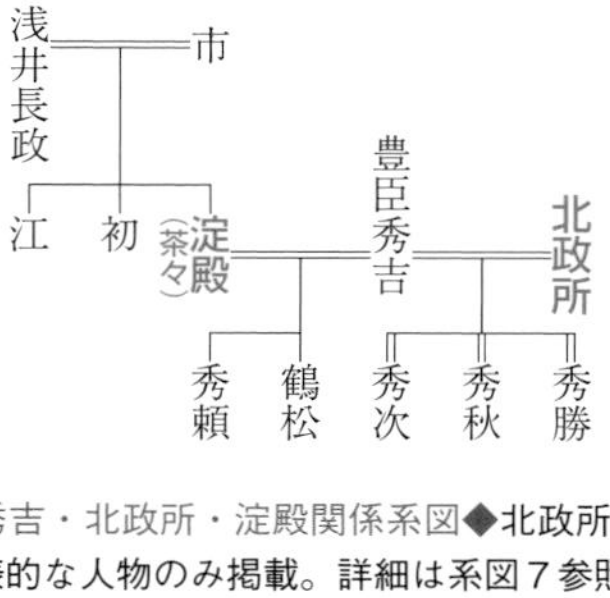

系図５　秀吉・北政所・淀殿関係系図◆北政所の養子は代表的な人物のみ掲載。詳細は系図７参照

淀殿は、近江小谷城主の浅井長政と信長の妹・市《いち》との間に生まれた。生年は永禄十年とされてきたが、近年の研究では永禄十二年とも考えられている。秀吉と関係を持つのも、かつては天正十六年頃といわれていたが、近年では天正十二年時点で秀吉へ嫁いでいたという説もある。天正十二年は、茶々の妹・江《ごう》が尾張大野《おおの》城（愛知県常滑市）の城主・佐治《さじ》一成《かずなり》に嫁いだ年だ。姉より先に妹が嫁ぐのは不自然で、天正十二年の段階で淀殿の嫁ぎ先は決まっていたとする考え方である。天正十七年五月に鶴松、文禄二年（一五九三）八月に秀頼と、秀吉の子を二人産んでいる。鶴松は天正十九年八月に夭逝《ようせつ》するが、秀頼は無事に成長し、秀吉が淀殿の母乳を心配する手紙も残されている。

高台院画像◆「高台院」は北政所が秀吉の死後に仏門に入り、朝廷から賜った院号「高台院快陽心尼」（のちに高台院湖月心尼）にちなむ。秀吉の死去まで彼を支え続けた人物である　京都市東山区・高台寺蔵

ビロード・マント◆秀吉着用といわれ、北政所のもとにあったものである。のちに北政所の兄・木下家定の孫にあたる木下利次に受け継がれた。秀吉着用のものを北政所が大事にしていたことが想像できる　名古屋市秀吉清正記念館蔵

一般に、北政所は秀吉の「正室」で、淀殿は「側室」といわれる。しかしこれは、一夫一妻制が定着した江戸時代以降の認識で、淀殿は当時の認識ではいわゆる「第二夫人」であった。端的にいえば、北政所と淀殿の立場はほぼ対等であったのだ。

ちなみに、両者はしばしば対立の構図で描かれる。俗に「天下分け目」といわれる関ヶ原の戦いでは、西軍：石田三成—淀殿VS東軍：徳川家康—北政所といった具合である。しかし、当時の史料をみていくと、このような構図は成り立たないようだ。関ヶ原の戦い前に、徳川家重臣の榊原康政《さかきばらやすまさ》が出羽国秋田《あきた》郡（秋田県北部）などの小名・秋田実季《あきたさねすえ》に送った書状では、三成と大谷吉継《おおたによしつぐ》が謀反を起こしたので上洛してほしいと、大坂にいる淀殿が言ってきたので急ぎ上洛すると述べている。実際に淀殿がそのような要請をしたかは定かでないが、東軍方も手紙のなかで淀殿の名前を出して、つながりをアピールしている。

一方、西軍方が家康の罪を宣伝した「内府《だいふ》（内大臣。家康のこと）ちがいの条々」には、家康の罪の一つとして、北政所がいた摂津大坂城の西の丸に入ったことがあげられている。西軍も北政所を大義名分に家康を糾弾しているのである。

また、この時期の北政所と淀殿の行動をみると、両者が協力していた興味深い事実が浮上する。それは、近江大津《おおつ》城（大津市）をめぐる籠城戦でみられる。大津城を守っていたのは東軍方の京極高次《きょうごくたかつぐ》で、妻が淀殿の妹・初《はつ》、姉（もしくは妹）が秀吉の妻の一人・松《まつ》の丸殿《まるどの》という人物である。そうした縁もあって、北政所と茶々は協力して停戦を実現したといわれる。なお、停戦がなされたのは九月十五日で、関ヶ原の戦いが行われた日である。

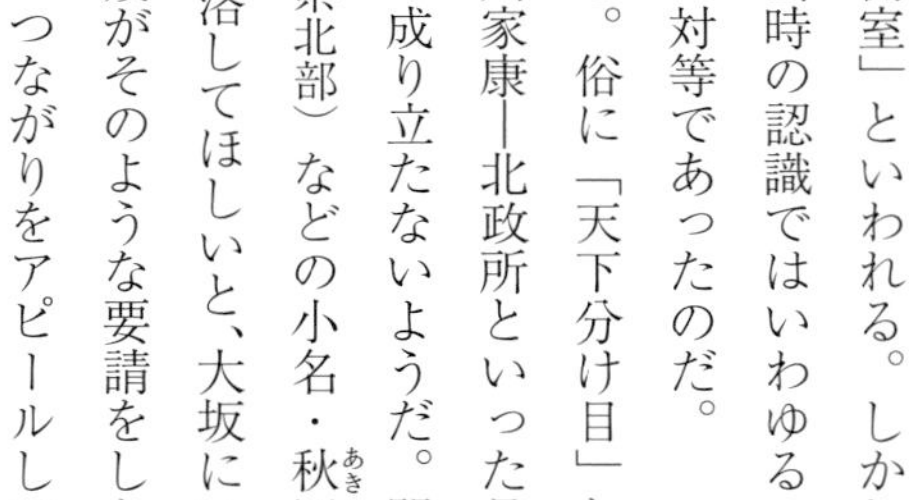

京極家墓所◆中央の石廟が高次の墓である。墓所は高次の子孫・高豊が江戸時代の初めに歴代当主の墓を一堂に集め、補修・整備したものである。高次は初や松の丸殿の関係もあり、秀吉に仕え、豊臣姓も下賜されている　滋賀県米原市・清瀧寺徳源院境内

その点でも大きな意味のある停戦であった。

さらに、関ヶ原の戦い後の北政所の行動にも興味深いものがある。二日後の九月十七日、北政所は後陽成天皇の母親の屋敷に避難しているのだ。甥・小早川秀秋の寝返りで、自身に危険が迫ると考えての行動だろう。

北政所は慶長八年（一六〇三）十一月に出家し、「高台院《こうだいいん》」と名乗る。その事実から、京都高台寺で「隠棲《いんせい》」していたイメージがある。しかし、彼女は高台寺の建立後も、実は同寺に移住していなかったことが近年明らかになっている。

それでは、関ヶ原の戦い後の北政所と大坂城の秀頼・淀殿との関係はどうだったのだろうか。北政所は出家後も大坂城へ下り、秀頼や淀殿と交流している。また、秀頼から「高台院」宛ての手紙も残されている。つまり、北政所と淀殿とは基本的に利害がぶつかることがなく、豊臣氏（羽柴家）存続のために協調していたのだ。

伝淀殿画像◆秀吉が仕えた信長の姪にあたる。秀吉の寵愛を受け、鶴松と秀頼の二子を産んだ。淀殿は秀頼とともに豊臣氏（羽柴家）存続のために最後まで力を尽くした　奈良県立美術館蔵

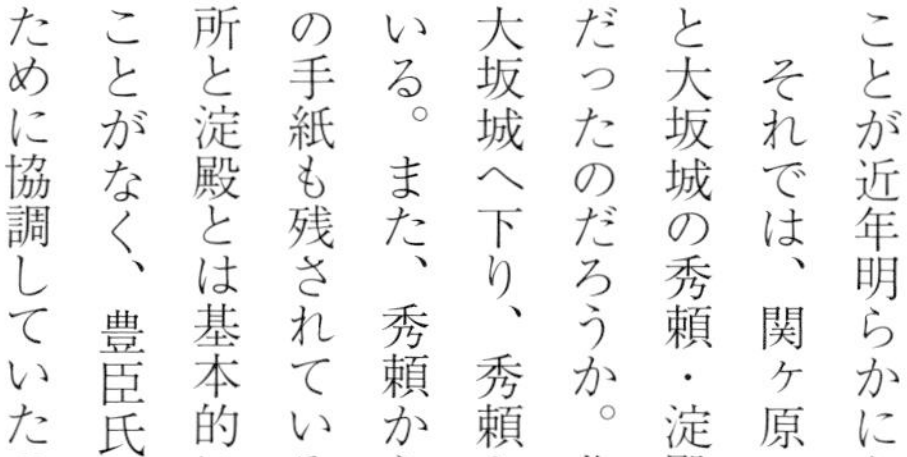

淀古城跡◆水運の要衝にあった城で、秀吉の弟・秀長が改修し、茶々の産所としたらしい。ここに茶々が入ったことで「淀殿」と呼ばれるようになった。淀古城跡の碑は妙教寺境内にある　京都市伏見区

2 才覚にあふれた弟の秀長《ひでなが》

豊臣秀長《ひでなが》は、秀吉の異父弟である。仮名は小一郎《こいちろう》で、実名ははじめ織田信長から「長」の一字を与えられ、「長秀《ながひで》」と称した。兄・秀吉の出世によって彼に仕え、天正二年（一五七四）頃から活動がみられはじめる。『信長公記』によれば、同年の伊勢長島一向一揆の討伐戦に参戦している。秀吉の名がみられないので、一説には兄の代理で派遣されたともいわれている。秀吉による中国地方の攻略戦では、但馬平定や因幡鳥取城攻めに尽力し、但馬竹田城（兵庫県朝来市）の「城代」を務めている。

天正十年の山崎の戦い、翌天正十一年の賤ヶ岳の戦いにも従軍し、秀吉が摂津国大坂を本拠にすると、秀長は播磨・但馬両国の支配を任された。ただし、秀長自身も合戦のため領国を留守にすることが多く、家臣が代わりに実務を担っている。また、秀吉が家臣に播磨国内の領地を与えた事例や寺領の申告を命じた例もあり、秀長の支配が一円に貫徹されていたわけではなかったようだ。天正十一年七月には受領名の美濃守《みののかみ》を称し、小牧・長久手の戦いの最中の天正十二年九月頃には、実名を長秀から「秀長」へと改めた。

天正十三年の長宗我部氏攻めでは秀吉の代わりとして出陣し、四国を平定した。その功績もあり、同年に大和・和泉・紀伊の三ヶ国を与えられ、筒井氏に代わって大和国に入る。大和国は興福寺《こうふくじ》など有力寺社が多く存在し、その統治が課題であった。そこで、信頼する弟の秀長に支配が命じられたのだろう。秀長の大和支配では、武器の徴発・座の廃止・

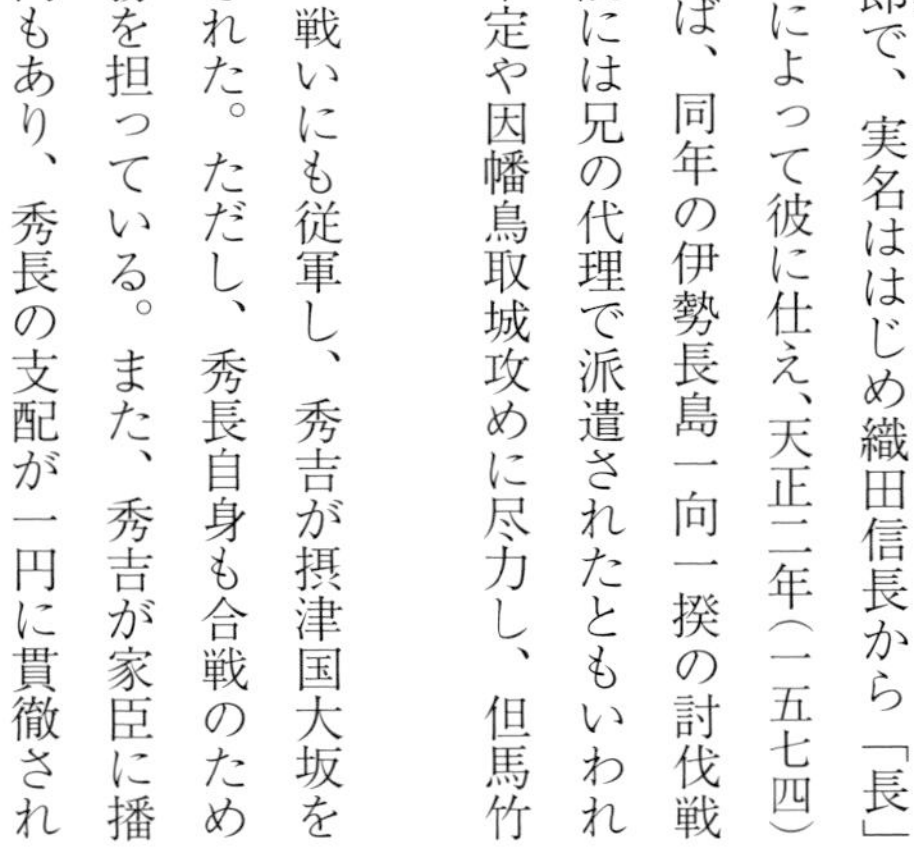

竹田城跡◆標高三五三・七メートルの古城山山頂に築かれた山城で、石垣遺構がよく残っている。秀長も城代を務めていた際に改修を加えたという。天正八年、秀長が出石・有子山城に移ったため、竹田城は秀長の家臣・桑山重晴に預けられた　兵庫県朝来市

京枡《きょうます》の導入などの政策が行われた。一方で春日社《かすがしゃ》の社殿の修理もしており、政権の意図が達成されれば寺社を保護するという硬軟交えた統治であった。

秀長は、秀吉から頼りにされた補佐役でもあった。豊後の大友宗麟は、秀長を千利休《せんのりきゅう》（宗易《そうえき》）と並んで豊臣政権の「双璧」だと評している。天正十五年の九州攻めでは豊臣軍の先鋒として活躍している。九州平定後には、従二位権大納言となる。これは政権のなかで徳川家康と並び、関白秀吉、正二位内大臣の織田信雄に次ぐ地位だった。家康は秀吉の妹婿《いもうとむこ》であり、秀吉が二人の「弟」を重視していたことがわかる。

天正十八年、織田信雄が国替えを拒否したことで失脚すると、秀長は名実ともに豊臣政権のナンバー2となる。しかしこの頃、秀長は重病の身にあり、翌天正十九年正月二十二日、快復することなく、居城の大和郡山城（奈良県大和郡山市）にて五十二歳で死去した。興

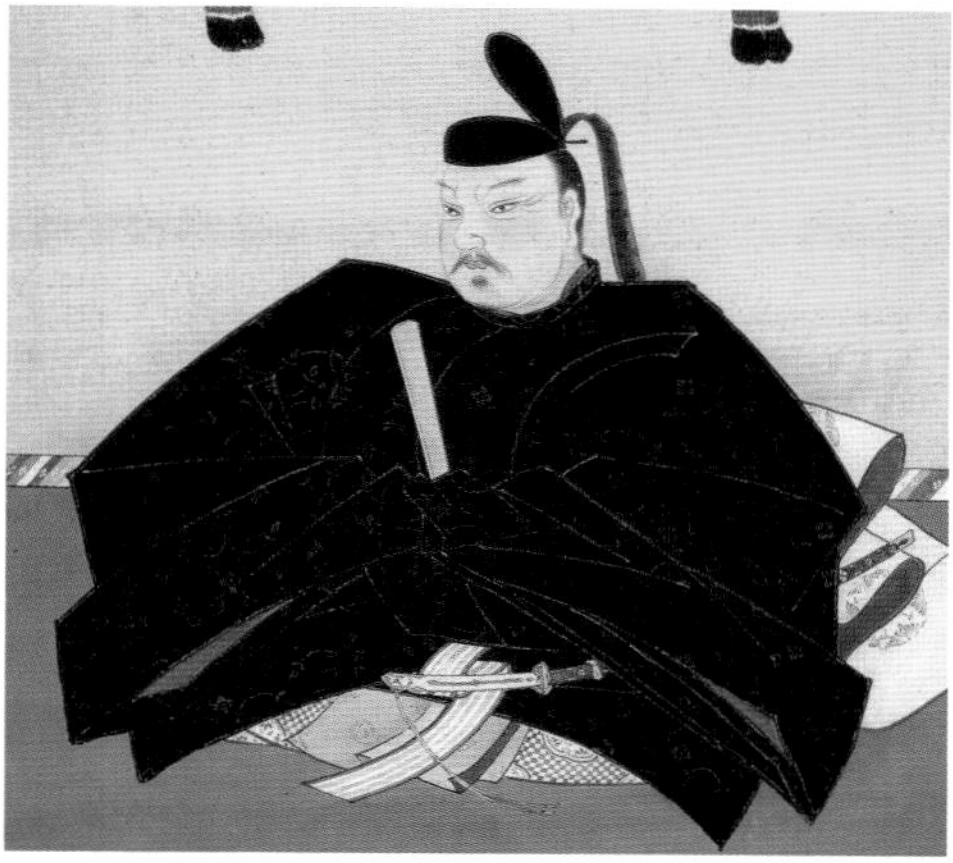

豊臣秀長画像◆画像を所蔵する春岳院は秀長の菩提寺である。画像の落款などから、天明8年（1788）、春岳院で秀長の二百回忌が執り行われた際に新調されたものと考えられている　奈良県大和郡山市・春岳院蔵

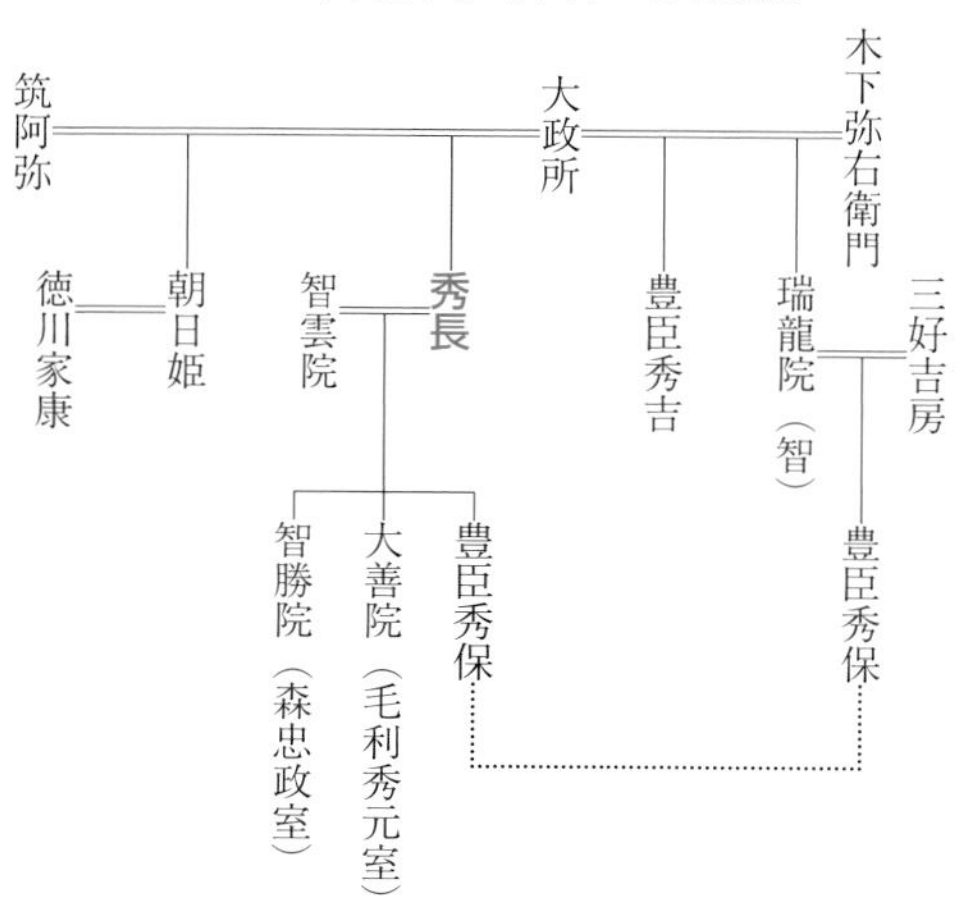

系図6　秀吉・秀長関係系図

福寺の僧侶が記した『多聞院日記《たもんいんにっき》』によれば、大和郡山城には秀長が貯蓄した金五万六〇〇〇枚と部屋一杯の銀が残されていたといわれる。

秀長の死後、その金銀をめぐって「金商人《かねあきゅうど》事件」が起きた。「金商人」と呼ばれる金の売買や両替を営む商人の小売な金子の貸しつけによって自殺者が発生し、一揆の噂が広まった。秀吉はこの騒動の収拾に徳政令《とくせいれい》（債務破棄命令）を発し、「金商人」を逮捕する。

ところが、高利貸しに苦しんだ町人は徳政令発令に勢いを得て、秀長と代官の不正を告発した。その内容は、秀長も貸しつけをしており、代官や「金商人」の不正を黙認していたというものだった。結果、当事者の事情聴取や「金商人」の逮捕はなされたが、結局誰

秀長が居城とした大和郡山城跡の石垣と堀◆奈良県大和郡山市

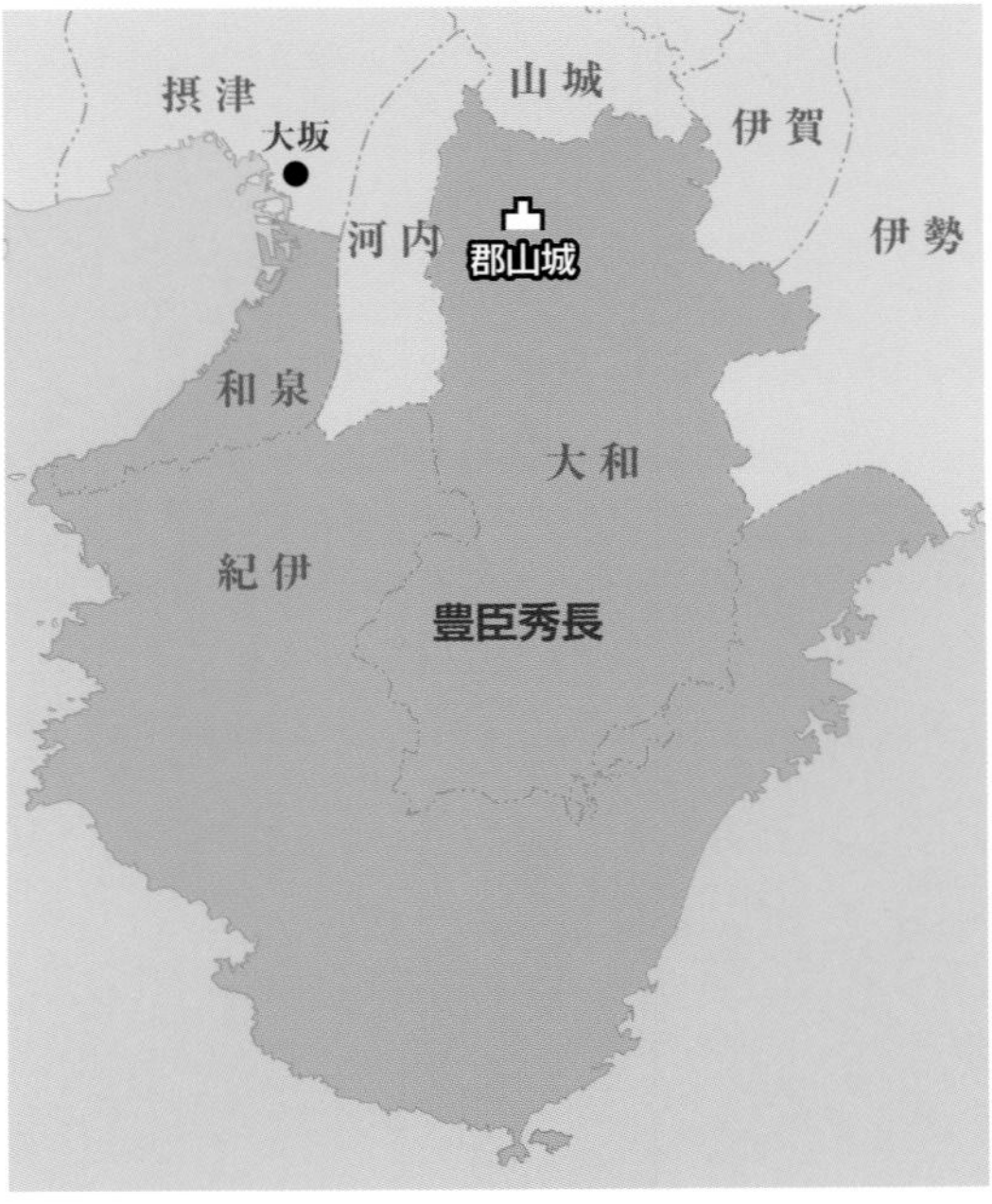

図36　豊臣秀長の管轄範囲◆金松誠『シリーズ・実像に迫る019　筒井順慶』（戎光祥出版、2019年）掲載図を一部改変

も処罰されなかった。どうやら弟の不正疑惑ということや、「唐入り」の最中だったことが影響したようだ。また、罪を逃れるため「金商人」が秀吉に献金をしたともいわれている。

秀長には男子がなく、養子の秀保《ひでやす》が跡を継ぎ、秀長の遺領を相続した。秀保は秀次の弟で、秀長にとって甥にあたる。天正十六年に秀長の養子となり、秀長の娘と婚姻している。文禄元年（一五九二）、従三位権中納言になり、「大和中納言《やまとちゅうなごん》」と称された。もう一人の兄秀勝よりも上位で、一門衆では筆頭の扱いであった。文禄二年、家康らが連名で提出した起請文では、家康の次に署名している。ところが文禄四年四月十六日、秀保は十七歳の若さで病死した。大和・和泉・紀伊という主要な国々を治めていた一門衆の秀保の死が、同年七月に起きた秀次事件の遠因になったとみる見解もある。

大納言塚◆大和郡山城で死去した秀長はここに葬られた。豊臣氏（羽柴家）の滅亡を経て一時墓地は荒廃したが、安永6年（1777）に春岳院の僧が郡山町中の協力を得て、五輪塔を建立するなど整備された　奈良県大和郡山市・春岳院境内

秀長には、秀保に嫁いだ娘のほかに養女を含めて娘が二人いた。一人は秀長の死後、秀吉の養女として、毛利輝元の養子・秀元《ひでもと》と婚約している。もう一人は森忠政《もりただまさ》（森可成《よしなり》の末子、秀吉死後に信濃国川中《かわなか》島《じま》を経て美作《みまさか》津山《つやま》城〔岡山県津山市〕の城主となる）に嫁いだ養女で、婚姻の時期は文禄三年と伝わる。

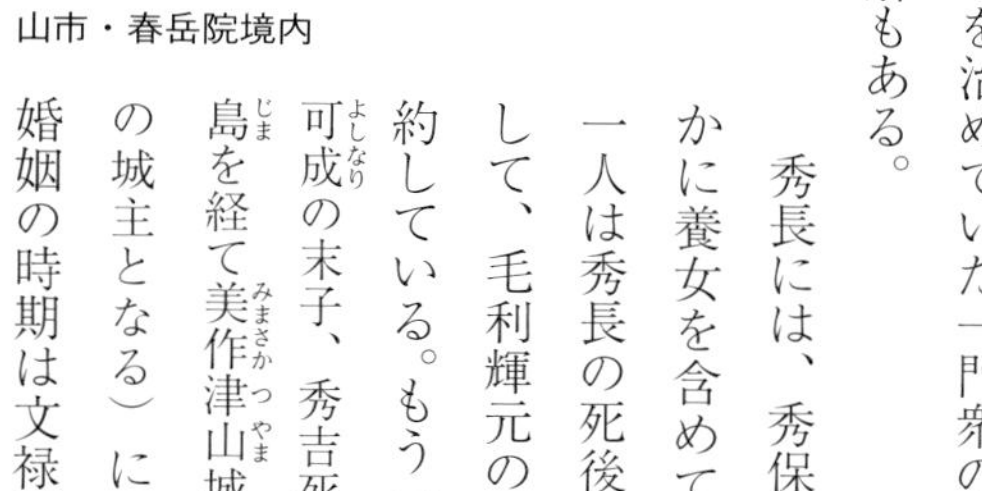

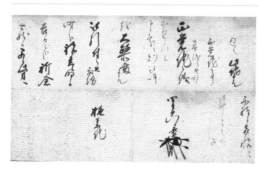

（天正十八年）四月十八日付け豊臣秀長書状◆病の秀長が快復を願う春日大社参籠を終えて京都に戻ったところ、出発前に秀吉の侍医・施薬院全宗を通じて祈禱をお願いしていた延暦寺の僧・正覚院豪盛が留守中に秀長邸を訪れていた。そして、今は母・大政所の屋敷に留め置かれており、明日が吉日であれば祈禱をお願いしたいと施薬院にうかがっている　大阪城天守閣蔵

3 人質となった妹・朝日《あさひ》姫と母・大政所《おおまんどころ》

朝日姫《あさひひめ》は秀吉の異父妹といわれ、天正十四年（一五八六）五月に徳川家康の正室となった。秀吉と家康との関係は、両者が激突した小牧・長久手の戦いを経て、この時期は悪化していた。合戦直後、家康は秀吉に二男の於義伊《おぎい》（のちの結城《ゆうき》秀康）を差し出したが、秀吉はこれを養子として扱い、さらに徳川家家臣からの人質を要求した。徳川氏がこれを拒否すると、秀吉は家康攻めを決定する。しかし、織田信雄の仲介によって合戦は回避された。そうした両者の関係修復のため、徳川方の求めに応じて朝日姫は家康のもとに嫁ぐこととなる。

朝日姫の輿入れと引き換えに、徳川家から人質を取った秀吉は、今度は家康の上洛を求める。秀吉は当初、徳川氏の「真田成敗」を容認し、そのうえで家康の上洛を促していた。ところが、「真田成敗」が延期され、一刻も早い家康の上洛が求められる事態となった。そこで家康の上洛と道中の安全確保のために、秀吉の母・大政所《おおまんどころ》が人質に出されたのだ。

大政所は一度目の結婚で智《とも》（秀次らの母）と秀吉、二度目の結婚で秀長と朝日姫を産んだといわれる。二度とも夫に先立たれ、秀吉に引き取られた。天正十三年、秀吉が関白になると、関白の母親として「大政所」と尊称された。七十四歳のときに家康のいる遠江国浜松（静岡県浜松市）へと下り、それを受けて家康が上洛することとなった。上洛にあたって家康は、万一自分に何かあったとしても、正室を殺害しては恥なので朝日姫には手を出

朝日（旭）姫の墓（供養塔）◆朝日姫の墓は南明院（京都市東山区）にあるが、家康は駿府にも墓を建てて朝日姫の菩提を弔った。ここには小田原合戦のときに秀吉も参詣して冥福を祈ったという　静岡市葵区・瑞龍寺境内

さず、大政所を殺害するよう命じたとも伝わる。十月、家康は摂津大坂城で秀吉に拝謁する。朝日姫との縁組によって、家康は秀吉の義弟となり、以後は一門衆として豊臣政権下で重視されていく（第三章8参照）。

家康の正室となった朝日姫には、家康との間に子はできなかったが、秀吉は家康に対して、朝日姫との間に子ができても、後継者としないことを約束していた。天正十六年、大政所が京都で病床につくと、朝日姫は見舞いと称して上洛し、そのまま京都に滞在し続けた。これを理由に、家康と朝日姫の不和が論じられる。しかし、豊臣政権が大名の妻子を人質として畿内に住まわせていたことを考えれば、家康の正室が在京していたのは不自然なことではない。

二年後の天正十八年正月十四日、母の大政所よりも早く、朝日姫は四十八歳で病死する。家康は東福寺《とうふくじ》に霊殿《れいでん》を建立するなど、亡き妻を手厚く葬っている。なお、秀吉の養女である小姫《おひめ》と秀忠《ひでただ》との婚礼や、関東への出兵を考慮して、朝日姫の死は約十日遅れて公表された。

大政所は、文禄元年（一五九二）七月二十二日に病死した。このとき秀吉は朝鮮出兵のため肥前名護屋城に在陣しており、母親の死を看取ることはできなかった。

大政所画像（模写）◆大政所の死去後、秀吉は文禄元年、高野山に剃髪寺（のちの青巌寺）を造立させて手篤く供養した。なお、青巌寺は秀次が切腹した寺院でもある　大阪城天守閣蔵

4 悲運な後継者、秀次

豊臣秀次《ひでつぐ》は秀吉の姉・智の長男で、弟に秀勝・秀保がいる。秀勝は秀吉の養子、秀保は秀吉の弟・秀長の養子となったが、秀勝は文禄元年（一五九二）九月に朝鮮で、秀保は文禄四年四月に大和国で病死した。

秀次の享年は従来二十八などとされてきたが、近年の研究では三十二とする説もある。前者ならば生年は永禄十一年（一五六八）、後者ならば永禄七年（一五六四）となる。はじめ宮部《みやべ》氏、次に四国の阿波三好氏と他家の養子になっており、最初は「信吉」と名乗っていた。天正十三年（一五八五）、秀吉の一門衆として「秀次」と名乗り、閏八月、近江八《はち》幡山《まんやま》城（滋賀県近江八幡市）の城主を任される。八幡山城は安土に代わる近江国の拠点で、上下水道や城下町の整備に尽力した。同年十月、秀次は参内し、少将《しょうしょう》に任官され、殿《てん》上人《じょうびと》となった。秀吉の一族では秀長に次ぐもので、秀次は早くから一族内で重要な立場にあった。

前年の小牧・長久手の戦いでは、徳川勢の攻撃で池田恒興・森長可といった武将を失い、秀吉から叱責されている。しかし、秀次の処遇に変化はなく、四国の長宗我部攻め、九州の島津攻めにも従軍した。また天正十六年、従二位権中納言となっている。天正十八年の小田原合戦にも参陣し、戦後に改易された織田信雄の旧領国だった、尾張国と北伊勢五郡を与えられた。

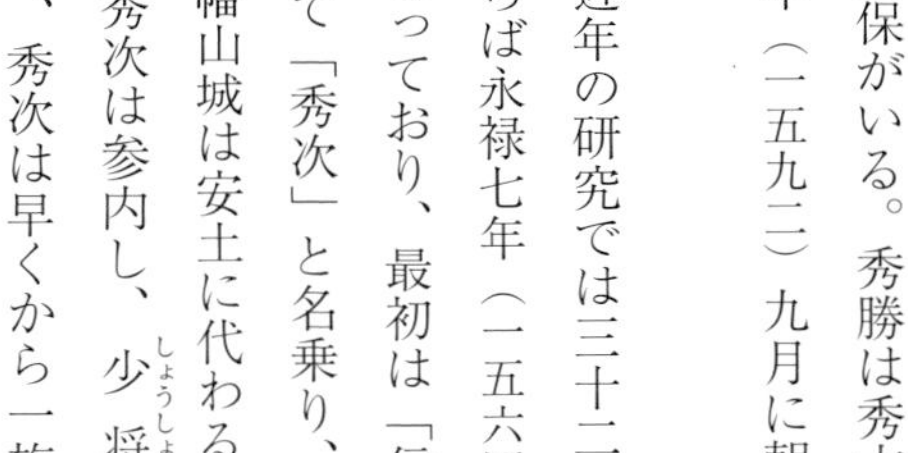

秀次居館跡の石垣◆秀次の居館は八幡山城の南面の山腹に築かれた。秀次の居館のほか家臣の屋敷もあった。石垣に使用された石は巨大なものが多く、権威を示す目的もあったのではないかといわれている　滋賀県近江八幡市

ただし、秀次はその後、関白となったので、尾張国に在国することは基本的になく、現地の統治は養父・三好吉房《よしふさ》（常閑《じょうかん》）が担当した。天正二十年、秀次は尾張国の検地を命じ、統治に関する掟書を出している。このとき京都聚楽第で関白として活動する立場にあったが、掟書のなかで常閑の独断を封じるなど、領国支配も怠らなかった。当時の尾張国は地震や河川の氾濫で疲弊しており、そのため秀吉が自ら尾張国に下向し、復興方針を打ち出している。叔父からの支援もあって、秀次自身も堤防の普請を命じている。

天正十八年末、奥羽地方で一揆が発生する。このとき秀次は徳川家康らの協力を得て、総大将として陸奥国の一揆を鎮圧する（第四章5参照）。戦後には伊達政宗と蒲生氏郷の領

月岡芳年『月百姿』「おもひきや雲ゐの秋のそらならて　竹あむ窓の月を見んとは　秀次」◆明治時代の錦絵で秀次切腹の場面が描かれている。江戸時代以降、秀次は悪行や乱行が目立ち素行に問題がある人物として取り上げられているが、後世の創作といわれている　国立国会図書館デジタルコレクション

八幡山城跡から安土を望む◆八幡山城は信長の居城であった安土城の西方に位置する。八幡山城築城の際、安土城に残存した城郭の一部や城下の町屋を移築して城と城下町の整備を進めた　滋賀県近江八幡市

地の確定も主導している。

翌天正十九年八月、秀吉の唯一の実子・鶴松が死去すると、十二月二十八日、関白となった。朝鮮出兵を見据えた秀吉は国内の安定を図るべく、甥の秀次に関白職を譲ったのだろう。さらに秀吉の構想では、明・朝鮮を征服した後、秀次を「大唐関白」、つまり中国の関白にする予定だったとされる。

文禄二年（一五九三）八月、秀吉に実子・秀頼が誕生する。秀頼の誕生が二年後の秀次事件につながるという見方が一般的だが、秀吉に秀次を排斥する意図は必ずしもなかった。秀吉は、日本を五つに分け、そのうち四つを秀次、一つを秀頼のものとする案を提示し、秀次の娘と秀頼の縁組も画策するなど、秀頼と秀次の共存を模索していたのである。そして翌文禄三年には、秀吉に代わって秀次の肥前名護屋出陣も決定されている。

関白の秀次と太閤の秀吉は、どのような関係だったのだろうか。秀次は関白在任中、本願寺の宗主・顕如の後継者争い、文禄三年四月の前左大臣・近衛信輔の配流事件、文禄四年二月の蒲生氏郷遺領問題などの対応に関与している。このため、秀次が秀吉も無視できない政治的実権を持っていたといわれる。秀吉から譲られたとはいえ、秀次は現職の関白として天皇の意志を取り次ぐ役割があり、秀吉もそれを尊重せざるをえなかったのではないかという考えである。

しかし、これらの問題では、実際には秀吉朱印状と秀次朱印状がセットで発給されているなど、秀吉の介入がみられる。このため近年では、秀吉による秀次の後援策という見方

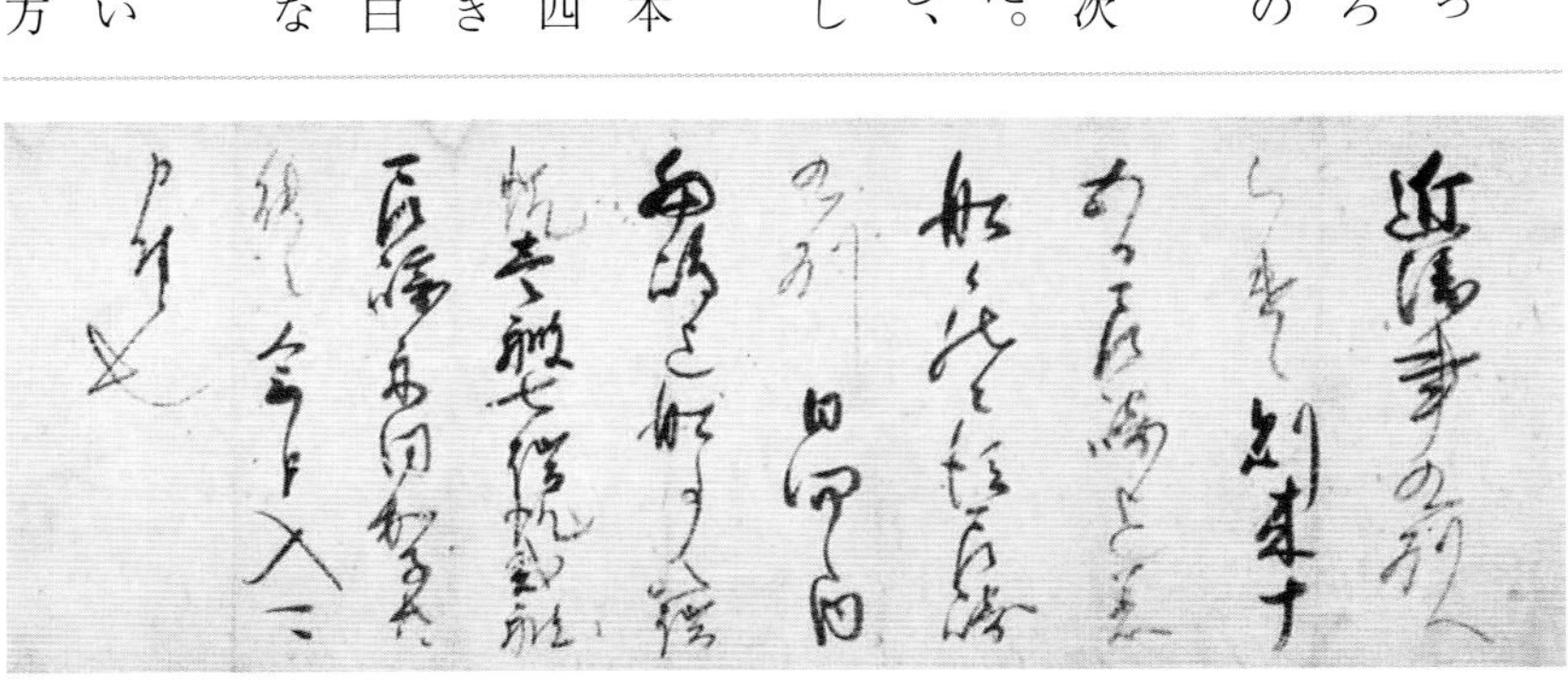

もある。つまり、秀吉は自身の権限を徐々に委譲して、秀次への円滑な代替わりを目指したというものだ。このあり方は、のちの江戸幕府での大御所・家康、将軍・秀忠の二元政治にもみられる。

文禄四年七月、秀次は関白職を解かれて高野山へ追放され、切腹した。翌月には、秀次の妻子三〇人余りが京都の三条河原で処刑される。一連の出来事は「秀次事件」と呼ばれ、数少ない親族を抹殺した秀吉晩年の蛮行《ばんこう》・愚行《ぐこう》とも説明されるが、近年では秀吉に秀次を追放し、切腹させる意図はなかったともされる（第四章8参照）。しかし事実として、秀次一族は抹殺された。この事件が豊臣政権崩壊の一因となったことは否めない。

豊臣秀次の墓◆秀次の墓があるこの区域は慶長16年（1611）の瑞泉寺創建にあわせて築かれた。石塔の下にある石櫃は秀次の首を納めたもので、秀次が自害した「七月十五日」の文字も刻まれている　京都市中京区・慈舟山 瑞泉寺境内

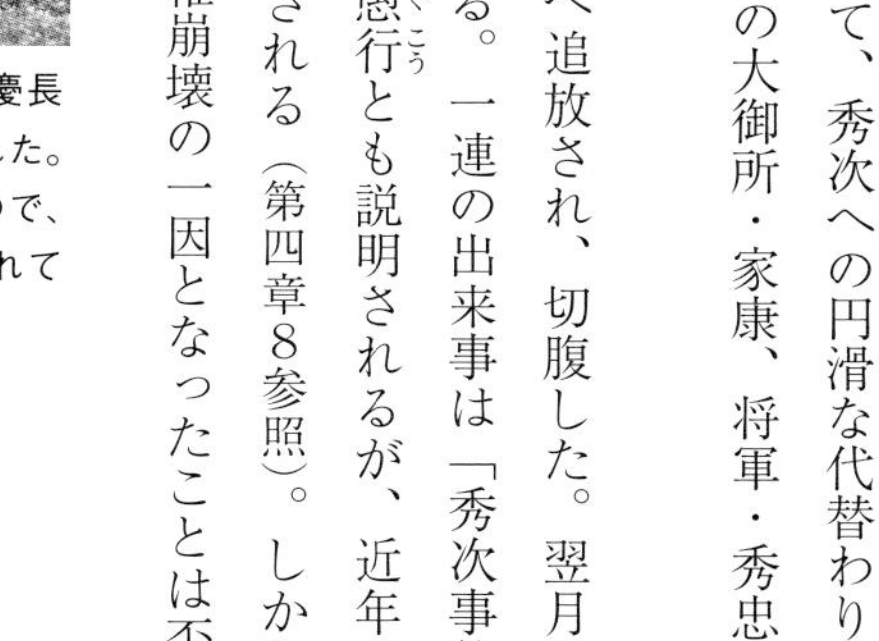

（文禄三年）卯月十三日付け豊臣秀次朱印状◆近衛信輔の配流に際し、実務処理にあたった秀次が、秀吉の馬廻組頭・石川光元に出したものである。信輔は朝鮮出兵のときに自身も渡海したいと肥前名護屋城に赴くという、廷臣として目に余る奔放な行動を取ったため、秀吉と後陽成天皇の怒りを買い、薩摩国へ配流となった。秀次の文書では日向国細島（宮崎県日向市）までの船と水夫の手配が石川に命じられている　尼崎市教育委員会蔵

5 運命を託された子の秀頼《ひでより》

秀吉の子・秀頼《ひでより》は文禄二年（一五九三）八月三日、摂津大坂城の二の丸で誕生した。拾った子は良く育つという俗信から、幼名は拾《ひろい》と名付けられた。秀吉はより疎略に扱うべく、「ひろい」と呼び捨てるよう指示した。ところが、実際には秀吉本人が「おひろい」と「お」を付けて呼んでいる。秀吉は、乳母《めのと》に任せて夭逝した長男・鶴松の反省から、生母の淀殿自身が拾を養育するよう、異例の指示を出している。

拾の誕生を受けて、秀吉は文禄三年正月から伏見城の本格的な普請を開始する。四月には拾を大坂城から伏見城へ移そうとしたが、鶴松が二歳で上洛した直後に亡くなっているので、淀殿が反対し、十一月に延期となった。

文禄四年七月、秀次事件が発生すると、諸大名は拾への忠誠を誓う起請文を提出する。さらに八月三日には、徳川家康ら有力大名の連名で「御掟」、「御掟追加」という法を定めている。八月三日は秀頼の誕生日であり、意図的にこの日付にしたといわれる。秀次事件によって秀吉の後継者は秀頼だけとなった。このとき、秀頼は数え三歳で、すぐに秀吉の後を継いで天下人、すなわち関白になることはできなかった。そのため秀頼の元服、権威づけが急務となった。

翌文禄五年（慶長元年、一五九六）五月十三日、拾は元服前にもかかわらず、初の参内を果たす。これは童昇殿《わらわしょうでん》と呼ばれ、高い家格の子供にしか認められないものである。ま

『絵本太閤記』に描かれた拾の誕生
◆鶴松を亡くした秀吉と淀殿にとって、秀頼（拾）は待望の男子であった。秀吉は死ぬ間際まで秀頼が無事に成長することを祈っていた　当社蔵

た同年中に、「拾」から「秀頼」へと改名したらしい。秀頼は秀吉の後継者として順調に歩んでいた。慶長二年九月に元服すると、翌慶長三年四月、従二位権中納言に昇進した。

同年八月十八日、父・秀吉が死去する。秀吉は死に際して諸大名から繰り返し起請文を提出させ、重ねて秀頼への忠誠を命じた。秀吉自筆とされる遺言では、家康ら五大老に対して、秀頼の成長以外に思い残すことはないとも述べている。慶長四年正月、秀吉の遺言で傅役《もりやく》の前田利家とともに、秀頼は伏見城から大坂城へと移る。それ以降、後述する二条城会見を除いて、秀頼は大坂城に居続けた。慶長五年九月、関ヶ原の戦いが起きた。「天下分け目」といわれるが、実際には豊臣政権内部の主導権をめぐる戦争で、東西両軍とも秀頼への忠節を大義名分としていた。その後、秀頼の領地は六五万石に減少するが、必ずしも一大名に転落したわけではない。

慶長八年二月、家康が征夷大将軍《せいいたいしょうぐん》に就任すると、同時に秀頼が関白になると噂される。実際には秀頼は家康の後任の

豊臣秀頼画像◆画像を所蔵する養源院は淀殿が父の浅井長政の供養をしたいと秀吉に願い出て創建された寺院。その後、淀殿の妹・江によって大坂の陣で自刃した秀頼と淀殿の菩提が弔われた　京都市東山区・養源院蔵

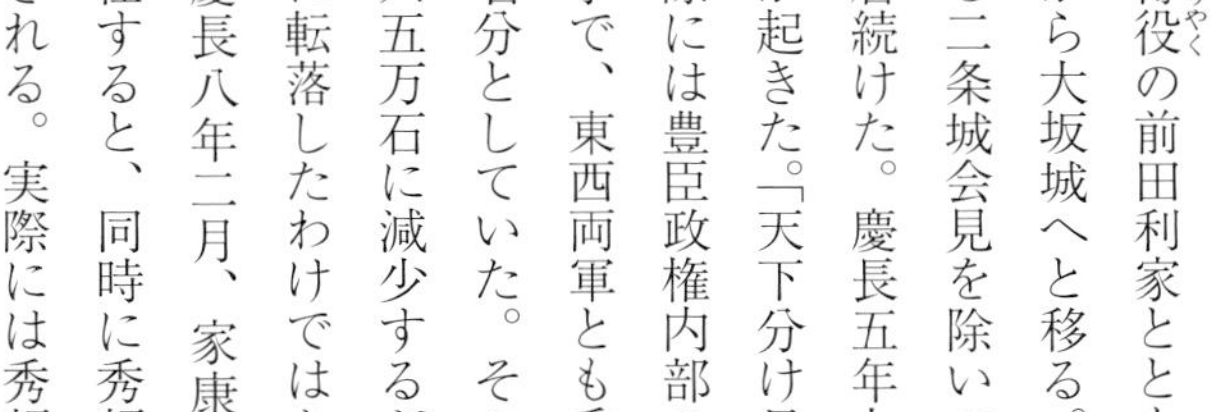

現在の大阪城◆秀頼がいた頃の大坂城の遺構は、大坂夏の陣後の徳川将軍家の改修でほとんどが埋没してしまった。現在の天守は昭和六年（一九三一）に復興されたものである　大阪市中央区

「大坂夏の陣図屏風」に描かれた戦場の様子◆敗北した豊臣方の兵と城下にいた女性や子どもが必死に逃げている場面である。戦場では追いはぎや人さらいなども行われ、敗北した豊臣方はその被害を受けていた　大阪城天守閣蔵

内大臣《ないだいじん》という官職につくが、この噂自体、秀頼が一大名ではない証拠である。慶長十年、秀頼は家康の後任の右大臣《うだいじん》に就任する。官職のうえでは、秀頼の後任で内大臣となった新将軍・秀忠《ひでただ》よりも上位である。

その一方で慶長八年七月、秀吉の遺志に従い、家康の孫娘で秀忠の長女・千姫《せんひめ》と秀頼が婚姻する。徳川氏とは、かつて家康が秀吉の妹・朝日姫を正室とするなど親戚関係にあった。江戸幕府が開かれ徳川氏の天下となっても、両氏の関係は維持されたのである（八七頁 系図2参照）。

慶長十六年三月、後陽成天皇の譲位にともない家康が上洛した際、秀頼は家康と山城二条城（京都市中京区）で会見する。会見後に家康から鷹が贈られるなど、融和関係が保たれていた。なお、家康は立派に成長した秀頼と会い、豊臣氏（羽柴家）を滅ぼす決意をしたとされる。家康の真意は定かでないが、会見後に秀頼を「賢

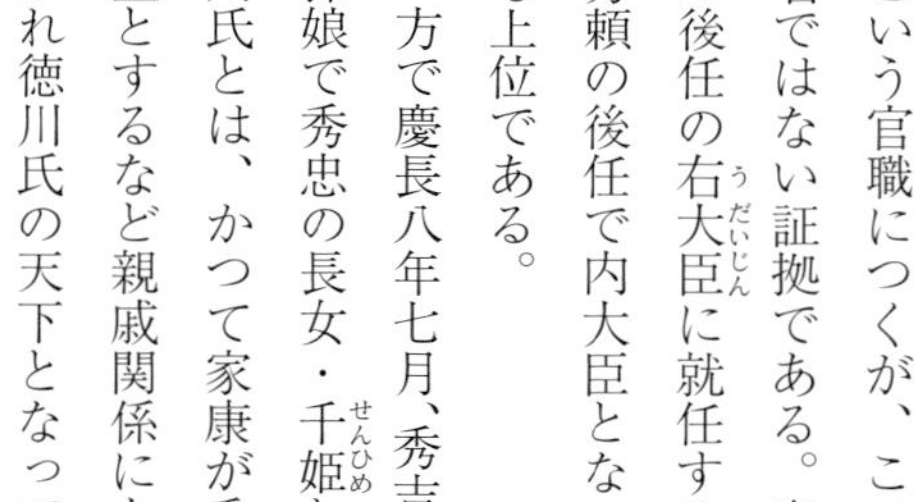

秀頼・淀殿自刃の地◆秀頼と淀殿は大坂城山里丸にあった櫓にひそみ自刃したと伝わる。山里丸は内堀に囲まれた大坂城本丸のうち、天守北側の一段低い区域のことで、秀吉の茶室も建っていた　大阪市中央区

き人」だと評したと伝わる。

慶長十九年三月、秀忠の従一位への昇進が朝廷に要請される。これは秀頼の位階（正二位）を超えるもので、この時期にそれまでの関係・秩序を変えようとする動きがあった点は注目される。

七月、京都方広寺の鐘銘をめぐって紛争が起こる。「国家安康」の文字が、家康の名を引き裂く呪いの言葉であると徳川将軍家が主張したのである。秀頼は弁明のため宿老の片桐且元を派遣するが、受け入れられなかった。その結果、交渉責任者の且元が秀頼・淀殿と不和となり大坂を退去したため交渉は決裂、戦争となってしまう。二度にわたる「大坂の陣」の結果、慶長二十年五月七日に大坂城は落城し、翌八日に秀頼は母・淀殿とともに切腹する。天下人の子という運命に翻弄された、数え二十三歳の生涯であった。

豊臣時代大坂城本丸復元模型◆東からみた豊臣時代の大坂城について忠実に再現したものであり、往時の大坂城の様相がよくわかる　大阪城天守閣蔵

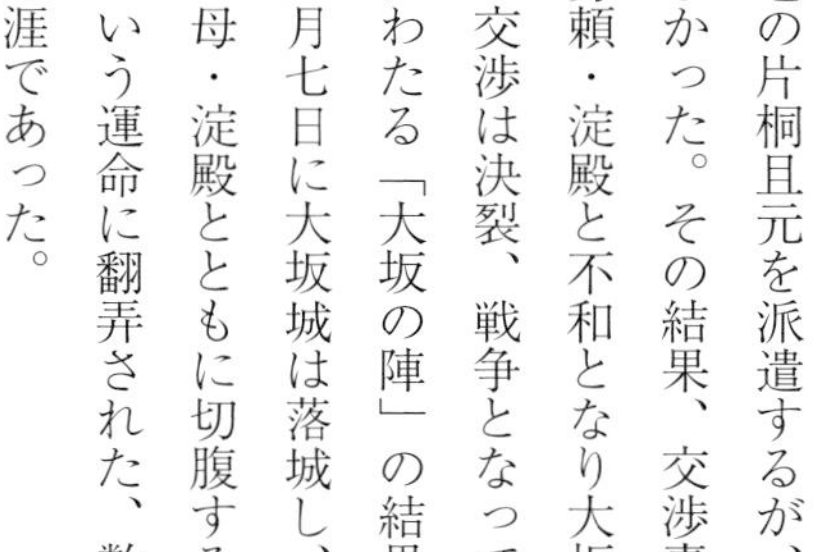

伝豊臣秀頼の墓◆伝承の域を出ないが、秀頼は大坂城からひそかに脱出し、薩摩に逃れていたという逸話がある。墓と伝わる宝塔が建っているが、塔の下からは何も出なかったという　鹿児島市　画像提供：鹿児島市教育委員会

6 秀吉の養子と養女たち

秀吉は長らく実子に恵まれなかった。一説には、近江長浜城主の時代に側室との間に子ができたともいわれているが定かではない。ともあれ、秀吉は親戚や大名の子女を養子にしていった。

秀吉には「秀勝《ひでかつ》」という養子が二人いたといわれてきた。混同を避けるため通称をとって、それぞれ於次《おつぎ》秀勝、小吉《こきち》秀勝と呼ばれる。於次秀勝は織田信長の五男である。天正五（一五七七）か六年頃、秀吉の養子になったとされる。天正十年三月、秀吉の毛利攻めに合流し、備前国児島《こじま》（岡山県倉敷市・岡山市南区・玉野市）で初陣を果たす。天正十二年、小牧・長久手の戦いでは美濃国岐阜を守って味方を援護するも、陣中で病に冒された。同年末に安芸毛利家との関係強化のため、毛利輝元の養女と婚姻する。しかし翌天正十三年十二月十日、於次秀勝は丹波亀山《かめやま》城（京都府亀岡市）で病死してしまう。

代わって丹波亀山城主となったのが、小吉秀勝である。彼は秀吉の甥にあたる。妻は浅井三姉妹の三女・江である。永禄十二年（一五六九）生まれで、天正十五年の九州出兵などに参陣している。所領給与に不満を訴えたことで一度は秀吉から勘当されたものの、美濃国大垣領五万六〇〇〇石、甲斐一国、次いで美濃国岐阜領一三万三〇〇〇石の領主と、順調に加増されている。天正二十年（文禄元年、一五九二）九月九日、朝鮮出兵の陣中で死去した。なお、当時の史料では、秀吉との関係は甥としかみられない。したがって、小

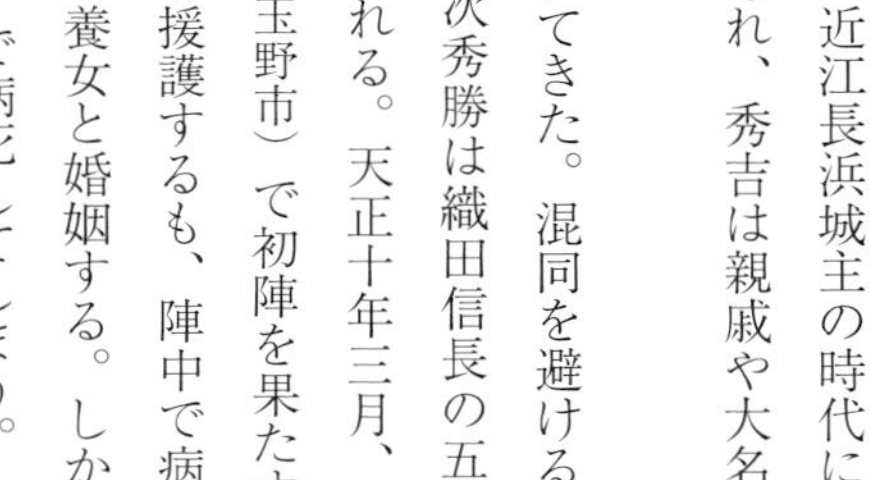

羽柴秀勝の墓◆於次秀勝と小吉秀勝のほか、長浜城時代にもうけたもう一人の秀勝がいたという説がある。この秀勝は天正四年十月十四日、幼くして死去したようだ。墓がある妙法寺は秀勝と伝わる童子姿の画像も所蔵していたが、画像は昭和二十七年（一九五二）に残念ながら焼失してしまった　滋賀県長浜市・妙法寺境内

吉秀勝が秀吉の養子であったかを疑問とする見方もある。

　豪《ごう》姫は加賀前田家からの養女である。利家の四女で、幼くして秀吉の養女となり北政所に育てられた。五大老の一人宇喜多秀家の妻となり、秀家が備前岡山城主であったので、備前御方とも呼ばれた。夫婦仲は良く、秀家との間に男子二人、女子一人をもうけている。豪姫が病気になった折、秀家が領国内の寺社に、祈禱を命じたという記録も残っている。夫の秀家が関ヶ原の戦いで敗れ八丈島《はちじょうじま》（東京都八丈町）へ流罪になると、豪姫は実家の加賀前田家へ戻っている。なお、前田家から秀吉はもう一人養女を迎えているが、こちらは天正十二年に七歳で没している。

　小早川秀秋《ひであき》は金吾《きんご》と呼ばれ、秀俊《ひでとし》、秀《ひで》詮《あき》とも名乗っていた。北政所の兄・木下家定《いえさだ》の子であるから、秀吉と直接の血縁関係はない。遅くとも天正十三年までには秀吉の養子となっている。天正十六年四月、後陽成天皇の聚楽第行幸の際、秀吉への忠誠を誓った諸大名の起請文の宛て先となっている。つまり、当初は秀吉

豊臣秀吉
- 於次秀勝（織田信長五男）＝女（毛利輝元養女）
- 秀秋（秀俊・秀詮）
- 秀次
- 小吉秀勝＝江
- 宇喜多秀家＝豪姫（前田利家四女）
  - 秀隆（秀高）
  - 秀継
  - 女
- 結城秀康（徳川家康二男・結城晴朝養子）
- 小姫（織田信雄娘）

系図７　秀吉の養子・養女関係系図

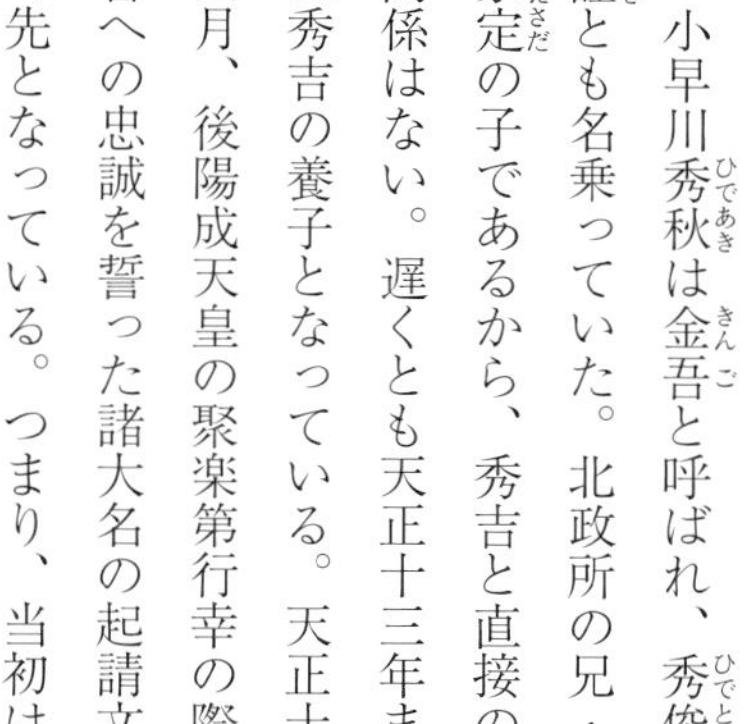

羽柴（於次）秀勝木像◆秀吉とともに行動をともにし、中国大返しや山崎の戦いの場にもいた。秀吉の台頭を側近くでみていた養子であった　京都市左京区・瑞林院蔵　画像提供：長浜城歴史博物館

の後継者とも目されていた人物だったのだ。

天正十七年五月、秀吉の実子である鶴松が誕生すると、秀秋は後継者から外れる。同年、勘当された小吉秀勝の後任として丹波亀山城を与えられた。天正十九年、鶴松が死去し、また弟の秀長も亡くなったことで、豊臣一族の強化が急務となる。そこで翌天正二十年（文禄元年）正月、秀秋は従三位権中納言になっている。文禄二年三月、朝鮮出兵にともなって肥前名護屋へ下向した。当初の構想では、秀秋は秀吉渡海後の留守居とされ、明を征服した後は九州を与えられる予定であった。

同年八月、秀吉に第二子の秀頼が誕生し、その翌文禄三年七月、秀秋は小早川隆景の養子となる。文禄四年、秀次事件で、秀次一族が処罰された。小早川家の養子となったものの、この時点で秀秋は秀吉の親戚で唯一の成人男子となる。それもあってか、慶長の役では総大将を務めるが戦果は挙げられず、戦後、越前国北庄へ減封されている。秀吉の死後、遺命により旧領へ復帰する。関ヶ原の戦いでは最終的に徳川家康に味方し、備前・美作二ヵ国を与えられたが、慶長七年十月十八日に二十一歳で死去した。

結城秀康は、徳川家康からの養子である。幼名は於義伊《おぎい》。下総結城家の養子となり、秀《ひで》朝《とも》とも名乗った。天正二年（一五七四）、家康の二男として遠江国で生まれる。天正十二年、小牧・長久手の戦いの和睦で上洛し、徳川方は於義伊を養子と考えたが、秀吉は当初、家康から人質を取ったと宣伝している。しかし実際には、秀吉も於義伊を人質として扱っていなかった。上洛した於義伊は、秀吉から「秀」の一字を与えられて秀康と名乗り、河内

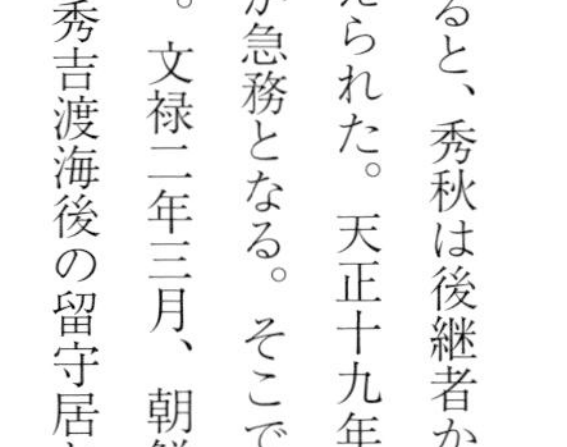

伝豪姫所用紺地松竹梅図小袖裂◆豪姫が使用し、家臣の花房正成に与えたと伝わる。豪姫は秀吉と前田利家の仲を深める意味もあり、養女に出された。金沢で晩年を過ごし、寛永十一年（一六三四）五月に死去した　岡山市教育委員会蔵

国内で一万石を与えられる。

天正十三年、秀吉が関白になると秀康は宮中に参上し、秀長、秀次に次いで三番目に天皇に謁見している。天正十六年四月、聚楽第行幸にともなう起請文にも署名している。天正十八年八月、小田原合戦後の関東での統治整備（関東仕置）のなかで、秀康は結城晴朝《はるとも》の養子になり同家の家督を継いだ。

小早川秀秋画像◆関ヶ原の戦いで西軍から東軍に寝返り、家康に勝利をもたらしたことで有名である。秀秋は子どもの頃から大酒飲みであり、北政所にも戒められていたが、結局改まらず、身体を悪くして21歳で急死した　京都市東山区・高台寺蔵

秀吉は、織田信雄の娘も養女としている。小姫《おひめ》といい、秀吉の手紙に登場するなど、かわいがられていた。天正十八年正月に家康の三男・長《ちょう》（のちの徳川秀忠）と婚約したが、翌天正熟年七月九日に七歳で亡くなっている。小姫を亡くした秀吉はのちに、小吉秀勝の未亡人だった江を養女にして秀忠に嫁がせている。このほかに、弟・秀長の娘や近衛前久の娘を養女にしたとされるが、詳細は不明である。

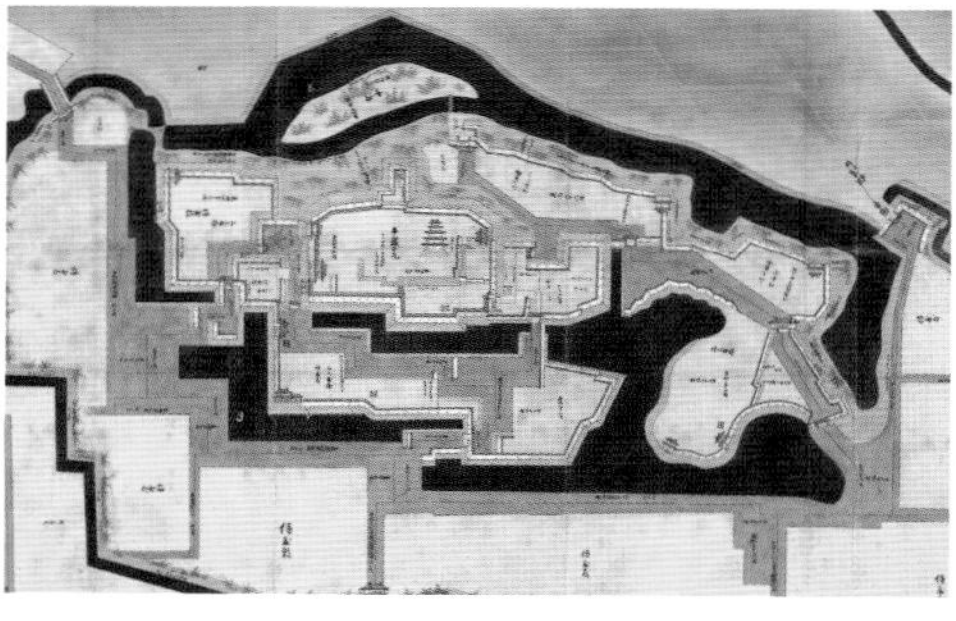

「正保城絵図」に描かれた丹波亀山城◆もとは明智光秀が丹波攻めの拠点として築いた。於次秀勝・小吉秀勝・秀秋と秀吉の養子が城主を歴任した城郭でもあった　国立公文書館蔵

7 〝軍師《ぐんし》〟竹中半兵衛と黒田官兵衛

竹中半兵衛《たけなかはんひょうえ》と黒田官兵衛《くろだかんひょうえ》は、秀吉の「軍師《ぐんし》」（参謀）として重用された。なお、「軍師」とは後世の呼称であり、当時そのような役職があったわけではない（ここでは便宜上で使用する）。

竹中半兵衛は、美濃岩手《いわで》（岐阜県垂井町）城主・竹中重元《しげもと》の子として天文十三年（一五四四）に生まれた。実名は重虎《しげとら》、重治《しげはる》と称した。美濃斎藤氏に仕えていたが、永禄七年（一五六四）には斎藤氏の居城・稲葉山城を占拠する内乱も起こしている。

永禄十年、斎藤氏が滅亡し美濃国が織田信長の支配下になると信長に従い、秀吉のもとに配属された。半兵衛の活動は確実な史料にはあまりみられないが、秀吉が参戦した合戦に加わっていたらしい。元亀元年（一五七〇）、姉川の戦いが起こると秀吉とともに近江横山城に籠城し、戦後には守備を任されている。天正五年（一五七七）、秀吉が中国攻めを開始すると従軍し、播磨・備前両国の戦場で活動している。秀吉と半兵衛が黒田官兵衛と出会うのは、この頃である。半兵衛は天正七年六月二十二日、播磨三木城攻めの最中に病没した。このため、二人が同時に秀吉のもとで活躍したのは二年たらずであった。

黒田官兵衛は、播磨姫路城主・黒田職隆《もとたか》の子として天文十五年に生まれた。実名は祐《すけ》隆《たか》、孝隆《よしたか》、孝高《よしたか》と称し、出家後は如水軒円清《じょすいけんえんせい》と号している。播磨御着城主・小寺政職に仕え、小寺の名字を名乗っていた時期もある。キリシタン大名でもあり、洗礼名をドン・シメオ

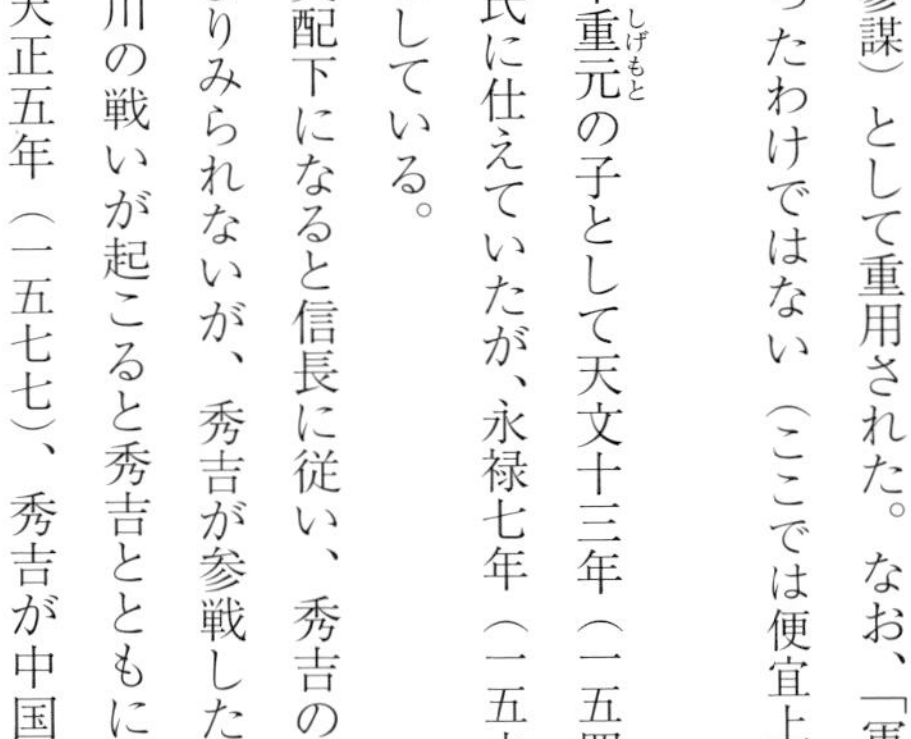

竹中重治（半兵衛）の墓◆墓所は半兵衛が播磨三木城攻めで陣地にしていた場所にある。地元の言い伝えでは、半兵衛は死に際に秀吉を将来の天下人と予言し息を引き取ったらしい　兵庫県三木市

ンといった。秀吉の信頼厚く、弟の秀長（当時の実名は「長秀」）同様に親しく思うとの自筆の書状を与えられている。天正六年十月、信長家臣の荒木村重が謀反を起こすと、官兵衛は村重を説得しようとして失敗し、約一年間、村重の居城に幽閉されている。

天正十年、本能寺の変で信長が横死すると、秀吉の合戦は各地に及んだ。官兵衛も秀吉の「軍師」として四国攻め・九州攻めと各地を転戦する。その結果、官兵衛は豊前国内で六郡を与えられ中津《なかつ》城（大分県中津市）の城主となっている。また官兵衛は、秀吉と毛利氏との取次も務め、毛利氏から秀吉への上申を取り次ぎ、秀吉から毛利氏への命令を伝達し、場合によってはどう対応すべきか助言していた。

具体的には、第一に領土交渉である。毛利氏との和睦は本能寺の変直後に結ばれたが、中国地方のどこまでを毛利氏の領国と認めるかは定めなかった。官兵衛は秀吉重臣の蜂須賀正勝とともに毛利領国の確定作業を担当している。その際、嘘の情報や内部事情も交えつつ交渉を進めてい

武者絵に描かれた竹中半兵衛◆「建中官兵衛重治」として江戸時代後期に描かれたものである。絵師は武者絵を得意とした歌川国芳で、天球儀を背に天の星を見ながら指を折って思慮にふける姿を描いている　タルイピアセンター蔵

五明稲荷神社◆黒田長政が幼少のとき、荒木村重に幽閉されていた父・官兵衛が寝返ったと勘違いした信長から斬首されるところを、竹中半兵衛の機転でここに匿ったという　岐阜県垂井町　画像提供：垂井町観光協会

る。その結果、毛利領国は天正十三年正月、最終的に確定したのであった。

第二に、軍事動員の伝達である。毛利氏は豊臣政権下の大名となったから、秀吉の戦争に参加しなければならなかった。天正十三年正月、三月に予定された紀伊国雑賀の一揆平定の出陣命令が下される。官兵衛は正勝とともに、秀吉の命令の詳細を毛利氏に伝達している。九州の島津氏攻めでは官兵衛が使者として派遣され、秀吉に戦況を上申し、慰労の書状を取り次ぐなどしている。

第三に、領地の給付に関する事項があげられる。長宗我部氏降伏後の四国の国分（領土配分）によって伊予国が毛利氏に与えられた。その際に、小早川隆景（毛利元就の三男）への伊予国内の諸城引き渡しを担ったのも官兵衛と正勝であった。

第四に、『黒田家譜』などによれば吉川《きっかわ》氏の家督相続の仲介もしたとされる。天正十四年十一月、吉川元春（元就の次男）が死去し、翌年六月には跡を継いだ元春の長男・元長も九州出兵中に病死してしまう。このようなか、官兵衛の尽力もあって元春の三男・広《ひろ》

律管脇立桃型兜・緋威胴丸具足◆官兵衛が使用したという兜と具足である。胴の部分に黒田家の家紋・藤巴があしらわれている。兜の脇立（左右の装飾）に笛を模したものを付けている点が特徴である　朝倉市秋月博物館蔵

家《いえ》が後継者として秀吉から認められた。関ヶ原の戦いで広家が官兵衛の嫡男・長政を介して徳川方に内通したのは、このとき以来の黒田家との関係からだと後年回想している。

こうした官兵衛の活動は、天正十九年頃までみられる。それ以降は石田三成らとの対立で失脚し、取次ではなくなったようだ。要因は吉川氏の処遇をめぐる対立らしい。すなわち三成らは、広家の領地を輝元の養子に与えようと画策するなど毛利宗家の支配を強化し、吉川氏の独自性を否定しようと考えていた。それに対して、官兵衛は広家の権益を維持できるよう動いていた。この方向性の違いから、官兵衛は取次としての役目を外されたとみられる。

黒田孝高画像◆いくつもの合戦で活躍し、秀吉に重用された。築城の才にも長けていたという。さらに軍事面ばかりではなく、茶の湯など文化面にも造詣が深かった　大阪城天守閣蔵

天正十七年、官兵衛は嫡男の長政に家督を譲るが、秀吉の「軍師」としての活動は続き、小田原合戦や朝鮮出兵にも出陣した。秀吉の死後、関ヶ原の戦いでは、長政は東軍に属し、官兵衛は九州の反徳川勢力を制圧している。戦後、長政は筑前国五二万石を与えられ、官兵衛も筑前国福岡（福岡市）へ移っている。慶長九年（一六〇四）、山城国伏見で死去した。戦いに明け暮れた一生であった。

関ヶ原決戦地の風景◆半兵衛の息子である重門は父の死去後、秀吉に仕えて小田原合戦や文禄・慶長の役などに参戦した。関ヶ原の戦いでは当初、西軍に属したが、家康家臣の井伊直政が仲介し東軍に寝返り、東軍で官兵衛の息子である長政の軍に合流した。「二兵衛」の交流は息子たちに引き継がれたのであった　岐阜県関ケ原町

8　秀吉子飼《こが》いの武将たち

秀吉は一代で天下人となったので、譜代の家臣を持たなかった。けれども、子飼《こが》いの武将たちが秀吉の「天下一統」に大きな役割を果たした。秀吉初期の家臣としては、尾張時代の者や近江長浜城主の時代に仕えた者などがあげられる。前者は福島正則・加藤清正らで、後者は石田三成や片桐且元らがその代表だろう。子飼いの武将は数多くいるが、ここでは代表的な武将を紹介していく。

福島正則は永禄四年（一五六一）生まれで、市松《いちまつ》とも称した。父も秀吉に仕え、母は秀吉の叔母であったといわれる正則は、秀吉の家臣かつ親戚であった。賤ヶ岳の戦いで活躍し、近江国内で五〇〇〇石の知行を得る。九州島津氏攻めの後には伊予国で一一万石を得た。秀次事件では高野山に蟄居する秀次の使者を務めている。秀次切腹後、遺領の尾張国内で二〇万石に加増され、清須城主となる。

慶長二年（一五九七）七月、従五位下侍従《じじゅう》となる。侍従とは本来、天皇の護衛係であったから、侍従になると武士でありながら公家扱いとなる。さらに、正則は秀吉の名字「羽柴」も与えられており、秀吉直臣としては異例の扱いを受けている。関ヶ原の戦いでは徳川家康に味方し、西軍総大将・毛利輝元の旧領安芸・備後二ヵ国を得た。しかし、徳川家が天下人となっても大坂の陣で豊臣氏（羽柴家）が滅ぶまで羽柴の名字を使用しており、豊臣氏への思いは強かったようだ。

福島正則画像◆あるとき黒田家の家臣・母里友信という人物が訪ねてきた際、正則は巨大な杯を差し出し酒を勧め、飲みほせたら好きなものを褒美として与えると言ったところ、友信が飲みほしてしまい、あろうことか秀吉から下賜された家宝の大身槍を譲ることになるなど豪放なエピソードも残る　東京大学史料編纂所蔵模写

加藤清正は永禄五年生まれで幼名は夜叉丸《やしゃまる》といい、秀吉と同郷であったとされる。賤ヶ岳の戦い後、三〇〇〇石を与えられる。天正十六年（一五八八）、肥後国の統治を任された佐々成政が領国内の一揆勃発の責任から改易された。それを受けて清正は、小西行長とともに肥後国を統治することになった。

朝鮮出兵では一万人を率いて朝鮮半島を転戦し、朝鮮の王子を捕虜にするなど活躍をみせている。しかし、その後の朝鮮への対応をめぐって石田三成らと対立し謹慎となる。文禄五年（慶長元年、一五九六）閏七月、近畿地方を襲った大地震によって秀吉のいる山城伏見城が倒壊した。このとき清正は、秀吉のもとへ一早く駆けつける忠義心を示して謹慎処分が解かれたといわれる。

黒田長政は、永禄十一年、秀吉の「軍師」黒田孝高の長男として誕生する。幼名は松《しょう》寿丸《じゅまる》で、黒田家の主君小寺氏が信長へ従属する際に人質となっている。松寿丸は秀吉へ預けられ、北政所に養育され幼少時代を長浜で過ごした。父の孝高が摂津有岡城へ幽閉されたときには孝高の内通が疑われ、信長から秀吉に人質の松寿丸の殺害が命じられたが、父の盟友・竹中重治（半兵衛）が匿《かくま》って難を逃れたといわれる。

天正十七年、孝高から家督を継承し豊前国中津《なかつ》（大分県中津市）の領地を引き継いだ。秀吉の死後、家康の養女を正室とするなど家康に接近し、慶長四年には正則・清正らと結託して、対立する石田三成を失脚させる事件を起こしている。翌年の関ヶ原の戦い後、筑前国の国持大名となる。ちなみに、関ヶ原の戦いの陣地は重治の嫡男・重門と隣同士であっ

虎石◆秀吉が長浜城主のときに加藤虎之助清正が城内の庭に献じた石のため、「虎之助の石」「虎石」と呼ばれる。江戸時代、長浜の大通寺の庭に長浜城から虎石を移したところ、「いのう、いのう」（方言で帰ろう）となくので元に戻したところ収まったという説話がある。のちに現在の場所に移された　滋賀県長浜市・豊国神社境内

方広寺の梵鐘◆この梵鐘の銘文をきっかけに徳川氏と豊臣氏の対立が始まっていく。方広寺大仏殿の建立に際し、奉行を務めたのは片桐且元であった　京都市東山区

た。

石田三成は永禄三年生まれで、長浜城主時代の秀吉に見出された。三成の寄宿する寺に立ち寄った秀吉が三成の茶の出し方に感心し、召し抱えたとも伝わる。正則・清正らと比較すると大きな武功はみられず、合戦では相手方との交渉・兵站《へいたん》・戦後処理など後方支援が主であった。文禄四年の秀次事件後、三成は近江佐和山城主として一九万四〇〇〇石の領地を与えられた。

秀吉の意向を忠実に遂行するイメージが強い三成だが、秀吉に意見し政策を修正させることもあった。慶長元年、キリスト教徒の弾圧が行われた際、秀吉は当初、すべてのキリスト教徒を処刑するよう三成に命令していた。しかし、三成の上申によって処刑の対象はスペインの関係者に限られた。また、朝鮮の儒者の記録である『看羊録《かんようろく》』によれば、三成は「日本国内の支配で充分である」と、朝鮮出兵に懐疑的な発言もあったとされる。

片桐且元は浅井長政の家臣・片桐直貞《なおさだ》の長男である。通称は助作《すけさく》。直盛《なおもり》、直倫《なおとも》とも称し

石田三成画像◆関ヶ原の戦いの西軍における中心人物で、家康に敗れて六条河原で斬首されたことでよく知られる。秀吉存命時から豊臣氏の発展に尽くし、死後も秀頼のもとで豊臣氏の存続に奔走した武将であった　東京大学史料編纂所蔵模写

た。浅井家滅亡後、秀吉に仕える。清正・正則らとともに賤ヶ岳の戦いで活躍し三〇〇〇石を得た。しかし、その後は検地の奉行・兵站・補給路の確保など後方支援や吏僚《りりょう》として活躍した。秀頼が誕生すると秀頼付きの家臣となる。

家康からの信頼も厚く、関ヶ原の戦い以後、豊臣氏（羽柴家）の家臣のなかでほぼ唯一家康と接触できる立場にあった。豊臣方の代表として徳川家の家臣と連名の書状も出している。慶長十九年、方広寺の鐘銘事件が起きると、且元は豊臣方の使者として徳川将軍家と交渉する。しかし交渉は不調に終わり、豊臣氏内部からは内通を疑われて、大坂城を退去する。交渉担当者の排除は相手方への敵対＝宣戦布告を意味し、且元の退去が大坂の陣を引き起こしたともいわれている。翌慶長二十年五月二十八日、且元は京都で死去した。淀殿と秀頼が自刃したわずか二十日後のことであった。

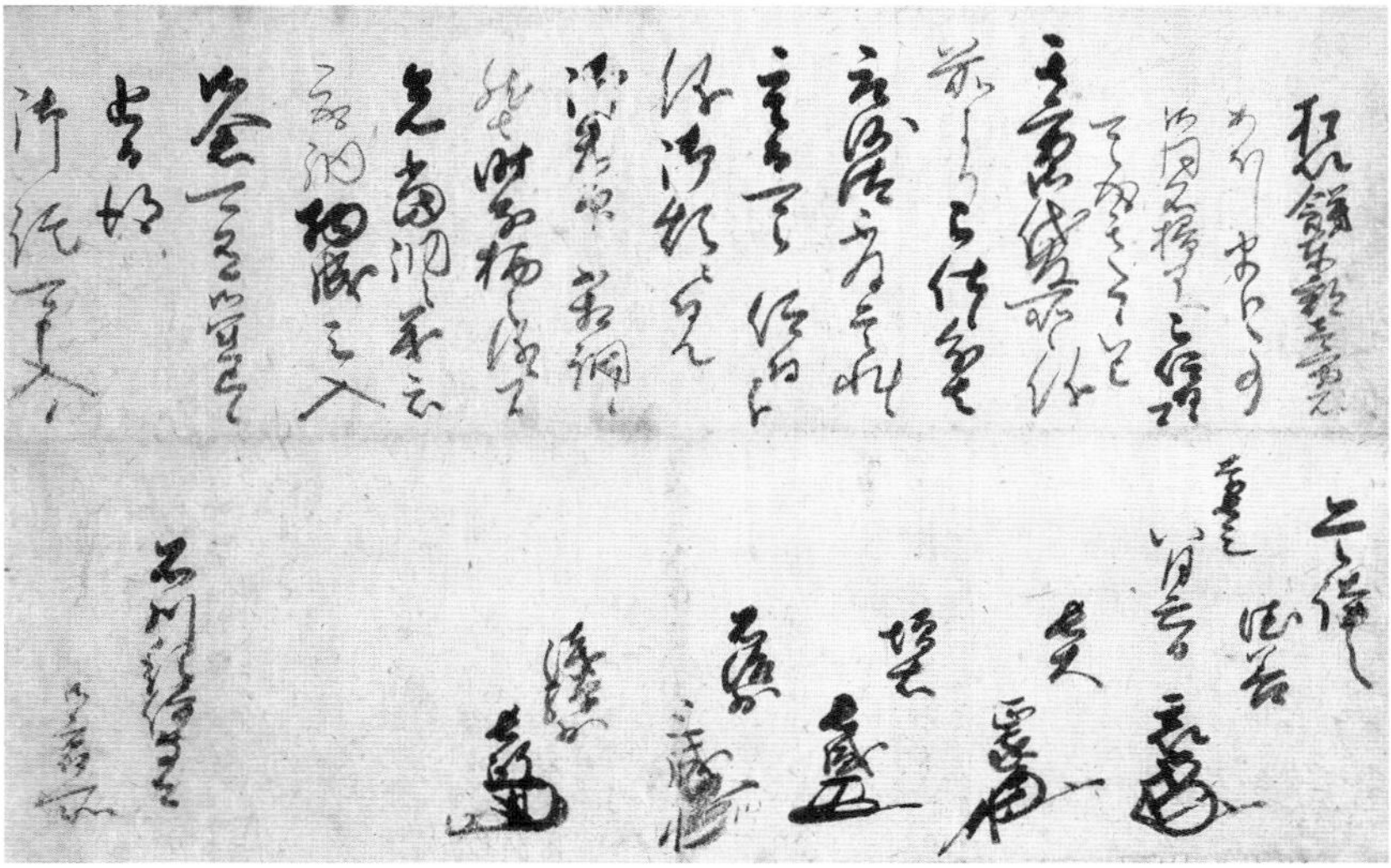

慶長３年８月６日付け豊臣氏五奉行連署状◆播磨国の豊臣氏蔵入地の代官・石川元光に宛てて本年分の年貢納入を指示したもの。右から順に前田玄以・長束正家・増田長盛・石田三成・浅野長政が署名している。内容は事務的だが、注目すべきは秀吉が病気で正式文書が出せないと言っているところである。この文書が出されたのは秀吉が遺言状を記した翌日で、緊急事態のなかでも蔵入地の運営を円滑に進めようとする五奉行の姿が想像できる　大阪城天守閣蔵

コラム

〝茶人〟秀吉と千利休

千利休《せんのりきゅう》（宗易《そうえき》）は、大永《だいえい》二年（一五二五）に和泉《いずみ》国堺（大阪府堺市）の商人の家に生まれた。利休は十七歳のときに茶の湯を習い始め、堺の商人の茶会に名を連ねるようになるが、大きな転機は織田信長が主催した茶会での茶堂《さどう》（茶を点てる役）への抜擢であった。

この抜擢は茶人としての才覚以上に、織田軍の兵站《へいたん》への堺商人としての貢献が評価されてのものと考えられている。しかし、信長の茶会は蒐集した茶器の披露・下賜を通じて政治的なメッセージを発信する場であり、茶堂の利休は主君お抱えの茶人として織田家の家臣の尊敬を集めることになった。

利休が信長の茶堂を務めたことは、信長死後、より大きな意味を持った。信長の後継者となった秀吉が地位を誇示するため信長の茶会を継承し、その象徴として利休を重用したからだ。秀吉も「天下一統」を進めるなかで、自らの権威や優位性を示す場として茶会を積極的に利用したため、茶堂を務める利休の価値は、政治的な側面・茶人としての側面の双方で高まった。

しかし、天正十九年（一五九一）二月、利休は突如、秀吉の怒りを買い、自刃に追い込まれる。背景については諸説あり、いまも真相は明らかではない。ただ、近年注目されているのが、利休の帯びる政治的な価値の問題だ。秀吉が関白・太政大臣となり、公家の官位・家格秩序にもとづき大名らを統制できるようになると、あえて信長の後継者を名乗る必要性はなくなり、その象徴である利休の政治的な価値も失われたようだ。

奇しくも利休失脚の一ヵ月前、豊臣秀長が死去し、豊臣政権の政治運営は再編のときを迎えていた。政治的な価値を失いつつあった利休は、再編の動きの余波で失脚し自刃に追い込まれたらしい。（久下沼）

千利休画像◆堺市博物館蔵

第六章　語り継がれる秀吉像

色々威二枚胴具足◆秀吉所用と伝わる。桐紋に加え、近江木下家の紋・沢瀉紋と旭日を示す日足紋をあしらう。秀吉の正室北政所（高台院）の一族・木下家に伝来した　名古屋市秀吉清正記念館蔵

1　〝豊国大明神《とよくにだいみょうじん》〟、神となる秀吉

慶長三年（一五九八）八月十八日、豊臣秀吉は六十二歳の生涯の幕を閉じた。織田家の一家臣として立身出世をとげ、天下人として栄華を極めた彼は、後世どのように語り継がれていったのだろうか。これを考えるうえで、まず欠かせないのが秀吉の神格化についてである。秀吉は遺言で死後は「新八幡《しんはちまん》」として祀《まつ》られることを望んだ。これは、奈良東大寺の大仏が八幡神（手向山八幡宮《たむけやまはちまんぐう》）を鎮守としたのになぞらえ、自らを自身が造立した東《ひがし》山《やま》大仏の鎮守とすることを意図したものであったと考えられている。

　他方、秀吉の神格化は秀吉の死後、残された豊臣政権の人々にとっても重要な問題だった。秀吉はその死後、実際には自らが望んだ「新八幡」ではなく「豊国大明神《とよくにだいみょうじん》」として祀られる。これは、秀吉の死後にさまざまな政治的課題に直面した豊臣政権が、その対応策として秀吉の神格化を利用した結果であるとされている。

　このような複雑な事情のなかで「豊国大明神」となった秀吉は、京都東山に創建された豊国神社に祀られ、福島正則・加藤清正ら恩顧の豊臣譜代大名をはじめ、人々から篤い崇敬を受けることとなった。その様子は、秀吉の七回忌にあたる慶長九年八月に催された臨《りん》時祭《じさい》を描いた『豊国祭礼図屛風《ほうこくさいれいずびょうぶ》』でわかる。しかし、慶長二十年五月の大坂夏の陣で豊臣氏（羽柴家）が滅びると、「豊国大明神」秀吉の存在は一転して大きく揺らいだ。

　豊臣氏を滅ぼした徳川家康は、まもなく秀吉から「豊国大明神」の神号を剝奪し、秀吉

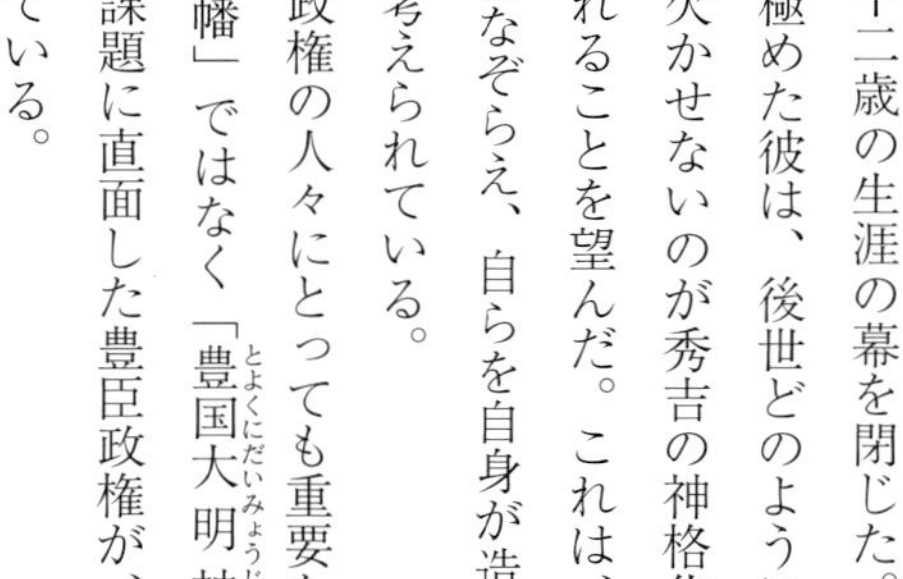

豊国神社◆秀吉は、慶長九年に御祭神として豊国神社に祀られたが、江戸幕府によって廃祀されてしまう。その後、明治十三年（一八八〇）、旧方広寺大仏殿跡に社殿が再建され、別格官幣社として復興し、現在に至る。画像の唐門は秀吉が過ごした伏見城の遺構と伝わる　京都市東山区

を神として崇敬することを禁じた。これにともない、「豊国大明神」を祀る豊国神社も廃絶され、跡地には秀吉の遺体を埋葬した廟所《びょうしょ》が手つかずの状態で放置されてしまう。

このように江戸時代になると、豊臣氏に代わって政権を掌握した江戸幕府による「豊国大明神」の否定・弾圧が進められた。だが一方で、民衆の間では家康の発病や京都での地震が「豊国大明神の祟り」として恐れられるなど、政治権力の意図とは異なる独自の「豊国大明神」観が形成されていたようだ。また、国学や軍学では、秀吉の朝鮮出兵が日本中心史観にもとづいて再評価されるなかで、「豊国大明神」が対外的な武威の象徴として称揚された。

そして、国学を根幹とする尊王攘《そんのうじょう》夷《い》思想《しそう》に影響を受けた明治新政府が江戸幕府を打倒して政権を掌握すると、「豊国大明神」を取り巻く状況には再び転機が訪れることとなる。明治新政府は天皇を中心とした政治体制を構築する中で、朝鮮出兵によって天皇の威光を海外に知らしめた名臣として秀吉の顕彰を図り、その一環として「豊国大明神」や豊国神社も復興されていくのである。

「豊国大明神」神号◆秀吉の子・秀頼の直筆と伝わる貴重な神号である。左下に「秀頼十歳」とあるので慶長7年（1602）に書かれたものと考えられる　名古屋市秀吉清正記念館蔵

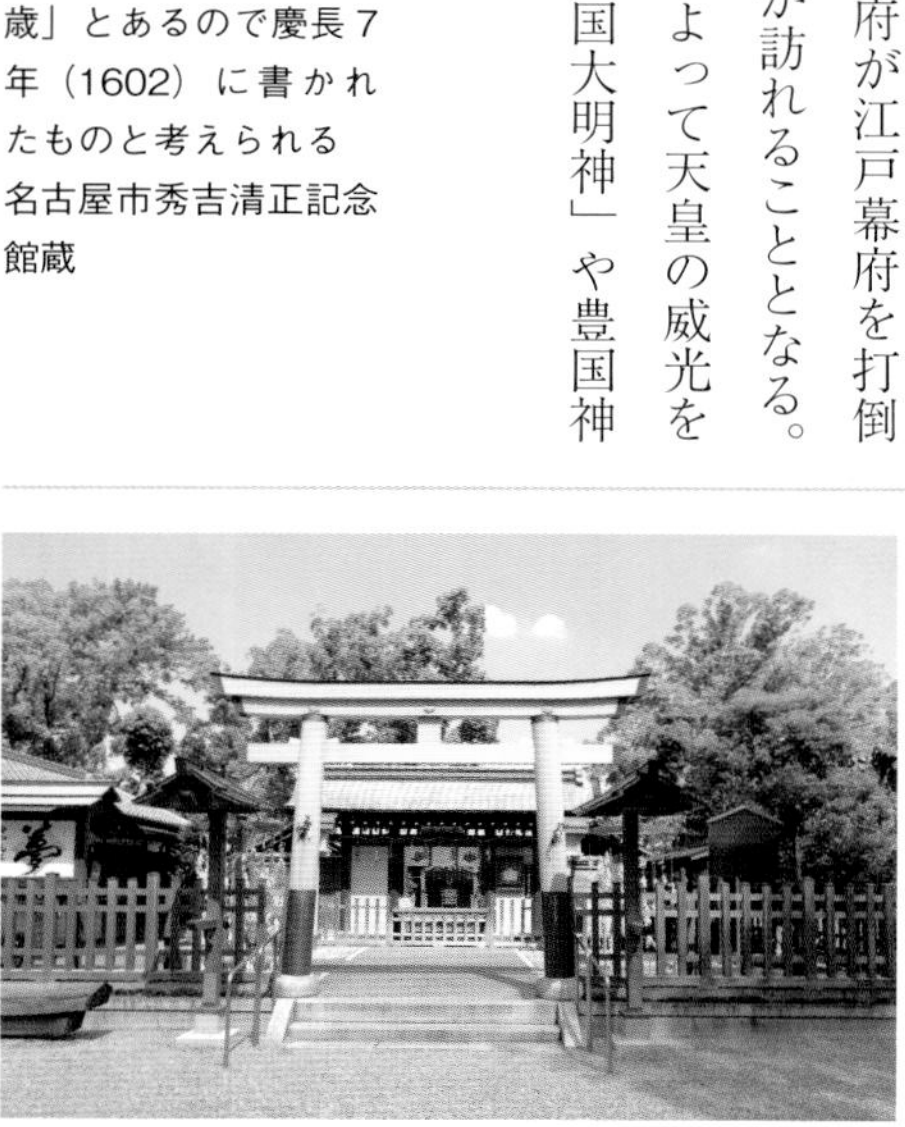

豊国神社◆明治十八年の創建。秀吉を御祭神として祀る。旧正月の生誕祭や五月十八日の太閤祭（例祭）前の日曜日には、子どもの成長を祈って「出世稚児行列」が催される　名古屋市中村区

2『絵本太閤記《えほんたいこうき》』、江戸時代のヒーロー

語り継がれる秀吉の姿を考えるうえで、神格化とあわせて欠かせないのが文学作品である。「豊国大明神」として祀られた秀吉への弾圧にも明らかなように、豊臣政権に代わって政権を掌握した江戸幕府は、徳川将軍家による支配の正当化を図る立場から、秀吉や豊臣氏（羽柴家）を顕彰する風潮に厳しい姿勢をとった。しかし、こうした弾圧にもかかわらず、賤《いや》しい身分から天下人となった秀吉の生涯は、階級が固定化された江戸時代の人々の憧れの対象として人気を獲得し、語り継がれていった。

秀吉の生涯が広く世に知られるきっかけとなったのが、江戸時代初期における小瀬甫庵《おぜほあん》の『甫庵太閤記《たいこうき》』をはじめとする秀吉伝記の刊行であった。これらの伝記は、秀吉自身が御伽衆の大村由己に執筆させた『天正記』などを典拠に読みやすい文体で書かれており、江戸時代初期の出版文化の発展にも支えられ、広く一般民衆に普及した。

このような秀吉伝記の普及をきっかけに、伝記の内容に脚色《きゃくしょく》や挿絵《さしえ》を加えた秀吉の出世物語がさらに数多く生み出された。こうした物語の中でも、とくに人々の間で流行したのが安永《あんえい》年間（一七七二～一七八一）に成立した『太閤真顕記《しんけんき》』や、同書に依拠して寛政《かんせい》年間（一七八九～一八〇一）に成立した『絵本太閤記』だ。秀吉の華々しい出世物語を彩る「信長の草履取り」や「墨俣一夜城」などの有名な逸話の多くは、この『太閤真顕記』や『絵本太閤記』によって生み出されたと考えられている。

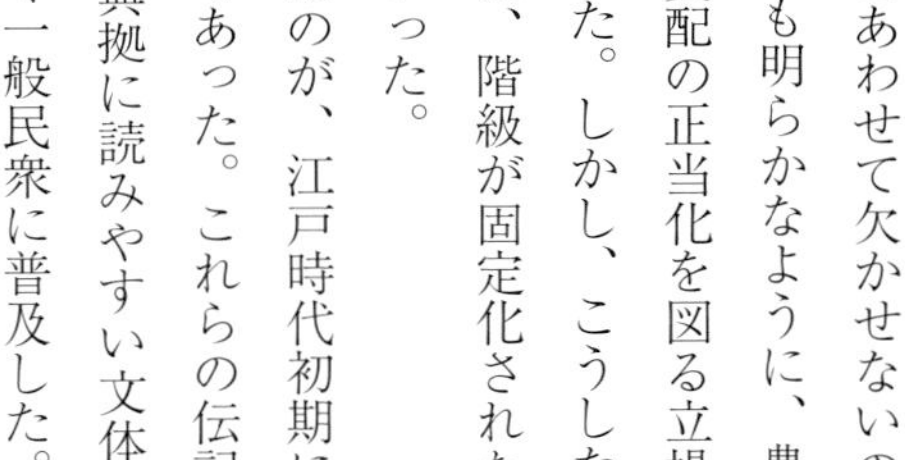

『絵本太閤記』に描かれた秀吉が信長の草履取りとして仕える場面◆寒い夜、信長の草履を懐で温めてから差し出したところ、信長にいたく気に入られたという話は有名である。『絵本太閤記』は秀吉のイメージ形成に大きな影響があった　当社蔵

とりわけ『絵本太閤記』は、歌舞伎《かぶき》や人形浄瑠璃《にんぎょうじょうるり》の演目（『絵本太功記』）としても好評を博したため広く人々が知るところとなり、親しみやすく才知にあふれた秀吉像の形成にも大きな影響を与えた。

このように、江戸時代における秀吉の出世物語の流行は、現代にまで語り継がれる一般的な秀吉像の形成にも大きな役割を果たした。流行の背景には、秀吉の立身出世への単なる憧ればかりでなく、同時代の人々が江戸幕府の支配に対して抱える不満もあったと考えられている。江戸時代の人々は、前代の支配者である秀吉をヒーローとして称えることで、当代の支配者である江戸幕府を間接的に批判しようとしたのである。

こうして、人々による幕府批判の象徴となった秀吉の物語は、とくに『絵本太閤記』の流行以後、幕府による取り締まりの対象とされ、弾圧を受けることになる。だが、その後も新たな秀吉物語の出版が試みられるなど、江戸時代を通じてその人気が衰えることはなかったようである。

月岡芳年『月百姿』「しつか嶽月　秀吉」◆明治時代の錦絵で、賤ヶ岳の戦いのときの秀吉を描いている。江戸時代以降、近代になってもさまざまな場面で活躍する秀吉像が数多く描かれた　国立国会図書館デジタルコレクション

中村芝翫「講談一席読切　羽柴筑前守平秀吉公」◆歌舞伎を通じて秀吉の活躍は一般民衆に普及していった。何人もの名人が秀吉を演じたことだろう　国立国会図書館デジタルコレクション

3 〝猿《さる》〟と呼ばれたのはなぜか

「秀吉は猿顔で〝猿〟と呼ばれていた」という通説は、今日、私たちが秀吉という人物をイメージする際に欠かせない要素の一つである。

秀吉と〝猿〟とが、秀吉の生前から深く結びつけられていたのは確かである。たとえば、天正十九年（一五九一）二月に京都に掲げられた落首《らくしゅ》（風刺の意を込めたざれ歌）には、秀吉を〝猿〟呼ばわりする「さる関白」という表現を確認できる。また、キリスト教イエズス会宣教師のフェルナン・ゲレイロは、宣教師の手紙をもとに作成した報告書の中で、秀吉が織田信長の鷹を猿のような身のこなしで救出し、顔も猿に似ていたので〝猿〟と呼ばれるようになったと記している。

とりわけゲレイロの記述は、本節冒頭の通説にも通じるものとして注目されるが、近年、秀吉が〝猿〟と呼ばれていた理由を秀吉の猿顔に求める通説には疑問が出されつつある。というのも、秀吉の肖像画に目を向けた場合、秀吉の顔を猿に似せたものは幕末まで確認できず、秀吉を猿顔とするイメージは秀吉の死後、幕末までに形成された可能性が高いと考えられるからである。

また、秀吉の顔を「赤ひげに猿眼」と記して、猿顔を裏付ける史料とされてきた毛利家の家臣・玉木吉保《たまきよしやす》の『身自鏡《みじかがみ》』についても、近年の研究では「赤ひげに猿眼」とは超人性を強調する際の決まり文句で、猿顔の根拠とはいえないとする見方が示されている。加

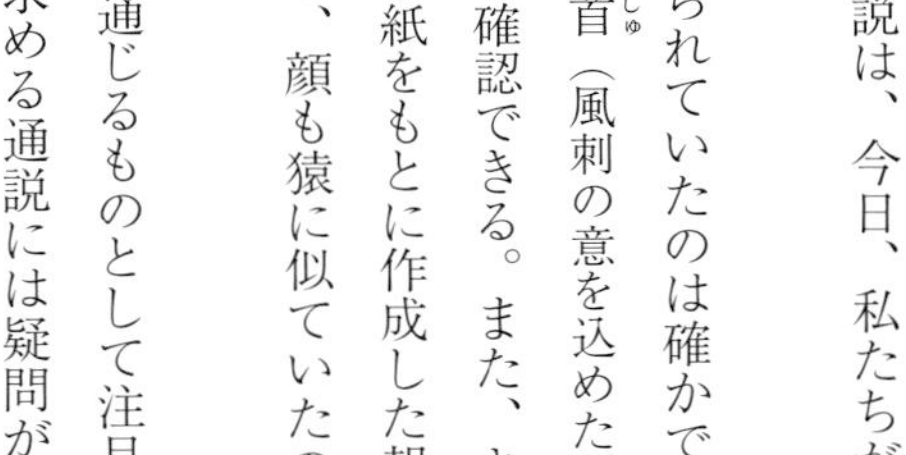

豊臣秀吉画像（部分）◆江戸時代に秀吉の子孫が絵師の狩野邦信に描かせたもの。秀吉の画像は多く残っているが、「猿顔」に結びつくと確定できるものはないようだ　名古屋市秀吉清正記念館

えて秀吉の顔に言及した史料には、「禿《は》げ鼠《ねずみ》」と呼んだ信長の書状や「犬」に似ていたとする中国人の記録などもあるが、史料からは秀吉が猿顔と認識されていたかどうかはわからない。

このように、秀吉が〝猿〟と呼ばれた理由を猿顔に求めるのは難しく、近年の研究ではむしろ、ゲレイロが「猿のような身のこなし」と評した動きの機敏さこそが、秀吉が〝猿〟と呼ばれた理由ではないかともいわれている。

ただし、猿顔かどうかを別にすれば、秀吉の容姿に対する同時代の人々の認識は、宣教師のルイス・フロイスが秀吉自身の言葉として「顔は醜《みにく》く、五体は貧弱《ひんじゃく》」と記したのをはじめ、ほぼ「小柄」と「醜い顔」で一致している。そのような容姿が、秀吉の機敏さと〝猿〟とが結び付けられる後押しをした可能性は十分にあろう。

秀吉が〝猿〟とよばれた理由はいまなお明確な答えの出ない問題だが、小柄な秀吉が機敏に動く様が同時代の人々に〝猿〟の印象を抱かせ、〝猿〟の呼び名を生み出した可能性は高い。そして、こうした印象が江戸時代を通じて拡大解釈されていくことで、秀吉を猿顔とする通説が生み出されたのだろう。

歌川芳虎「道外武者　御代の若餅」◆猿顔に描かれた秀吉である。これは幕末の風刺画で「織田がつき　羽柴がこねし　天下餅　座して喰らふは　徳の川」というものである。この段階では秀吉＝猿顔の印象があったらしい
国立国会図書館デジタルコレクション

4 キリシタンからみた秀吉

秀吉と同時代に生きた人々は、彼をどのように評価し、語っていたのだろうか。秀吉と同時代に生きた人が秀吉について語った史料の一つとして、秀吉と交流したキリスト教宣教師たちの記録がある。

宣教師たちの秀吉評の中でとくに注目されるものの一つが、秀吉の出自に関するものである。ルイス・フロイスは、秀吉を「貧しい百姓の倅《せがれ》」で「若い頃は山で薪《たきぎ》を刈り、それを売って生計をたてていた」とし、その立身出世を「きわめて陰鬱《いんうつ》で下賤《げせん》の家から身をおこし、わずかの歳月のうちに突如日本人最高の名誉と栄位を獲得した」と評している。こうした叙述は、秀吉と同時代に生きた人間が客観的な視点から秀吉の出自に言及した数少ない史料の一つである。

またフロイスは、織田信長亡き後の秀吉の勢力拡大の過程について、秀吉の「抜け目なく狡猾《こうかつ》」な性格を指摘した。そのうえで、信長の後継者に擁立した三法師（のちの織田秀信）の後ろ盾として人心を掌握して地歩を固めた後、三法師からその地位を奪い取ることで実現したと分析している。

そのような過程にあって、秀吉は万事に自身が信長よりも優れていることを示そうと対抗意識を燃やしており、摂津大坂城の築城もそうした試みの一つであったと評されている。

こうしたフロイスの記述はいまなお、秀吉の勢力拡大をめぐる通説に大きな影響を与えて

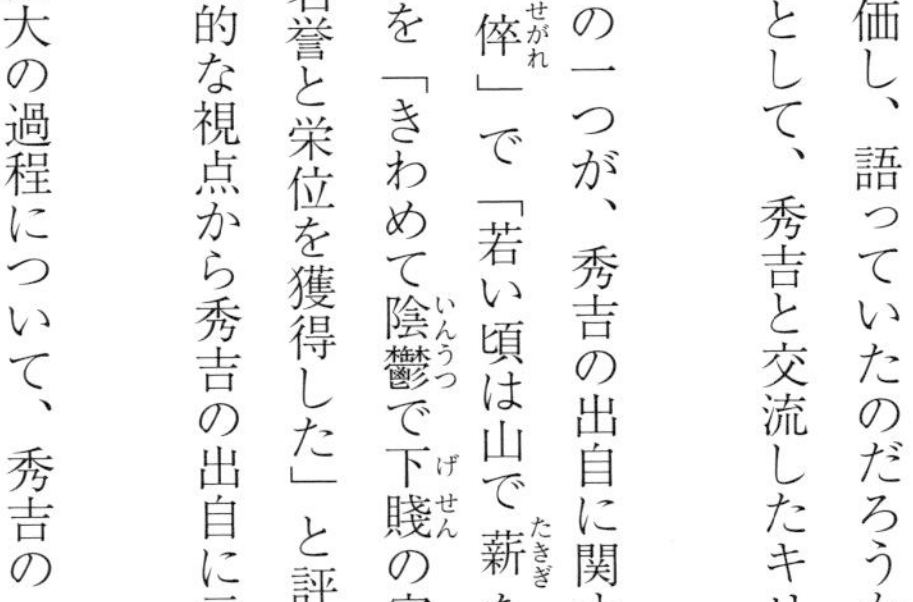

ルイス・フロイス銅像◆一五三二年（天文元）生まれで一五九七年（慶長二）に死去したポルトガル人のイエズス会宣教師。フロイスの生きた時代はほぼ秀吉と同時代である。フロイスの残した『日本史』などの記録は戦国時代を対外的な視点から考えるうえで貴重な史料となっている

画像提供：長崎観光連盟

いるといえよう。

宣教師たちの秀吉評をめぐっては、宣教師たちの中世日本の武家社会に対する理解の不足や、伴天連追放令以降の秀吉の宣教師たちの活動に対する弾圧方針から、偏見が多いとの意見もある。事実、フロイスが大奥《おおおく》に多数の側室を抱える秀吉を「極悪の欲情」の持ち主とし、「肉欲《にくよく》と不品行《ふひんこう》においてきわめて放縦《ほうしょう》に振る舞い」と酷評するのは、そうした偏見の代表的な事例だろう。

しかし一方で、少なくとも伴天連追放令以前の秀吉は宣教師たちに好意的で、側近や大奥に多数のキリシタンを抱えていたことから、宣教師たちは秀吉に関する情報を事細かに得ることのできる立場にあったと考えられている。

こうした意味で、宣教師たちの記録は秀吉の実像を探るうえで重要な史料の一つといえるのである。

「南蛮屛風」に描かれた宣教師と南蛮寺◆秀吉は伴天連追放令を発したことからキリシタン弾圧の印象が強いが、秀吉の陣羽織などをみると南蛮風のものも多く、必ずしも弾圧一辺倒ではなかったようだ　堺市博物館蔵

5 人たらしか、残虐者《ざんぎゃくしゃ》か――秀吉の実像

ここまで、秀吉が死後、どのようにして語り継がれたのかをみてきた。江戸時代以降、秀吉の生涯が、賤しい身分から天下人に登りつめた出世物語として語られていくことはすでに述べた通りだが、秀吉のこうした出世物語の根源に、秀吉自らが御伽衆の大村由己に命じて書かせた『天正記』が存在することは重要だろう。秀吉は生前から『天正記』を皇族や公家の前で朗読させて、盛んに自己の顕彰を図っていた。

京都聚楽第の建造と同所への後陽成天皇の行幸により、自身の天下人としての地位を人々に示したのをはじめ、自身の立場や行為を世間に顕示することで「名誉」を保持しようとするのは、秀吉の特徴の一つだ。『天正記』の作成も、秀吉のそうした特徴が現われた行為の一端だろう。その意味では江戸時代以降、現代まで語り継がれてきた秀吉像も、その基礎はほかでもない秀吉自身が自らを顕彰する目的で作り上げたものと考えられる。

では、このような過程を経て現代に語り継がれた秀吉像は、まったくの虚像なのだろうか。江戸時代以来、親しみやすく才知にあふれた、人の心を摑んで放さない「人たらし」として語り継がれる一方で、史実の秀吉がときとして、中国攻めの過程における見せしめの大量虐殺《ぎゃくさつ》や秀次事件後の関係者の大量粛清など、目を覆いたくなるような「残虐者《ざんぎゃくしゃ》」としての一面をのぞかせるのは、一見すると矛盾しているように思われる。

しかし、主君の織田信長が用いた「猿」「禿げ鼠」といった呼称からは、彼の秀吉に対

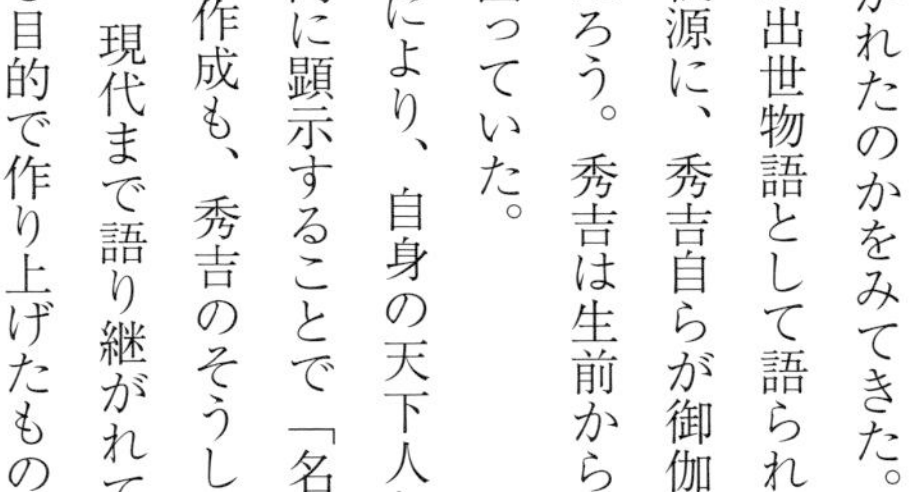

豊国廟◆秀吉の遺骸は遺命によって阿弥陀ヶ峰に葬られた。長く続く石段を登った先にあるのが廟所である。激動の生涯を送った秀吉は静かに眠っている　京都市東山区

するいつくしみを感じることができるし、対立中の徳川家康のもとから重臣の石川康輝（数正）を引き抜いた一件などは、秀吉の人心掌握の巧みさを象徴する出来事である。また、七〇〇〇通にも及ぶ秀吉の書状には、彼が人の心を掴むために細やかな気配りを怠らなかったことが示されている。

豊臣秀吉木像◆唐冠に束帯姿で右手に笏を持つ神像形式で高さ 73.8 センチメートル、幅 74.0 センチメートル、奥行き 41.0 センチメートルの木像である。「豊国大明神」の神号が下賜された慶長４年（1599）４月からそれほど下らない時期に製作されたと考えられている。死後間もない頃の製作ということもあり、写実性に富んだ表情をしている木像といわれている。このような形式の木像や肖像画が各地で製作され、人びとの信仰を集めた　大阪城天守閣蔵

「孝養を忘れぬ豊臣秀吉」◆昭和十三年（一九三八）刊行の『国史美談教訓画蒐』のうちの一枚。秀吉が城主であることや家臣がいることも憚らず、地面に両手をついて座り、母の大政所を自身の城に迎え入れた場面を描く。秀吉が出世できたのはこのような孝養の心があったからだと説く。人間味あふれる秀吉像は現在まで影響を与えている

賤しい身分の出身であるために、武士としての確固たる基盤も、自身に忠節を誓う譜代の家臣も持たなかった秀吉にとって、主君や同僚、部下の心を掴んで放さないように心がけるのは、出世を果たすうえで必要不可欠なことであったのだろう。「人たらし」としての秀吉像を、まったくの虚像と切り捨てるのは難しい。

他方、秀吉の「残虐者」としての行為についても、敵対勢力を徹底的に打倒し反乱や謀反の芽を摘むことが、信長の家臣として「天下一統」を進めていくうえで、また自身の天下人としての地位を不動のものとしていくうえで、もっとも有効な手段の一つであったことはいうまでもない。

これらをふまえれば、「人たらし」と「残虐者」、いずれの一面も秀吉が天下人としての地位を確立するうえで必要不可欠なものだったのであり、偽りのない秀吉の実像であったといえよう。そして、この二面性を矛盾することなく体現できたところにこそ、賤しい身分から立身出世を遂げて、「天下一統」を成し遂げた秀吉のしたたかさをみることができるのではないだろうか。

秀吉が花見を行った醍醐寺の桜◆京都市伏見区

豊臣秀吉関連年表

＊秀吉の「年齢」は数え年で表記。

柴 裕之

西暦	和暦	年齢	日付・事項
一五三七	天文六	1	**二月六日**、豊臣秀吉が尾張国中村に生まれる（誕生年は天文五年説もあり）。
一五四三	天文十二	7	父の弥右衛門が死去する。
一五五一	天文二十	15	**この頃**、遠江頭陀寺城の城主・松下家に仕える。
一五五四	天文二十三	18	**この頃**、織田信長に仕官する。
一五六〇	永禄三	24	**五月十九日**、織田信長が駿河今川氏と戦い勝利する（桶狭間の戦い）。秀吉も、この時足軽クラスの身分で出陣したとされる。
一五六一	永禄四	25	浅野長勝の養女・ねね（北政所）と結婚する。
一五六五	永禄八	29	**十一月二日**、坪内利定に美濃・尾張両国国境付近の所領支配を認める（現在知られる最初の秀吉発給文書）。
一五六七	永禄十	31	**八月十五日**、織田信長が美濃稲葉山城を攻略、**翌九月**に同城へ居城を移し、岐阜と改める。
一五六八	永禄十一	32	**九月**、織田信長が足利義昭を擁しての上洛戦を開始する。秀吉も同行し、**十二日**に佐久間信盛・丹羽長秀とともに近江箕作城を攻略する。**十月十八日**、足利義昭が征夷大将軍となり、室町幕府が再興される。**二十六日**の信長の美濃帰国後は、佐久間信盛・村井貞勝・丹羽長秀・明院良政と京都の支配に携わる。
一五六九	永禄十二	33	**四月以降**、丹羽長秀・中川重政・明智光秀と京都周辺の政務に奔走する。**八月十一～十三日**、毛利元就からの援護要請を受け、但馬国へ出陣し一八の城を攻め落とす。**八月二十六日**、織田信長の伊勢攻めに参陣し、難攻不落と称された阿坂城を攻略する。
一五七〇	永禄十三／元亀元	34	**四月**、織田信長が室町幕府将軍足利義昭の命に従い、若狭武田家の内部紛争の解決にあたる。その後、敵対した越前朝倉氏の討伐を進めるが、北近江の浅井久政・長政父子の離反に撤退に追い込まれる。秀吉は、明智光秀・池田勝正と殿を務める。**六月二十四日**、織田信長が朝倉・浅井両軍と戦う（姉川の戦い）。戦いの後、開城した近江横山城の城将を務める。**九月**、大坂本願寺・一向一揆が蜂起する。**十二月**、室町幕府将軍足利義昭の斡旋により、織田信長と朝倉・浅井両氏が和睦する。
一五七二	元亀三	36	**七～八月**、浅井方の国衆阿閉貞征の山本山城に攻め込み戦功をあげる。その後、近江国虎御前山に砦が築かれると、城番として配置される。
一五七三	元亀四／天正元	37	**二月**、室町幕府将軍足利義昭が織田信長に敵対する。**四月**、信長が上京を焼き討ちのうえ、正親町天皇の働きかけに応じて将軍義昭と和睦する。**七月十六日**、将軍義昭が山城槇島城で再起するが、織田軍の攻撃に降伏する。**同月十八日**、秀吉は将軍義昭を警固し、河内若江城への途中まで送る。その後、山城淀城を攻略する。**七月二十日**、羽柴の名字を名乗り出す。**八月八日**、近江山本山城の阿閉貞征を降伏させる。**八月二十日**、朝倉義景が自刃、越前朝倉氏が滅亡する。**八月二十七日**、近江小谷城の京極丸を攻略し、浅井久政を自刃させる。**九月一日**、浅井長政が自刃、近江浅井氏が滅ぶ。信長から働きを賞され、浅井氏の旧領国を与えられ、統治を任される。また、越前国の統治整備に明智光秀・滝川一益とあたる。**九月末**、織田信長に従って伊勢国長島に出陣し、一向一揆の鎮圧や白山城の攻略に活躍する。
一五七四	天正二	38	**正月**、越前国「守護代」桂田長俊が麾下の富田長繁と対立し殺害、一向一揆が蜂起し、越前国内は混乱状態となる。秀吉は丹羽長秀たちとともに出陣するが、事態に善処できず帰陣する。**八月**、越前国木目峠の砦を守衛していた樋口直房が出奔、秀吉は捜索・探査のうえ樋口直房を討ち取り、首を伊勢長島に在陣中の織田信長のもとへ届ける。**十月**、河内高屋城の攻撃に参陣する。
一五七五	天正三	39	**五月二十一日**、織田信長が三河国有海原で武田勝頼の軍勢を破る（長篠の戦い）。秀吉も参陣する。**夏**、近江今浜の地に築いていた城が完成し、入城する。今浜の地は、「長浜」と改められる。**七月**、信長から筑前守の受領を与えられ、以後「羽柴筑前守秀吉」を名乗る。**八月**、信長による越前一向一揆の鎮圧に参陣し、越前国府中で一揆勢二〇〇〇人を斬殺する。**十一月**、信長が従三位権大納言兼右近衛大将となり、室町幕府将軍足利家に代わる天下人に公認される。**十一月二十八日**、信長が織田家当主の立場を嫡男の信忠に譲り、天下人としての活動に専念する。

西暦	和暦	年齢	事項
一五七六	天正四	40	**正月**、織田信長が自身の政庁として近江安土城の築城を開始する。**五月**、この頃までに越後上杉氏が室町幕府将軍足利義昭を盟主とした反織田氏連合陣営に属し、織田氏と敵対する。**七月十三日**、毛利氏の水軍が摂津国木津川口で織田勢を破る（織田・毛利戦争の開始）。**七月二十三日**、播磨御着城主・小寺家重臣の小寺（黒田）孝高に弟小一郎長秀（のちの秀長）同然の存在であるとの自筆の書状を与える。
一五七七	天正五	41	**八月八日**、信長が越後上杉氏との間で生じた加賀・能登両国方面の攻略に、柴田勝家を総大将とした軍勢を派遣する。秀吉も参陣するが、勝家と今後の行動をめぐり対立し帰陣してしまう。帰陣した秀吉は、信長の激怒を買う。**九月**、信長が謀反した松永久秀・久通を討つために、嫡男の織田信忠を総大将とした軍勢を派遣し、秀吉も参陣する。**十月十日**、松永久秀が自刃し、大和信貴山城が落城する。**十月二十三日**、信長から中国地方の攻略を命じられ、播磨国へ出陣する。小寺（黒田）孝高が、秀吉に自身の居城だった播磨姫路城を中国地方攻略のための軍事拠点として提供する。**十一月二十七日**、竹中重治・小寺（黒田）孝高を派遣して、播磨福原城を攻略する。また同月中には、赤松広英、別所長治ら播磨国内の国衆から人質を差し出させて、織田家への忠誠を誓わせる。**十二月三日**、播磨上月城を落とす。城内の女・子供を捕らえ、播磨・美作・備前三ヵ国の国境付近で磔刑に処し、晒しものにする。同じ頃、山名家内部の対立が続く但馬国へ進攻し、岩洲・竹田両城を攻略し、弟の羽柴長秀（秀長）を「城代」として配置する。
一五七八	天正六	42	**二月**、播磨三木城の別所氏が毛利氏に通じ、織田家に反旗を翻す。**三月下旬**、播磨三木城の包囲を始める。**七月**、織田方から見捨てられた播磨上月城の尼子勝久と山中幸盛が毛利氏に降伏する。下旬に別所方の神吉城が落城し、志方城の城兵も降伏する。その後、秀吉は三木城攻めを本格化する。**十月十七日**、荒木村重が織田家を離反する。説得に派遣された小寺（黒田）孝高が摂津有岡城に幽閉される。
一五七九	天正七	43	**六月二十二日**、播磨三木城攻めの中、竹中重治が死去する。**十月三十日**、備前国衆の宇喜多直家が織田家に従属することが認められる。
一五八〇	天正八	44	**正月十五日**、播磨三木城の別所氏が降伏、**十七日**に当主の長治らが切腹する。**四～五月**、播磨・但馬両国を平定し、播磨姫路城を居城に両国の支配を始める。播磨置塩城など九城に城破りの執行を実施する。**五月**、因幡鳥取城を包囲し、城主の山名豊国を降伏させる。**九月**、播磨国内の検地を実施のうえ、家臣への所領給与や寺領寄進を行う。
一五八一	天正九	45	**二月二十八日**、織田信長が京都で馬揃えをおこなう。秀吉は中国攻めの最中で参加できず。**七月中旬**、吉川経家が守る因幡鳥取城の包囲を開始する。**十月二十五日**、吉川経家が切腹し、因幡鳥取城が開城する。開城後の鳥取城には宮部継潤が「城代」として配置され、因幡国支配が進められていく。**十一月**、池田元助（恒興の嫡男）の軍勢とともに淡路国を攻略する。
一五八二	天正十	46	**正月十八日**、播磨姫路城にて茶会を開催する。**正月二十一日**、宇喜多家の家臣を織田信長に拝謁させて、宇喜多秀家の家督継承を認めてもらう。**三月**、養嗣子・於次秀勝の初陣のため、備前国児島に出陣する。**四月**、備中冠山・宮路山両城を攻撃し、**二十五日**に冠山城、**五月二日**に宮路山城を落城させる。**六月二日**、織田信長が京都本能寺で惟任（明智）光秀の襲撃を受け、自刃する。また嫡男の織田信忠も、二条御所での戦闘の後、自刃に追い込まれる（本能寺の変）。**六月四日**、毛利氏と和睦する。清水宗治の切腹を見届け、備中高松城の包囲を解除し、**翌五日**には進軍を始める。**六月五日**、惟任光秀が近江安土城に入る。**同日**、織田信孝・惟住（丹羽）長秀が、摂津大坂城で織田信澄（信長甥、光秀の娘婿）を殺害する。**六月六日**、播磨姫路城に入る。**六月十日**、淡路国の敵対勢力を制圧する。**六月十一日**、摂津国尼崎に到着する。**翌十二日**に池田恒興ら摂津衆と合流して、山城国山崎に進軍する。**六月十三日**、織田信孝・惟住（丹羽）長秀の軍勢と合流を果たし、信孝を総大将とした織田軍が山城国山崎の戦いで惟任（明智）光秀の軍勢を破る。敗れた光秀は再起を目指して近江坂本城に向かうが、山城国山科・醍醐あたりで村人の「一揆」による落人狩りで、落命する。**六月十五日**、織田軍の攻撃に近江坂本城が落城し、惟任家が滅亡する。秀吉は、惟任光秀に味方した近江山本山城主の阿閉氏を滅ぼし、近江長浜城を奪還する。**六月二十七日**、清須会議が開催される。信長の嫡孫・三法師（織田秀信）が織田家の当主となり、秀吉・柴田勝家・惟住（丹羽）長秀・池田恒興の合議によって政治運営を行うことが決まる。**十月十五日**、京都大徳寺で信長の葬儀を開催する。葬儀後、惟住（丹羽）長秀・池田恒興を味方につけ、対立する織田信孝・柴田勝家に対抗するために、織田信雄を三法師「名代」としての織田家当主に擁立する。**十二月**、三法師を織田信孝のもとから奪還するために美濃国へ出陣する。織田信雄と秀吉の攻勢に信孝は服従を示す。

一五八三	天正十一	47	**正月末日**、織田信雄が近江安土城に入る。**翌閏正月**、信雄は諸将・諸人より御礼を受け、三法師「名代」としての織田家当主の立場を認められ、秀吉・惟住（丹羽）長秀・池田恒興のもとで政治運営を進めていく。**二月**、柴田勝家・滝川一益の討伐に動き、北伊勢に出陣する。織田信雄も加わる。**三月**、柴田勝家が深雪のなかを近江国北部に出陣する。秀吉は迎撃に赴き対峙する。**四月**、復権を企てる織田信孝が挙兵する。秀吉は信孝の母を磔刑としたうえ、**十六日**に美濃大垣城に着陣する。**四月二十一日**、柴田勝家と戦い、勝利する（賤ヶ岳の戦い）。その後、**二十四日**には勝家の居城であった越前北庄城を攻落させ、勝家・小谷の方らを自刃に追い込む。**四月二十五日**、加賀国金沢まで進軍、柴田氏勢力の屈服を確認する。**五月二日**、織田信孝が尾張大御堂寺で自刃する。**六月**、秀吉、摂津大坂城に入り、自身の居城として強大な城郭を築き始め、信長後継の天下人としての立場を示しだす。近江安土城にいた織田信雄と三法師は追われる。**八月**、独特な糸印を用いた朱印状を発給し始める。**十一月**、織田信雄が畿内で切腹したとの風聞が流れる険悪な情勢が生じる。
一五八四	天正十二	48	**三月六日**、織田信雄が親秀吉派の重臣・津田雄光らを殺害する。その後、徳川家康とともに挙兵する（小牧・長久手の戦い開始）。**三月**、尾張国へ進軍し楽田城へ陣取り、小牧山城の織田信雄・徳川家康の軍勢と対峙する。**四月九日**、長久手の戦いが起こり、徳川家康の軍勢に破れ、羽柴方の池田恒興・森長可らが戦死する。**八月二十六日**、一度、摂津国大坂に戻っていたが、再び尾張国へ進攻する。**十～十一月**、織田信雄の領国である南伊勢を攻略し、さらに信雄居城の伊勢長島城近辺の桑名に進軍する。**十一月十二日**、織田信雄と講和する（実質的には信雄の降伏承認）。直後に家康とも講和し帰国する（小牧・長久手の戦い終結）。**十一月二十八日**、従三位権大納言となり、官位でも織田信雄を凌駕する。
一五八五	天正十三	49	**正月**、安芸毛利氏との中国地方の領土配分（国分）が確定する。**二月二十二日**、織田信雄が摂津大坂城の秀吉のもとへ出頭し、臣従を明確化させる。**三月十日**、正二位内大臣となり、初の参内を遂げる。**三～四月**、紀伊国へ出陣し、**三月二十三日**に敵対する根来寺を攻撃し放火、その後雑賀一揆の討伐を進め、**四月**に水攻めで太田城を開城させて、紀伊国を平定する。**六～八月**、弟の羽柴秀長を総大将として四国へ出兵させて土佐長宗我部氏勢力の攻略を進め、**八月**に長宗我部元親を降伏させる。**七月十一日**、近衛前久の猶子となったうえで、従一位関白となる。**八月**、越中国へ出陣し、敵対する佐々成政を降伏させる。**閏八月十七日**、近江国坂本に入り、畿内周辺の諸将の国替えを行い、畿内を羽柴家の占有とし、「天下静謐」を成し遂げる。弟の秀長には大和・和泉・紀伊の三ヵ国が与えられ、大和郡山城に入る。甥の秀次は近江八幡城の城主となる。**九月九日**、この日付で、「豊臣」改姓を許可される。**十月二日**、豊後大友・薩摩島津両氏に停戦命令をだす。**十一月二十一日**、公家・寺社に所領を給与する。**十一月二十九日**、「天正地震」が起きる。**十二月十日**、養子の羽柴於次秀勝（織田信長の五男）が丹波亀山城で病死する。
一五八六	天正十四	50	**二月**、織田信雄が徳川家康に和睦を応じさせたことを受けて、家康を「赦免」する。**五月十四日**、妹の朝日姫を徳川家康に嫁がせ、羽柴家の親類とする。**七月**、島津氏勢力の「征伐」の意向を示し、仙石秀久と長宗我部元親ら四国勢を先勢に、毛利氏の軍勢にも出陣を命じる。**十月十八日**、徳川家康の上洛にあたり、母の大政所を人質に差し出す。**十月二十七日**、徳川家康と摂津大坂城で対面し臣従を誓わせる。**十一月七日**、正親町天皇の譲位式を催す。**十一月二十五日**、後陽成天皇が即位する。それにあわせて太政大臣となる。**十二月十二日**、仙石秀久・長宗我部元親らの軍勢が豊後国戸次川で島津勢と戦い大敗する。
一五八七	天正十五	51	**三月一日**、島津氏勢力の「征伐」のため、九州へ出陣する。**五月八日**、薩摩国川内の泰平寺で降伏を示した島津義久に対面し赦免する。**六月七日**、筑前国博多に入り、今後の九州統治のための処理を行う。**六月十九日**、伴天連追放令を出す。**七月**、肥後国一揆が起こる。**八月八日**、弟の豊臣秀長が徳川家康とともに、従二位権大納言となる。**九月十三日**、完成した京都の聚楽第に入る。**十月一日**、京都北野で大茶会を開催する。**十二月**、肥後国一揆の鎮圧を遂げる。肥後国にはその後、加藤清正と小西行長が配置される。
一五八八	天正十六	52	**閏五月十四日**、摂津国尼崎で佐々成政を肥後国一揆勃発の責任により自刃させる。**四月十四～十八日**、後陽成天皇を京都聚楽第に行幸させ、天皇の前で織田信雄・徳川家康たちに秀吉への忠誠を誓わせる。**七月八日**、刀狩りと海賊停止を命じる。**八月二十二日**、相模北条氏が当主・氏直の叔父・氏規を上洛させて、京都聚楽第で臣従を示す。
一五八九	天正十七	53	**五月二十七日**、淀殿との間に長男の鶴松が生まれる。**七月二十一日**、相模北条氏に信濃真田氏との係争地にあった上野国沼田・吾妻両領を裁定に基づいて引き渡す。**十一月三日**、相模北条家の家臣で上野沼田城の城主を務めていた猪俣邦憲が上野沼田城を奪取する。**十一月二十四日**、相模北条氏への「征伐」の意向を示した「最後通告」を行う。

一五九〇	天正十八	54	**正月十四日**、徳川家康に嫁いでいた妹の朝日姫が死去する。**三月一日**、相模北条氏征伐に出陣する。**四～七月**、相模北条氏の居城・小田原城を水陸から包囲しつつ、北条氏勢力の諸城を攻略する。**七月五日**、北条氏直が降伏、**翌六日**に小田原城が開城し、**十一日**には北条氏政・氏照兄弟が切腹する。**七月**、関東に徳川家康を移封させ、織田信雄には徳川氏の旧領国への移封を命じるが、拒否したため改易する。信雄の旧領国の尾張国と北伊勢五郡は、豊臣秀次に与えられる。**七～八月**、下野国宇都宮、陸奥国会津に入り、関東・奥羽諸大名と国衆の臣従を確認し、今後の統治のための整備を進める関東・奥羽仕置を実施し、「天下一統」を実現させる。**十一月七日**、京都聚楽第で「天下一統」の達成を祝福する朝鮮通信使に謁見する。**十二月**、陸奥国の情勢解決に豊臣秀次を総大将に徳川・結城・佐竹の諸氏のほか甲斐・信濃・駿河・遠江各国の諸大名に出陣を命じる。
一五九一	天正十九	55	**正月二十二日**、弟の豊臣秀長が大和郡山城で死去する。**閏正月**、京都の御土居の工事が開始され、**翌二月**には大方できあがる。**二月九日頃**、伊達政宗に陸奥国の旧大崎・葛西領への移封の処分を下す。**二月二十八日**、千利休が秀吉の怒りを買い自刃に追い込まれる。**三月**、陸奥南部氏一族の九戸政実たちが一揆（九戸一揆）を起こす。**五月**、上杉景勝たちの軍勢によって出羽国の一揆が平定される。**六月二十日**、九戸一揆の鎮圧に豊臣秀次を総大将に、徳川家康・上杉景勝・佐竹義宣・蒲生氏郷・伊達政宗に出陣を命じる。**八月五日**、嫡男の鶴松が死去する。**九月四日**、九戸一揆が平定される。**十二月二十八日**、甥の豊臣秀次に家督と関白職を譲り、以後は太閤を称す。
一五九二	天正二十／文禄元	56	**正月五日**、「唐入り」実施にあたり、渡海の軍事編制を明示する。**正月二十九日**、豊臣氏（羽柴家）一門衆で秀吉の養子・羽柴秀俊（小早川秀秋）と秀長の養嗣子・羽柴秀保がともに従三位権中納言となる。**三月十三日**、九州・四国・中国諸勢に渡海を命じる。**三月二十六日**、「唐入り」実行の拠点である肥前名護屋へ向かう。**四月**、朝鮮半島に上陸した日本軍が「唐入り」の協力を拒絶した朝鮮への攻撃を開始する（文禄の役・壬辰倭乱の開始）。**五月三日**、日本軍が朝鮮国の首都・漢城を陥落させる。**五月十八日**、「唐入り」達成後の東アジア世界の統治構想を描いた「三国国割構想」を発表する。**六月二日**、徳川家康と前田利家の諫言により、秀吉の渡海が延期される。**七月二十二日**、母の大政所が死去する。**八月一日**に摂津大坂城に急ぎ帰るが、母の死に間に合わず。**八月三十日**、日本側の将・小西行長と明側の将・沈惟敬が会談し、停戦協定が結ばれる。**九月九日**、甥の豊臣小吉秀勝が朝鮮出兵の陣中で死去する。**十月一日**、肥前名護屋城に戻り来春渡海の意欲を示す。
一五九三	文禄二	57	**四月十七日**、日本軍が漢城から撤退する。**六月二十八日**、肥前名護屋城に明国の使節を迎え、明との和平につき七ヵ条の要求を提示する。**八月三日**、淀殿との間に第二子・拾（豊臣秀頼）が摂津大坂城で誕生する。この報を受け、大坂城へ帰り、以後畿内に居続ける。**十月一日**、拾と豊臣秀次の娘との婚約を決める。**十一月二十八日**、相次ぐ災害で疲弊していた尾張国の復興方針を打ち出す。
一五九四	文禄三	58	**正月十九日**、山城伏見城の築城工事を東国の諸大名・小名に課す。以後、同城は豊臣政権の所在地となる。**四月十一日**、前左大臣・近衛信輔が薩摩国へ配流される。**七月**、秀吉の養子だった秀秋が小早川隆景の養子となる。**十二月十四日**、小西行長の使者が明国皇帝に謁見し、日本に使節が派遣されることになる。
一五九五	文禄四	59	**四月十六日**、弟秀長の養子となっていた甥の豊臣秀保が病死する。**五月十二日**、明国使節の派遣に際して、改めて講和条件を提示する。**七月八日**、謀反の嫌疑を懸けられた豊臣秀次が高野山へ出奔する。**七月十五日**、豊臣秀次が自身の無実を世間に示すために切腹する。**七月二十日**、秀次事件に際して、秀吉・秀頼父子に忠誠を誓う起請文を諸大名に提出させる。**八月二日**、豊臣秀次の妻子たちを京都三条河原で処刑する。**八月三日**、徳川家康・宇喜多秀家・上杉景勝・前田利家・毛利輝元・小早川隆景の有力大名の連名で「御掟」と「御掟追加」を出す。**九月二十五日**、京都の大仏経堂で八宗の僧侶を集めた法会（大仏千僧会）が実施される。
一五九六	文禄五／慶長元	60	**五月十一日**、豊臣氏（羽柴家）の親類・徳川家康が正二位内大臣となる。**五月十三日**、拾が童昇殿で初の参内を果たす。この後、拾は実名「秀頼」を名乗りだす。**閏七月十二～十三日**、畿内でマグニチュード八に近い規模の大地震（文禄地震）が起きる。山城伏見城も天守を始め建造物が大破し、山城国伏見山へ移転のうえ、新たな伏見城を築城する。**八月二十六日**、スペイン船サン・フェリペ号が土佐国に漂着する。**九月一日**、摂津大坂城で明国使節に対面し、「日本国王」の任官を受ける。だが**翌二日**、秀吉の「唐入り」事業の功績を示す要望が受け入れられず、講和交渉は決裂する。**十二月十九日**、肥前国長崎でキリスト教フランシスコ会士と教徒ら二六人を処刑する。

一五九七	慶長二	61	**二月二十一日**、一門衆の小早川秀秋を総大将に日本軍の朝鮮国への再出兵を命じる。**六月**、朝鮮半島南部の確保を目的とした戦争が始まる（慶長の役・丁酉倭乱の開始）。**七月二十六日**、家臣で親戚でもあった福島正則が従五位下侍従となり、さらに羽柴名字を与えられる。**九月二十八日**、新たに築いた京都新城から嫡男の秀頼とともに参内する。秀頼が禁裏で元服し、**翌二十九日**に従四位下左近衛権中将となる。同日、京都大仏（方広寺）の近辺に耳塚（鼻塚）を築き、朝鮮での戦場で切り取られた耳・鼻の供養が行われる。**十二月二十三日**、明・朝鮮両国の軍勢が加藤清正の蔚山城を攻め囲む。
一五九八	慶長三	62	**正月四日**、日本軍の諸勢が蔚山籠城中の加藤清正の軍勢を救援し、明・朝鮮両国の軍勢を撤退に追い込む。**三月十三日**、日本勢の中で検討された戦線縮小案を「曲事」と咎める。**三月十五日**、山城醍醐寺で大規模な花見を催す（醍醐の花見）。この後、病を得て**六月**には重篤の身となる。**四月二十三日**、豊臣秀頼が数え六歳にして従二位権中納言となる。**七月十五日**、この日付で、諸大名・小名に秀頼への忠誠を誓った起請文を提出させる。**八月**、いわゆる「五大老」・「五奉行」を設置する。**八月十八日**、豊臣秀吉が死去する。死去のことはしばらく秘匿され、同年冬に公表される。**十二月**、五大老・五奉行による撤退処理のうえで、朝鮮より日本軍の諸将が帰国する。
一五九九	慶長四		**正月十日**、秀吉の遺言により、豊臣秀頼が摂津大坂城へ移る。**四月十三日**、秀吉の遺体が山城伏見城から京都東山阿弥陀ヶ峰へ移送される。**四月十七日**、後陽成天皇から「豊国大明神」の神号が与えられる。**翌十八日**、豊国社への正遷宮がなされ、**十九日**に神位正一位が授けられる。
一六〇〇	慶長五		**九月十五日**、関ヶ原の戦い、徳川家康が勝利する。
一六〇三	慶長八		**二月十二日**、徳川家康が従一位右大臣兼征夷大将軍となる（江戸開幕）。**四月二十二日**、豊臣秀頼が内大臣に昇進する。**七月二十八日**、秀吉生前の取り決めにより、豊臣秀頼に徳川家康の孫娘・千姫が嫁ぐ。**十一月**、北政所が出家し、「高台院」と名乗る。
一六〇四	慶長九		**八月**、秀吉の七回忌にあたり、豊国社で例大祭が催される。
一六〇五	慶長十		**四月十三日**、豊臣秀頼が右大臣に昇進する。
一六一一	慶長十六		**三月二十八日**、豊臣秀頼が徳川家康と山城二条城にて会見する。
一六一四	慶長十九		**七月**、方広寺の鐘銘事件が起こる。**十一～十二月**、大坂冬の陣。
一六一五	慶長二十		**五月六～八日**、大坂夏の陣、豊臣秀頼が自刃し豊臣氏（羽柴家）が滅ぶ。

主要参考文献一覧

※ここでは、執筆にあたって、参照した主要なものに限る。
朝尾直弘「豊臣政権論」（同『将軍権力の創出』、岩波書店、一九九四年。初出一九六三年）
跡部　信『シリーズ人をあるく　豊臣秀吉と大坂城』（吉川弘文館、二〇一四年）
同　『豊臣政権の権力構造と天皇』（戎光祥出版、二〇一六年）
安良城盛昭『太閤検地と石高制』（NHK出版〈NHKブックス〉、一九六九年）
太田浩司『近世への扉を開いた羽柴秀吉　長浜城主としての偉業を読む』（サンライズ出版〈淡海文庫〉、二〇一八年）
小和田哲男『豊臣秀吉』（中央公論新社〈中公新書〉、一九八五年）
河内将芳『シリーズ権力者と仏教　秀吉の大仏造立』（法藏館、二〇〇八年）
同　『落日の豊臣政権　秀吉の憂鬱、不穏な京都』（吉川弘文館〈歴史文化ライブラリー〉、二〇一六年）
神田千里『織田信長』（筑摩書房〈ちくま新書〉、二〇一四年）
同　『戦国と宗教』（岩波書店〈岩波新書〉、二〇一六年）
北島万次『豊臣秀吉の朝鮮侵略』（吉川弘文館、一九九五年）
北島万次編『豊臣秀吉朝鮮侵略関係史料集成』（平凡社、二〇一七年）
木下　聡『豊臣期武家口宣案集』（東京堂出版、二〇一七年）
黒嶋　敏『天下統一　秀吉から家康へ』（講談社〈現代新書〉、二〇一五年）
黒田基樹『敗者の日本史⑩　小田原合戦と北条氏』（吉川弘文館、二〇一二年）
同　『羽柴を名乗った人々』（KADOKAWA〈角川選書〉、二〇一六年）
同　『シリーズ・実像に迫る005　小早川秀秋』（戎光祥出版、二〇一七年）
同　『羽柴家崩壊　茶々と片桐且元の懊悩』（平凡社〈中世から近世へ〉、二〇一七年）
小林清治『秀吉権力の形成　書札礼・禁制・城郭政策』（東京大学出版会、一九九四年）
同　『奥羽仕置と豊臣政権』（吉川弘文館、二〇〇三年）
柴　裕之「羽柴秀吉の領国支配」（戦国史研究会編『織田権力の領国支配』、岩田書院、二〇一一年）
同　『徳川家康　境界の領主から天下人へ』（平凡社〈中世から近世へ〉、二〇一七年）
同　『シリーズ・実像に迫る017　清須会議　秀吉天下取りへの調略戦』（戎光祥出版、二〇一八年）
柴裕之監修・すずき孔著『マンガで読む　信長武将列伝』（戎光祥出版、二〇一九年）
曽根勇二『片桐且元』（吉川弘文館〈人物叢書〉、二〇〇一年）
竹井英文『織豊政権と東国社会　惣無事令論を越えて』（吉川弘文館、二〇一二年）

中野　等『戦争の日本史16　文禄・慶長の役』（吉川弘文館、二〇〇八年）
同　『太閤検地』（中央公論新社〈中公新書〉、二〇一九年）
名古屋市博物館編『豊臣秀吉文書集』一～六（吉川弘文館、二〇一五～二〇年。刊行継続中）
日本史研究会編『豊臣秀吉と京都 聚楽第・御土居と伏見城』（文理閣、二〇〇一年）
日本史史料研究会編『秀吉研究の最前線 ここまでわかった「天下人」の実像』（洋泉社〈歴史選書y〉、二〇一五年）
野村　玄『豊国大明神の誕生 変えられた秀吉の遺言』（平凡社〈中世から近世へ〉、二〇一八年）
播磨良紀「豊臣政権と豊臣秀長」（三鬼清一郎編『織豊期の政治構造』、吉川弘文館、二〇〇〇年）
同　「羽柴秀吉文書の年次比定について」（『織豊期研究』一六号、二〇一四年）
平山　優『武田遺領をめぐる動乱と秀吉の野望　天正壬午の乱から小田原合戦まで』（戎光祥出版、二〇一一年）
福田千鶴『淀殿』（ミネルヴァ書房〈人物評伝〉、二〇〇五年）
同　『豊臣秀頼』（吉川弘文館〈歴史文化ライブラリー〉、二〇一四年）
藤木久志『豊臣平和令と戦国社会』（東京大学出版会、一九八五年）
同　『刀狩り』（岩波書店〈岩波新書〉、二〇〇五年）
藤田達生『日本近世国家成立史の研究』（校倉書房、二〇〇一年）
藤田恒春『豊臣秀次の研究』（文献出版、二〇〇三年）
同　『豊臣秀次』（吉川弘文館〈人物叢書〉、二〇一五年）
堀新・井上泰至編『秀吉の虚像と実像』（笠間書院、二〇一六年）
堀越祐一『豊臣政権の権力構造』（吉川弘文館、二〇一六年）
松田毅一『豊臣秀吉と南蛮人』（朝文社、一九九二年）
三鬼清一郎『豊臣政権の法と朝鮮出兵』（青史出版、二〇一二年）
矢部健太郎『豊臣政権の支配秩序と朝廷』（吉川弘文館、二〇一一年）
同　『関白秀次の切腹』（ＫＡＤＯＫＡＷＡ、二〇一六年）
山本博文『天下人の一級史料 秀吉文書の真実』（柏書房、二〇〇九年）
山本博文・堀新・曽根勇二編『消された秀吉の真実 徳川史観を越えて』（柏書房、二〇一一年）
同編『偽りの秀吉像を壊す』（柏書房、二〇一三年）
同編『豊臣政権の正体』（柏書房、二〇一四年）

【執筆者一覧】

柴 裕之　別掲

久下沼譲（くげぬま・ゆずる）
一九八六年生まれ。現在、早稲田大学大学院文学研究科研究生。

小林雄一郎（こばやし・ゆういちろう）
一九九二年生まれ。現在、津山市史編纂室会計年度任用職員。

羽柴亜弥（はしば・あや）
一九八八年生まれ。現在、名古屋市博物館学芸員。

宮川展夫（みやかわ・のぶお）
一九八六年生まれ。現在、狛江市市史編さん室会計年度任用職員、駒澤大学文学部非常勤講師。

【執筆担当一覧】

第一章：柴 裕之・羽柴亜弥
第二章：柴 裕之・宮川展夫
第三章：柴 裕之
第四章：柴 裕之
第五章：小林雄一郎
第六章：久下沼譲

【編著者略歴】

柴　裕之（しば・ひろゆき）

1973年、東京都生まれ。

東洋大学大学院文学研究科日本史学専攻博士後期課程満期退学。博士（文学）。現在、東洋大学文学部非常勤講師、千葉県文書館県史・古文課会計年度任用職員。

戦国・織豊期の政治権力と社会についての研究を専門とする。

単著に、『戦国・織豊期大名徳川氏の領国支配』（岩田書院、2014年）、『徳川家康 境界の領主から天下人へ』（平凡社、2017年）、『シリーズ・実像に迫る017　清須会議 秀吉天下取りへの調略戦』（戎光祥出版、2018年）、編著に『論集 戦国大名と国衆6　尾張織田氏』（岩田書院、2011年）、『論集 戦国大名と国衆20 織田氏一門』（岩田書院、2016年）、『図説 明智光秀』（戎光祥出版、2019年）、共著に『織田権力の領域支配』（岩田書院、2011年）、監修にすずき孔著『マンガで読む 新研究 織田信長』（戎光祥出版、2018年）、すずき孔著『マンガで読む 信長武将列伝』（戎光祥出版、2019年）などがある。

図説《ずせつ》 豊臣秀吉《とよとみひでよし》

2020年7月10日　初版初刷発行

編著者　柴 裕之
発行者　伊藤光祥
発行所　戎光祥出版株式会社
〒102-0083 東京都千代田区麹町1－7 相互半蔵門ビル8F
TEL：03-5275-3361（代表）　FAX：03-5275-3365
https://www.ebisukosyo.co.jp
制作協力　株式会社イズシエ・コーポレーション
印刷･製本　日経印刷株式会社
装　　丁　堀 立明
※当社所蔵の画像の転載･借用については当社編集部にお問い合わせください。

©EBISUKOSYO PUBLICATION CO.,LTD 2020　Printed in Japan
ISBN：978-4-86403-355-8

弊社刊行関連書籍のご案内

各書籍の詳細及びそのほか最新情報は戎光祥出版ホームページ
(https://www.ebisukosyo.co.jp) をご覧ください。

図説 明智光秀
A5判／並製／159頁 本体1800円＋税
柴 裕之 編著

【歴史マンガシリーズ】A5判／並製

マンガで読む 新研究 織田信長
165頁／本体1200円＋税
すずき孔 著 柴 裕之 監修

マンガで読む 信長武将列伝
188頁／本体1200円＋税
すずき孔 著 柴 裕之 監修

天正壬午の乱—本能寺の変と東国戦国史
四六判／並製／360頁／本体2600円＋税
平山 優 著

武田遺領をめぐる動乱と秀吉の野望—天正壬午の乱から小田原合戦まで
四六判／並製／281頁／本体2500円＋税
平山 優 著

室町・戦国天皇列伝
四六判／並製／401頁／本体3200円＋税
久水俊和 石原比伊呂 編

室町幕府将軍列伝
四六判／並製／432頁／本体3200円＋税
榎本雅治 清水克行 編

【シリーズ・実像に迫る】A5判／並製

005 小早川秀秋
96頁／本体1500円＋税
黒田基樹 著

013 宇喜多秀家
112頁／本体1500円＋税
大西泰正 著

017 清須会議 秀吉天下取りへの調略戦
112頁／本体1500円＋税
柴 裕之 著

021 長篠の戦い 信長が打ち砕いた勝頼の〝覇権〟
112頁／本体1500円＋税
金子 拓 著

【図説日本の城郭シリーズ】A5判／並製

② 大阪府中世城館事典
319頁／本体2700円＋税
中西裕樹 著

⑥ 織豊系陣城事典
294頁／本体2600円＋税
高橋成計 著

⑦ 戦国和歌山の群雄と城館
306頁／本体2600円＋税
和歌山城郭調査研究会 編